IDEOLOGIA NEOLIBERAL E SISTEMA PUNITIVO

CONTRACORRENTE

Rodrigo Francisconi Costa Pardal

IDEOLOGIA NEOLIBERAL E SISTEMA PUNITIVO

SÃO PAULO
2024

CONTRACORRENTE

Alameda Itu, 852 | 1º andar |
CEP 01421 002
www.editoracontracorrente.com.br
contato@editoracontracorrente.com.br

EDITORES
Camila Almeida Janela Valim
Gustavo Marinho de Carvalho
Rafael Valim
Walfrido Warde
Silvio Almeida

EQUIPE EDITORIAL
COORDENAÇÃO DE PROJETO: Erick Facioli
REVISÃO: Beatriz Duarte Lopes
PREPARAÇÃO DE TEXTO E REVISÃO TÉCNICA: Amanda Dorth
DIAGRAMAÇÃO: Pablo Madeira
CAPA: Maikon Nery

EQUIPE DE APOIO
Carla Vasconcelos
Regina Gomes
Nathalia Oliveira

Dados Internacionais de Catalogação na Publicação (CIP)
(Câmara Brasileira do Livro, SP, Brasil)

Pardal, Rodrigo Francisconi Costa
Ideologia neoliberal e sistema punitivo / Rodrigo Francisconi Costa Pardal. -- São Paulo : Editora Contracorrente, 2024.

Bibliografia.
ISBN 978-65-5396-199-9

1. Direito 2. Ideologia 3. Neoliberalismo - Brasil 4. Positivismo jurídico 5. Punibilidade (Direito Penal) I. Título.

24-208556 CDU-343.211

Índices para catálogo sistemático:

1. Regimes punitivos : Direito penal 343.211
Tábata Alves da Silva - Bibliotecária - CRB-8/9253

@editoracontracorrente
Editora Contracorrente
@ContraEditora
Editora Contracorrente

Do rio que tudo arrasta se diz que é violento. Mas ninguém diz violentas as margens que o comprimem.

Bertolt Brecht

Dedico este livro ao meu pai, Roberto da Costa Pardal, que em 2022 prematuramente se foi e infelizmente não esteve aqui para acompanhar o desfecho do livro.

SUMÁRIO

AGRADECIMENTOS

Agradeço inicialmente à minha mãe, Renaura da Silva Francisconi Pardal, por quem sinto amor tamanho que desconheço palavras que possam descrevê-lo. Igualmente, agradeço ao meu tio Luiz, que me ajudou a compreender a dimensão das palavras "companheirismo" e "família".

Agradeço ao professor Alysson Leandro Mascaro, que trouxe até mim a epifania necessária para compreender a dimensão da materialidade inerente a este livro. Agradeço também aos professores Willis Santiago Guerra Filho e Márcio Pugliesi, orientadores da tese que culminou neste livro, pela solidariedade em diversos momentos e por me mostrarem que há orientadores que cumprem tal mister de fato. Agradeço a Gustavo Junqueira, que me abriu as portas para a pesquisa e a docência. Agradeço ainda aos professores Guilherme de Souza Nucci (meu orientador no Mestrado) e Oswaldo Henrique Duek Marques, pelos créditos durante o Mestrado e o Doutorado, sempre produtivos e enriquecedores.

Agradeço especialmente a César Mortari Barreira, cuja contribuição com orientações e referências bibliográficas foi essencial para que eu estudasse temas até então pouco conhecidos.

Agradeço também a Frederico Diehl, Beatriz Corrêa Camargo, Eduardo Viana, Romulo Cassi Soares de Melo e Rodrigo Fuziger, professores da mais alta competência que contribuíram decisivamente para este livro com seus apontamentos e sugestões bibliográficas.

Agradeço às minhas duas melhores amigas dos tempos de graduação na PUC-SP, Carolina Augusto Juliotti e Maria Carolina da Rocha Medrado, essenciais na minha formação e amizades profundas das quais me orgulho imensamente.

Agradeço ainda aos colegas do gabinete no qual trabalho há dez anos, em especial ao Desembargador Lauro Mens de Mello e a Eloize de Antonio, Rodrigo Metzner e Silvana Yuriko Mori, que foram solícitos nos momentos mais delicados durante todos estes anos.

Agradeço aos amigos de docência nos cursos preparatórios pelos quais passei, especialmente a Leonardo Castro, Renato Borelli, Luana Davico, Ralpho de Barros Monteiro Filho, Paulo Henrique Aranda Fuller, Danilo Ticami, Habacuque Wellington Sodré e Tatiana dos Santos Batista.

Agradeço ainda aos colegas de doutorado, especialmente a Vitor Valente, Dermeval, Michele e "Guga", pelos créditos e discussões acadêmicas.

Agradeço também aos amigos que a vida me trouxe, sem os quais a caminhada seria certamente muito mais árdua, especialmente a Cláudio Abrahão, Alexandre Venancio, Carla Albuquerque, Philip e Lee.

Por fim, agradeço às alunas e aos alunos, que nestes treze anos de docência deram razão à minha existência!

PREFÁCIO

> Indiferentes às arengas arrastadas e à réplica pouco sincera dos culpados, em gesto unânime os deuses depositaram seu veredicto na urna sanguinolenta: "pereça Ílion, seja destruída Ílion"! A urna do perdão permaneceu vazia; os votos da esperança não apareceram.
>
> Ésquilo. *Orestia: Agamemnon* (910-915)

A obra em suas mãos, composta com viés marxiano, tem por objeto, entre outros – o mesmo de Jean-Jacques Rousseau em seu *Do contrato social: discurso sobre a economia política*,[1] compreender e responder a este problema:

> O homem nasceu livre, e em toda parte está a ferros. Este se acredita senhor dos outros, e não deixa de ser mais escravo que aqueles. Como ocorreu essa mudança? Eu o ignoro. O que pode a tornar legítima? Acredito poder solucionar esta questão.

1 ROUSSEAU, Jean-Jacques. *Do contrato social*: discurso sobre a economia política. 7ª ed. Trad. Márcio Pugliesi e Norberto de Paula Lima. São Paulo: Hemus, 1977, p. 17.

O que fez pensar Marat,[2] em tradução livre:

> O que se chama por esse nome (as leis) senão as ordens de um senhor soberbo. Seu império é apenas surda tirania exercida pela minoria contra a multidão. (...) Que importa, afinal, por quem as leis são feitas desde que sejam justas; e que importa quem as aplique, desde que as faça observar (...). Pereçam, então, enfim, essas leis arbitrárias feitas para a felicidade de alguns indivíduos e em prejuízo do gênero humano e pereçam, também, essas distinções odiosas que tornam certas classes do povo inimigas das outras, que fazem com que a multidão deva se afligir com a felicidade da minoria e que a minoria deva temer a felicidade da multidão!

Ambas as posições refletem a necessária dominação no sistema vigorante nas sociedades desde os albores da organização política da sociedade. E, ademais, sempre cabe lembrar que se está preso na menor solitária (o corpo (nem sempre amado)); condenado à morte em data incerta e modo ignorado e, por acréscimo, votado à mais cruel forma de censura: a autocensura. Os grilhões não se laceiam – suavemente constrangem, obrigam. Para sobreviver é preciso vender tempo de vida ao patrão que paga segundo tabelas imateriais de fixação de preços da mercadoria trabalho: mas, não da vida que é subtraída nesse processo.

Mesmo porque, além disso, as palavras persistem como os principais instrumentos de controle. Não são rótulos aderidos às coisas: são produtos da inter-relação entre metáforas, metonímias e intersecções discursivas. São frutos do convívio em situação sócio-histórica. Proposições são constituídas por palavras agenciadas por uma gramática dominante (e, por isso, não se pode aceitar que a gramática tenha "desaparecido" como parece ter

2 MARAT, Jean-Paul. *Plan de Législation criminelle*. Introdução e posfácio Daniel Hamiche. Paris: Aubier Montaigne, 1974, p. 35.

pretendido Foucault) e apreendida no convívio (logo, sócio-historicamente) e na escolarização (outra forma de inculcar – até por se não escolher o conteúdo a aprender), quando não nas leituras e na inculcação da prática social: em particular pelos instrumentos da comunicação social (*marketing*, *merchandising*, propaganda) e da construção dos desejos.

Por outra parte, na civilização de consumo, apartada dessa civilidade, o Homem gestado, nessa ambiência, para tornar-se consumidor ótimo: consome-se. As estruturas de acumulação funcionam e tornam-se outras para efeito de ainda mais acumular. As estruturas antigas são abandonadas após terem frutificado e essa prática predatória deixa seu rastro.

Os governos não representam seus povos, nem perseguem os objetivos prefixados pela cultura. Embalam-se nas artimanhas do poder e esse é doce porque ordena e tudo lhe parece subordinado. A definição dos efetivos valores das sociedades se encontra em seus códigos penais e não em suas Constituições. Nestas últimas, as promessas dos poderosos aos desapoderados mascaram o substrato do que se extirpa dos administrados, em troca de concessões a serem pugnadas em tribunais.

A forma de produção de insumo intensiva e com a inversão de altas potências modifica destrutivamente (em geral) o meio ambiente e os governos instituem práticas ambientalistas que visam regular esses excessos, mas os problemas colocados pela desordem global da biosfera, além de complexos, exigem uma abordagem interdisciplinar, intercultural, que as elites políticas geralmente não oferecem, mesmo porque não veem, ou não têm interesse em ver, que muitas soluções poderiam ser alcançadas com a regionalização da produção e com a inversão de baixa insumação (o que reduziria a lucratividade do sistema) e emprego de baixas potências.

Mas, o movimento mundial aponta para outros rumos, escolher a soberania, que corresponde ao consenso do Velho Mundo do século XVI, significa perder o movimento da História e os investimentos de quem pode investir. A demanda pelo emprego, pelo pleno emprego da economia sediada no território do país, faz com que os governantes sejam levados a aderir ao modelo globalizante para reduzir os custos das grandes corporações.

Entretanto, se assim agem para efeito de produzir novos postos de trabalho, deixam de perceber que o atual padrão mundial de acumulação e desenvolvimento, aquele da sociedade do conhecimento, assentado no domínio das informações, do saber e das novas tecnologias – e não apenas do capital e do poder de coerção – promove a redução da oferta de empregos produtivos e reforça as tendências de exclusão social.

Ao enfatizar a competição que favorece o mais poderoso e/ou mais apto (valorizando a desigualdade em detrimento da solidariedade, do projeto e da equidade), a reestruturação do sistema produtivo, em andamento, estimula a manutenção de certo nível de conflitividade social – tido por muitos como positivo para o "desenvolvimento" – e acirra confrontos sociais, religiosos, nacionais, étnicos e transforma os trabalhadores não-especializados em população descartável: os *zombies* temidos dos filmes de "horror".

Contudo, como o processo ainda está em andamento, houve, no último quartel do século passado, massiva transferência de investimentos para o chamado Terceiro Mundo com a localização de unidades produtivas das transnacionais, nessa área, em que o salário-hora do operariado se situa em valores inferiores a um dólar. Além da baixa produtividade desse "quase-escravo" trabalho, o fenômeno da segmentação de mercado, praticamente inviabiliza o funcionamento do mercado desses países em que o poder aquisitivo se torna, na média, muito baixo. As tecnologias que dispensam trabalho humano direto (os efeitos da robótica) nos países industrializados (em face dos altos custos salariais e à concorrência) geram desemprego interno e promovem a consequente limitação de imigrações.

Segundo dados de 2014 da Organização de Cooperação e Desenvolvimento Econômico (OCDE), devido a condições conjunturais (redução de postos de trabalho por efeito da automatização de processos, crescimento vegetativo da população), há mais de 50 milhões de desempregados nos países desenvolvidos.

Como a OIT – Organização Internacional do Trabalho prevê a entrada de mais de 1,2 bilhões de pessoas no mercado de trabalho até o ano 2025: o desemprego urbano será, juntamente com a progressiva falta de água potável, o principal problema das cidades, caso estas se mantenham, no século XXI.

Para a nova realidade das relações de produção, o Direito do Trabalho tal qual formalizado à época do estado industrial é precário: de fato, todo o Direito tornou-se insuficiente para a cobertura dos novos processos defluentes da telemática. Mas o Direito do Trabalho foi (pelo seu caráter único: apenas esse ramo do Direito contempla a mão de obra, os demais se voltam a relações patrimoniais) o mais atingido pelas novéis relações. Castells[3] afirmou que:

> A nova economia tomou forma primeiro em dois ramos importantes que, além de inovar em produtos e métodos, também aplicou essas invenções a si mesmos, incentivando assim o crescimento e a produtividade, e, por meio da concorrência difundindo um novo modelo empresarial em grande parte da economia.

Infelizmente o modelo, embora tenha gerado "crescimento e produtividade", reduziu o emprego, particularmente, o urbano. A comunicação em rede e em tempo real, a desregulamentação anglo-americana (o eixo Nova York – Londres) do mercado financeiro e a possibilidade de negociar *commodities* em quase todos os grandes centros de mercado mundiais acabaram por afastar, face à

3 CASTELLS, Manuel. *A era da informação*: economia, sociedade e cultura. vol. I. Trad. Roneide Venâncio Majer e Colab. Klauss Brandini Gerhardt. Rio de Janeiro: Paz e Terra, 2003, p. 190.

dimensão do investimento necessário a essas operações, larga parte dos países "emergentes" dessa arena de decisões. A renda tende a se concentrar ainda mais e o desemprego a crescer e isso introduz um novo problema para a vida citadina, para a civilização: a violência.

Segundo estatísticas recentes, nos Estados Unidos (em que há terceirização dos estabelecimentos prisionais), por exemplo, há mais de cem mil novos presos por ano, num agregado de 1,8 milhões de pessoas sujeitas a apenamento prisional, gerando o dispêndio de cerca de 45 bilhões de dólares anuais.

Coibir a violência despertada pela má gestão dos recursos é necessidade que a civilização incorpora, os órgãos de governo executam e a Cultura execra. A força integrativa da Cultura desfaz-se diante da segregação das minorias que são alijadas da esfera pública e da cidadania por efeito de uma reestruturação da economia mundial, sob a orientação do capital financeiro e suas instituições financeiras, que nega cada vez mais as condições de estabelecimento e sobrevivência de uma economia nacional: a internacionalização da política macroeconômica transforma países em territórios econômicos abertos e economias nacionais em "reservas" de mão de obra barata e de insumos.

O sistema econômico global[4] persiste no estabelecimento de uma estrutura desigual de comércio, produção e crédito que define o

---

4 Uma leitura, algo diverso e consistente pode ser visto em: BECK, Ulrich. *Liberdade ou capitalismo*: Ulrich Beck conversa com Johannes Willms. Trad. Luiz Antônio de Oliveira Araújo. São Paulo: EdUNESP, 2003, pp. 201/202 – em que se lê: (...) Mas nós estamos em uma situação em que mesmo os teóricos da sociedade mundial do risco também devem refletir sobre os perigos, sobre os efeitos colaterais, de seus diagnósticos dos efeitos colaterais. Seria demasiado otimismo simplesmente prognosticar neste começo do século XXI – qual Marx no século XIX – uma dinâmica segundo a qual, a partir da sociedade mundial do risco, ressurja um efeito global do cosmopolitismo que venha impulsionar o desenvolvimento da democracia e finalmente promova o Estado mundial kantiano ou a justiça global ou a Paz Eterna, o segundo Iluminismo. Não existe senão a ridícula dialética dos

papel e a posição dos países na economia global e, ao mesmo tempo, movido pelas pretensões do campo da cultura, procura se legitimar incorporando um discurso do "desenvolvimento sustentável" e da "diminuição da pobreza" e uma prática que distorce as questões políticas referentes à pobreza, à proteção do meio ambiente e à participação nas benesses da produção capitalista mantendo intocado o dogma neoliberal oficial e, parte integrante desse, as pretensões do sistema financeiro internacional de concentrar riqueza. A razão positiva e instrumental que norteia esse sistema produtivo cria um mercado exclusivo, o "segmentado", precisamente esse em que se concentra a renda, em que se confrontam, em busca de maior lucro, os oligopólios.

Os governos administram o restante do mercado, aquele da concorrência e posto à disposição dos que estão afastados do consumo conspícuo e, em consequência, as tendências de crise econômica. Para tanto, cobra tributos a fim de providenciar serviços (prestações) que, num conceito de Estado de Bem-Estar Social, isto é, uma conjuntura em que serviços devem ser prestados pelo governo aos particulares (algo como previdência, atendimento médico, transporte subsidiado etc.) a fim de retardar ou controlar a eclosão de conflitos de origem econômica, acabam por lhe conferir, ao governo, uma legitimidade instrumental – aquela presente sempre que providencia prestações aceitáveis desses serviços (inclusive os de segurança).

Crises de racionalidade administrativa podem ocorrer quando crises econômicas impõem, ao governo, intervenções sujeitas a imperativos contraditórios. Como exemplo: a necessidade de elevar

---

efeitos colaterais, e esta precisa ser esmiuçada de modo que se possa designar e testar as condições do movimento e do contramovimento. Assim o diagnóstico de cosmopolitização libera reações. E esses contramovimentos no sentido de remover totalmente as identidades étnicas, a consignação dessas complicadíssimas identidades militares e estatais com todo tipo possível de sistemas de armas e crescente emancipação do mundo militar com relação às normas estatais de organização, coisa que leva ao limiar do terrorismo, exigem igualmente a nossa atenção (...).

o valor do salário-mínimo e, em consequência, o aumento do desencaixe da Previdência, com o pagamento de pensões indexadas por salário-mínimo, a ocorrência de fatos de Deus, epidemias etc.

A legitimação do governo se produz não apenas pela integração social, mas principalmente, pela continuada busca dos objetivos fixados na Cultura nos limites da legalidade. Tais objetivos podem ser manipulados pelos detentores dos instrumentos de comunicação em massa, porém só a manifesta aceitação dos valores perseguidos, por parte do povo, pelo governo atribuem legitimidade a seus atos. Governo que persegue, nos lindes da legalidade, metas fixadas na Cultura – adquire legitimidade.

E, por exemplo, a Constituição da Comunidade Europeia (que não passou pelo escrutínio popular) apresenta inúmeras falhas de estrutura e a pior delas: desconsiderando particularidades dos países-membros e manifestando aberto compromisso com a concentração dos diferentes tipos de capital. E, então, como disse Mészáros,[5] sobre algumas questões que ficam sem resposta nessa racionalidade sistêmica onicompreensiva:

> (...) não recebemos qualquer explicação sobre como é possível manter as pretensões democráticas de um sistema social que se baseia, para a sua reprodução, em um modo de produção (e distribuição) ligado a uma estrutura de comando profundamente antidemocrática, autoritária; nem sobre o que aconteceria se irrompessem conflitos importantes em relação à legitimidade e à viabilidade da própria estrutura autoritária de comando.

Contudo, podem ser vistas como decorrentes do harmônico dialético da cultura e da civilidade.

---

5 MÈSZÀROS, István. *O poder da ideologia*. Trad. Magda Lopes. São Paulo: Ensaio, 1996, p. 577.

A organização das forças produtivas, do mercado e da distribuição de seus benefícios se vincula ao campo da civilidade e, as pretensões de maior eticidade, equitatividade, proporcionalidade, razoabilidade, encontram-se no campo da Cultura.

Da tensão entre esses dois campos e das decisões tomadas e transformadas em ato surge a História da sociedade humana, conforme a relatarem os historiadores dominantes. Sem a contingência das decisões entre as compossíveis situações a cada conjunto de conflitos em andamento – não será possível compreender o complexo fenômeno do convívio social, nem o fato de que a História se escreve pela dominância de decisões sociais sobre os acontecimentos e as ações empreendidas sobre essas diferenciações das repetições existentes em dada sociedade.[6]

E as penas, nesse quadro, surgem como busca de reprimir os excluídos do sistema. Párias construídos pela própria evolução dos meios de produção e da insuficiência do sistema educacional, além da progressiva (quase aperfeiçoada) desnecessidade do chamado "exército de mão de obra de reserva".

O sistema de produção é outro e a transição para a sociedade de controle, a partir deste ponto Janus em que a sociedade se encontra, poderá ser fortemente alterada pela escolha e geração de projetos (no âmbito da Cultura) pelos quais, os intelectuais, somos responsáveis.

Se a infraestrutura determina, em larga medida, a superestrutura: esta última, por sua vez, cria os projetos a serem transformados em objetos. Nessa precisa área de criação de soluções e novos desejos reside o trabalho transformador da sociedade.

---

6 Domingues (DOMINGUES, José Maurício. *Do Ocidente à Modernidade*: intelectuais e mudança social. Rio de Janeiro: Civilização Brasileira, 2003, pp. 159-162) apresenta considerações importantes sobre esse tema no item História e contingência.

Como se pode perceber, transita-se do projeto (cultura) ao objeto (civilização) segundo escolhas (decisões que elegem um projeto entre todos os compossíveis) que são realizadas por políticas (conjunto de estratégias) que levam em conta os meios já disponíveis na civilização (a infraestrutura, fruto de um processo sócio-histórico de apropriação e segregação que antecedeu e é contemporâneo a essas escolhas).

Assim, por exemplo, quando se escreve uma peça teatral ou o roteiro de um filme (e se sabe que muitos jamais saem desse estágio) permanece-se no campo da cultura. A produção da peça ou do filme, dadas as possibilidades da civilização e as expectativas da cultura submetida às pressões das forças da sociedade, concretiza (por assim dizer) o projeto – numa das possíveis leituras do texto, nos limites da tecnologia existente.[7]

Do mesmo modo, quando o cientista pensa, a partir da técnica, do possível projeto de um objeto, busca as condições tecnológicas para a execução do protótipo ou do experimento[8] e transfere, de acordo com as escolhas realizadas pela política (como a destinação de verbas públicas ou particulares), nos limites das condições da civilização, o projeto ao objeto[9] – que poderá, se for o caso, ser refeito, reestilizado, reprojetado etc. Por sua parte, atingir o objeto projetado faz dele novo ponto de partida para outros projetos. Habitar em uma civilização faz com que dela se passe a projetar – mesmo com a mundialização do modelo civilizatório – ainda assim, apenas a partir dos objetos se pode passar aos projetos,

7 Pense, por exemplo, nos filmes de ficção científica e dos utensílios de que se servem – limitados pela tecnologia – a revelarem a época de sua produção, bem assim dos conceitos científicos empregados.

8 Que custam, também, investimento de dinheiro, tempo e muita atividade política (quer no campo acadêmico, quer no moral) e, quase sempre, na mudança de perspectiva que a inovação requer.

9 E, em um processo dialético-dialógico, só a partir da moral (civilização) se pode estabelecer qualquer projeto para uma ética (cultura) e deste se pode chegar a uma nova moralidade, mercê de tempo, política e investimento.

tendo em vista sua viabilidade tecnológica, entre outros. O que é viável do ponto de vista da técnica (no campo da cultura) nem sempre o será no campo da tecnologia (civilização).

Como todo esse processo se desenvolve no seio da sociedade existente – será necessário negociar as verbas, o interesse social, a projeção comunicativa do que se faz para obter êxito. Essas são formas de controle continuado do que será produzido, do que será desejado, do que se poderá projetar.

O sistema de penas e de exclusão se faz aí presente: projetos rejeitados tendem a excluir o projetista (em qualquer âmbito da atividade acadêmica) de novas possibilidades.

A própria sistemática da expansão do capital do consumo segmentar – representa novas ambiência de controle e segregação. Assim, quando é possível consumir no *top stratum*, pertencer aos clubes de elite e obter itens conspícuos – sempre será possível acessar os estratos inferiores, entretanto, haverá a reserva daqueles que não tem acesso aos estratos superiores. O consumo segmentar localiza e aprisiona em seus limites aqueles que neles estão insertos.

Ascender a outro estrato significa, em geral perder progressivamente os anteriores estratos – pois o sistema de consumo segmentar é excludente-includente. Dessa forma, pelo consumo e suas regras, o capitalismo realmente existente (o capitalex) controla e mantém os administrados sob controle.

O cidadão perde sua condição de cidadania sem o perceber e, quando a invoca, necessitará dispender tempo e dinheiro (além de dissabores) para que a tenha reconhecida. Na maior parte de sua vida lutará para ascender a outro segmento de consumo e, se conseguir galgar o último deles – perceberá o vazio do sistema.[10]

---

10 As drogas, o suicídio, o compáscuo com os excluídos enriquecidos na ilicitude são atitudes comuns daqueles que ascenderam no consumo segmentar,

Esse quadro, obtido de Pugliesi[11] servirá para construir a compreensão do que se disse:

CULTURA

Λόγος

Textos legais, efetividade, coerção, trabalho intelectual e técnico (technê), feriados (mesmo os cívicos), projetos, ócio, hedonismo, liberdade, Tanatos/Eros, Anti-Eros, pensamento não-operacional, teorias, conhecimento, tradições, religiões, ética

︿
P
O
L
Í
*

HISTÓRIA

Registro das situações decorrentes de escolha segundo o sentido

*
T
I
C
A
*
﹀

---

mas que buscam sentido para a vida em suas raízes ou, por outro aspecto, solução para seu tédio.

11 PUGLIESI, Márcio. *Filosofia e Direito*. vol. I. São Paulo: Aquariana, 2022, p. 499.

CIVILIZAÇÃO
Civitas
Norma concretizada, eficácia; coação, trabalho material e tecnológico, necessidade (Anankê), objetos, pensamento operacional, utilidade, igrejas, moralidade

Com essas observações remeto o leitor ao prazer da leitura do saboroso texto de Rodrigo Pardal – em que a análise seguirá outras vias – mas com o mesmo ânimo.

MÁRCIO PUGLIESI

APRESENTAÇÃO

As relações entre neoliberalismo e sistema punitivo constituem um dos temas mais estudados nos últimos cinquenta anos. Uma visita às principais publicações desse período – nacionais ou internacionais – revela a pluralidade de abordagens a partir das quais a "questão criminal" foi analisada: estudos históricos sobre a relação entre punição e estrutura social, investigações acerca do amálgama existente entre cárcere e fábrica, construções de modelos teóricos capazes de captar as dinâmicas de controle e de fortalecimento do Estado, estudos de caso focalizados na gestão prisional dos "excluídos" etc. Ainda que distintas quanto à premissa teórica, tais contribuições cristalizaram uma gramática obrigatória para qualquer pessoa interessada em compreender criticamente a chamada "economia política da pena".

Por isso é importante perguntar, logo de início, o sentido de uma revisita a esses temas: seria ela de cortesia, de condolências, ou de mera circunstância? Na obra de Rodrigo Pardal há, certamente, diálogo rigoroso com a literatura anterior. Mas não só. Atento às referências clássicas na literatura internacional, mas com um olhar atento à configuração nacional, o presente livro costura uma rede de conhecimentos complexa o suficiente para fazer dessa revisita uma reconsideração. Afinal, se há pouco mais de duas décadas foram proferidas a famosa sentença do "fim da história" e a consagração do modelo capitalista como único modo de organização da sociedade, com suas promessas de desenvolvimento mundial, equilibrado e democrático, como compreender a exacerbação punitiva com a qual nos deparamos atualmente?

Não há como negar, hoje, um insistente desassossego no ar. Manifestado aqui e ali, nas mais variadas situações e com públicos distintos, a percepção de que "novos tempos" nos aguardam é, cada vez mais, consensual. Como em um supermercado, é possível escolher nas prateleiras da "disrupção" qual narrativa é mais atraente para cada um: do catastrofismo automático do capitalismo à destruição do mundo por riscos climáticos globais, da quarta revolução digital à solução de todos os problemas sociais por meio da inteligência artificial generativa – as possibilidades são infinitas. Consequentemente, diante da ingrata pergunta "em que mundo estamos vivendo?", para muitos parece não haver melhor saída do que a (in)conclusão: "o mundo está louco".

O livro *Ideologia neoliberal e sistema punitivo* é tanto um antídoto à renúncia científica quanto um convite à releitura da "questão criminal" pelas lentes marxistas. Suas páginas pressupõem um contexto desafiador: após a década de 1970 podemos observar ao menos quatro movimentos contraditórios (i) a propagação das democracias constitucionais, com suas promessas de justiça, direitos e garantias; (ii) a expansão da semântica dos direitos humanos e direitos fundamentais enquanto meios de emancipação social; (iii) o vertiginoso aumento da desigualdade social e endividamento pessoal, com a consequente concentração de renda e riqueza; e (iv) o fortalecimento dos dispositivos de controle associados aos mecanismos de punição. Como esses fatores repercutiram no Direito?

Uma resposta satisfatória a tais questionamentos deve problematizar, de imediato, qualquer herança positivista e tecnicista. Elementos fundamentais das mistificações do Direito, a "pureza" e "neutralidade" – estudadas logo no primeiro capítulo do presente livro – bloqueiam a compreensão histórica da reprodução sócio-jurídica. Nas décadas anteriores ao neoliberalismo, o fordismo, enquanto regime de acumulação, estabeleceu-se pela superação de dois obstáculos: a anarquia no mercado de fixação de preços e a indisciplina da força de trabalho. Construído como alternativa às políticas imperialistas que culminaram na I Guerra Mundial, o "pacto fordista" possuía um rígido controle e organização sobre o trabalho industrial, tendo como contraparte não só uma política de aumento salarial – o que permitiu a continuidade da produção em massa via consumo em massa –, mas também a garantia de acesso de parte da classe trabalhadora a bens de consumo duráveis e serviços públicos. Ainda assim, a implementação do fordismo dependeu de uma série de complexas articulações entre setores estatais, institucionais e corporativos, razão pela qual sua consolidação e disseminação no período entreguerras foi particularmente difícil. Isso significa que a mundialização estabilizadora do fordismo – que possibilitou a chamada "Idade de Ouro" do capitalismo – dependeu, em grande medida, da construção de um "Plano Global" (1950-1971), um realinhamento socioeconômico mais inclusivo entre (alguns)[12] trabalhadores, empresas e governos.

Durante esse período de estabilização, a acumulação de capital necessitava "normalizar" o processo produtivo. O Direito atuava, aqui, predominantemente como uma forma social indispensável à realização do valor, tendo como elementos essenciais o conceito de sujeito de direito e os princípios de liberdade e igualdade. Na sujeição ao Direito, o indivíduo leva as mercadorias – mas também ele mesmo – ao mercado. Porém, para dispor de si próprio, o homem necessita ser livre. Nesse sentido, a liberdade jurídica constitui a livre disposição como mercadoria daquele que, mesmo sem saber, já está subordinado ao reino da necessidade. Isso, no entanto,

---

12 Existia uma divisão entre dois mercados de trabalho, o "monopolista", no qual o beneficiário era o homem branco, trabalhador e de classe média, e o "competitivo", em que mulheres, negros e imigrantes eram sistematicamente super-explorados.

não é suficiente para realizar o processo de produção e troca de mercadorias. O indivíduo também precisa firmar contratos com outros e, para tanto, a igualdade formal é indispensável. Diante desse cenário, o Direito se apresenta na forma de uma dominação abstrata, invisibilizando a expropriação do trabalho do produtor direto e garantindo a reprodução das desigualdades.

Mas o fordismo, enquanto forma social, implodiu e, com ele, a legitimação jurídico-política que o sustentava. Diante da "crise fiscal" e perda de competitividade das empresas, uma série de medidas foram implementadas: (i) combate aos sindicatos e movimentos dos trabalhadores, (ii) restrição ao intervencionismo estatal na economia e (iii) abrupta diminuição da regulamentação social, isto é, a reversão da legislação tributária em benefício das elites econômicas como forma de favorecer o investimento, o que garantiu uma expressiva queda nos custos do trabalho e uma superexploração da classe trabalhadora. Socialmente, esses processos levaram, em primeiro lugar, a uma quebra da convergência anterior entre demanda e oferta de direitos sociais e, logo após, ao clima de insatisfação e crise de representatividade política.

Esta dinâmica levou à "politização do Direito", com o repasse das competências decisórias do sistema político para a esfera jurídica. Contudo, o advento do neoliberalismo não solucionou a crise fiscal, tampouco a queda de lucratividade, que, especialmente nos círculos econômicos e administrativos, eram propagados como razão de ser da financeirização da economia. Pelo contrário – e Rodrigo Pardal exemplarmente o demonstra no segundo capítulo –, as mudanças sociais, econômicas e jurídicas, amparadas pelo Estado, culminaram não apenas em "contradições no discurso neoliberal", mas em lucros financeiros cada vez maiores, sem qualquer retorno em termos de taxa de crescimento e severas consequências para a classe trabalhadora.

A prática neoliberal atesta a atualidade de Marx, sobretudo o Livro III de O *capital*. Vivemos, hoje, em meio a obtusa acumulação de dinheiro fictício por dinheiro fictício e somos testemunhas da violenta expropriação subjacente ao domínio do capital financeiro: não há nenhuma esfera de nossas vidas que não seja atravessada – e contabilizada – por dívidas. E caso a realidade nacional – repleta de sucessivas demonstrações de esgarçamento do tecido social – ainda deixe dúvidas, basta considerar qualquer canto do mundo para se deparar com guerras, políticas coloniais (em especial no âmbito do tecnoautoritarismo), fraudes e pilhagens.

O Direito opera, nesse contexto, de modo radicalmente distinto. Diante do imbricamento de crises – econômicas, políticas, sociais, ecológicas, sanitárias etc. – cada vez mais agudas, produz-se um quadro de ineficácia jurídica. Lapida-se, assim, um virtuoso ciclo vicioso: a hiperinflação legislativa leva à profusão de processos, os quais permanecem ou não resolvidos ou dilatados no tempo, o que amplia ainda mais a insatisfação popular. Consequentemente, esse processo alimenta a demanda por "novas" leis que reforçam a espiral. Não é por acaso que, nessas circunstâncias, até mesmo o ensino jurídico tenha sofrido profundas alterações: da ênfase no Direito Administrativo e Processual, premissas constituintes da acumulação fordista, para o estudo dos cases que envolvem o Direito Antitruste e Corporativo enquanto novas condições para a acumulação neoliberal. Como demonstra Rodrigo Pardal, o "neobacharelismo" não é, em hipótese alguma, fortuito: a modernização conservadora, devidamente turbinada pela oligopolização da educação superior, veste sua toga.

Mas não só. Simultaneamente à maior produção doutrinária já vista sobre valores, princípios constitucionais, teorias da justiça, demandas por reconhecimento, direitos humanos e fundamentais, acesso à justiça e eficácia do judiciário, o mundo real encarregou-se de cotidianamente expelir para as ruas e encarcerar os sujeitos tidos como fracassados, cada vez mais endividados. Contudo, isso não ocorreu sem o recurso à irrevogável responsabilidade individual e seu "elemento docilizador" (como nos diz o autor já na parte final do livro), típicos do mantra neoliberal do homem-empresa, "flexível", "fluido" e, acima de tudo, "competidor", que luta incessantemente pela ética da autoajuda contra a falência de si mesmo.

Na contemporaneidade, a materialização do Direito se dá enquanto violência jurídica explícita e prescrição expressa da desigualdade: tanto no plano macro, por meio de regimes de austeridade e privatização, quanto em intervenções locais, como as políticas de regularização fundiária, desocupação e especulação imobiliária em bairros operários ou favelas. O uso massivo do sistema punitivo, expressão direta do hegemônico regime jurídico de Direito Privado, é retratado de modo exemplar no terceiro capítulo, que apresenta o início e desenvolvimento da "economia política da punição". A argumentação de Rodrigo Pardal relembra a análise marxiana sobre a chamada "legislação sanguinária": os camponeses expropriados de suas terras agora eram "livres" para vender sua força de trabalho. Incapazes de serem absorvidos pela economia industrial, eles formavam uma massa de corpos que necessitava ser ajustada à disciplina daquela nova situação. A financeirização não apenas da economia, mas do espaço, pressiona populações locais a saírem de suas comunidades. Em especial em países periféricos, essa situação leva à agudização de diversos fenômenos de marginalização já sedimentados na sociedade brasileira. Por isso, a liberdade encontrada nos dias de hoje quase não se dá ao trabalho de maquiar a ausência de reconhecimento e respeito à subjetividade: o sistema de justiça criminal é o garantidor do disciplinamento para relações de trabalho precarizadas e flexíveis.

Ainda assim, esses processos se desenvolvem em um ambiente de duvidosas esperanças de um mundo melhor, sobretudo em virtude do solucionismo tecnológico e das promessas da digitalização. Frente a isso, Rodrigo Pardal nos apresenta um elemento-chave para decifrar os novos fetichismos da vida cotidiana: a análise da ideologia, pedra angular de toda sua argumentação. E, ao recuperar a noção de "bloqueio de significações" – apreendida pelas lições de Ruy Fausto –, questiona o horizonte das mais "avançadas" garantias jurídicas. Desse modo, são reveladas as pressuposições econômico-sociais que movimentam o sistema punitivo. Não por acaso, os capítulos finais do livro se atêm à dimensão psicológica dos portadores de mercadorias. A partir da relação entre ressentimento e expectativas decrescentes, que fagocitam parte da população, *Ideologia neoliberal e sistema punitivo* vincula à revisita teórica dos preceitos fundamentais do atual regime de acumulação uma espécie de memória do futuro: os meandros da punição, no Brasil, valem-se de um mecanismo de transferência de responsabilidade que, cada vez mais, enlaça a sociedade: a "fascistização" nacional – hipótese sempre presente enquanto perdurar o modo de produção capitalista – está à espreita.

CÉSAR MORTARI BARREIRA

INTRODUÇÃO

O problema enfrentado pelo livro é o de compreender o motivo pelo qual o neoliberalismo estabelece uma ideologia específica para, em seguida, identificá-la e determinar as consequências que tal ideologia enseja para o Direito Penal.

Para atingir tal escopo, inicialmente se demonstra que há em nosso ordenamento uma herança positivista que em certo momento justificou uma aplicação do Direito, em especial do Direito Penal, de mantença do *status quo*, particularmente a partir do discurso de superioridade de raças.

Verifica-se também que a influência tecnicista, a pretexto de dar um ar de cientificidade ao Direito e se apresentar como "neutra", em realidade é uma falácia que escamoteia a materialidade das relações sociais e ignora os reais fatores de poder que atuam na sociedade.

Posteriormente, são apresentadas considerações sobre o desenvolvimento histórico da noção de ideologia, desde seu uso por Destutt de Tracy e seu emprego de modo pejorativo por Karl Marx. Observa-se o tortuoso caminho percorrido por tal termo nos mais diversos pensadores para então se partir da noção estabelecida por Ruy Fausto de ideologia enquanto bloqueio de significação.

Referida ideologia, por si só, caracteriza uma forma de violência simbólica e sistêmica na medida em que, ao escamotear os fatores reais de poder envolvidos, atua como fator legitimador do *status quo*, a qual, justamente por ser ideológica, impede que sejam verificadas suas contradições, que muitas vezes afetam o próprio sujeito atingido pelo manto ideológico.

Expostas as premissas sobre a ideologia e adotada uma noção específica para os fins deste livro, passa-se à análise do neoliberalismo. Sua origem data do início do século XX, não representando um corpo monolítico de pensadores, mas linhas de pensamento diversas encampadas sob o mesmo manto denominado genericamente de neoliberalismo. Em que pese ter surgido no momento apontado, apenas houve condições para sua implementação por volta de 1970, no Chile, quando da ditadura de Augusto Pinochet, sendo posteriormente efetivado um *rol* de reformas neoliberais com Ronald Reagan e Margareth Thatcher. Já no restante da América Latina o neoliberalismo foi imposto sistematicamente por meio do Consenso de Washington por volta de 1990.

Trata-se de desvendar no que consiste o neoliberalismo, tanto no aspecto das políticas empregadas quanto no âmbito discursivo. Referidos pontos se entrelaçam, pois o âmbito discursivo é relevante justamente para permitir que as medidas sejam tomadas e se obtenha consentimento da população, ainda que venham a prejudicá-la.

Não consiste o neoliberalismo em um “Estado mínimo” ou um mero modelo econômico, mas um modelo de racionalidade de subjetividades a partir de um discurso específico (e que, portanto, não se confunde com o discurso inerente ao capitalismo), que desarticulou o modelo de Estado de Bem-Estar Social (nos países em que chegou a existir tal modelo) e que serviu para gerar uma brutal concentração de renda e uma emancipação do capital improdutivo em detrimento do produtivo.

Tal modelo irradiou-se para o âmbito educacional, ensejando consequências na educação jurídica, tanto no âmbito de gestão como da formação de grandes grupos educacionais, os quais se firmaram com massivo dinheiro público, e no âmbito da mentalidade educacional, que passa a ser pautada por ideais de gestão e eficiência, sendo a educação vista como mais uma possibilidade dentro do nicho empresarial, esvaziando-se, destarte, seu escopo emancipatório e de Direito social.

Posteriormente, verifica-se a relação direta entre o modelo neoliberal e o Direito Penal a partir de autores que trabalham com este liame na denominada economia política da pena, para então se fazer uma análise crítica e verificar se o diagnóstico apontado para o centro global é compatível com a realidade brasileira.

Com isso, expostas as premissas e assentadas as noções necessárias, passa-se a analisar exatamente como a ideologia neoliberal legitima e retroalimenta o sistema punitivo.

Para atingir a tal escopo são elencados três pontos que explicam o fenômeno. Tais não se pretendem exaustivos, mas abordam o impacto da ideologia neoliberal no sistema punitivo.

Inicialmente se trata da dialética da racionalidade que a ideologia neoliberal propicia no âmbito punitivo. O discurso "neutro" de uma análise sem "viés ideológico" que guardaria consigo a ideia de uma pureza virginal serve para impor uma gramática dialeticamente racional e irracional, em que uma faceta serve à outra.

No mais, a ideologia neoliberal dociliza corpos em uma sociedade que, embora mantenha seu escopo disciplinar, passa a ser essencialmente uma sociedade de controle, nos termos de Gilles Deleuze.

Por fim, a partir da categoria do ressentimento, situada na psicologia, de origem em Friedrich Nietzsche e desenvolvida por Maria Rita Kehl, constata-se como a transferência de responsabilidade é uma consequência inerente da racionalidade neoliberal e que acaba por impactar diretamente na "gestão" do poder punitivo.

CAPÍTULO I

"PUREZA" E "NEUTRALIDADE" DO SABER JURÍDICO

1.1 Da herança positivista e tecnicista

Antes de adentrar propriamente na relação entre o positivismo jurídico e o Direito Penal e em como aquele permeou a dogmática jurídico-penal, faz-se necessária uma incursão sobre a acepção do termo "positivismo" que, não obstante recebe esta expressão, encontra variáveis que também não podem ser ignoradas no presente livro.

Como alerta Norberto Bobbio, a expressão "positivismo jurídico" não se confunde com o positivismo em sentido filosófico, em que pese existir ligação entre os dois termos.[13] Ambos se

---

13 Jacy de Souza Mendonça estabelece as seguintes semelhanças: "ambos valorizam a ciência e nisto se assemelham. Por sinal, nunca a ciência jurídica conheceu tanto desenvolvimento como no período em que foi acolhida pelo positivismo jurídico. Aproximam-se também, quanto à exclusiva valorização do fenômeno no processo cognitivo e quanto ao desprezo pela Filosofia" (MENDONÇA, Jacy de Souza. *Curso de Filosofia do Direito*: o homem e o Direito. São Paulo: Quartier Latin, 2006, p. 125).

originaram no século XIX, tendo o positivismo jurídico surgido na Alemanha e o positivismo filosófico na França.[14]

Do ponto de vista filosófico, o termo "positivismo" tem uma acepção relacionada com o modo de entender a natureza do saber e do que pode ser o objeto do conhecimento. Conhecimento ou saber positivo é o que estabelece os fatos, os dados oriundos dos sentidos, como o único objeto possível de conhecimento.[15]

O positivismo filosófico coloca um determinado método científico como o único apto a produzir conhecimento válido. Segundo pontua Boaventura de Sousa Santos, ele constituiu-se a partir da revolução científica do século XVI limitado às chamadas Ciências Naturais, como Química, Física e Biologia, e apenas no século XIX se estendeu às Ciências Sociais. Segundo tal método, conhecer significa quantificar, de modo que se algo não é quantificável, é cientificamente irrelevante. Ademais, o método científico se assenta na redução da complexidade. Por ser o mundo complexo por demais, devem ser feitas classificações para que se estabeleça relação com aquilo que foi separado. Partindo-se da ideia de René Descartes, dividem-se os problemas em quantas parcelas necessárias para melhor resolvê-los. Desta análise surge o conhecimento científico, causal, que busca extrair leis para prever o comportamento futuro dos fenômenos.[16]

Realizado o transporte desse método para as ciências naturais, elas somente poderão assim ser consideradas se empregarem procedimentos que assegurem a extração de conclusões científicas baseadas em dados concretos.

---

14 BOBBIO, Norberto. *O positivismo jurídico*: lições de Filosofia do Direito. São Paulo: Ícone Editora, 1995, p. 15.

15 NAVARRO CORDÓN, Juan Manuel; CALVO MARTÍNEZ, Tomás. *História da Filosofia*: dos pré-socráticos à filosofia contemporânea. Lisboa: Edições 70, 2019, p. 473.

16 SANTOS, Boaventura de Sousa. *Um discurso sobre as ciências*. São Paulo: Cortez, 2018, p. 28.

Marie Jean Antoine Nicolas de Caritat, o Marquês de Condorcet, foi, segundo Michael Löwy, o pai do positivismo.[17] Formula a concepção de que a ciência da sociedade deve assumir um aspecto de matemática social, ser objeto de estudo preciso e rigoroso. Somente assim seria possível uma ciência verdadeiramente objetiva sem influência de interesses pessoais. Em seguida, um discípulo direto seu, Saint-Simon, foi o primeiro a usar o termo "positivo" ligado à ciência, no sentido de uma ciência positiva.[18]

Posteriormente surge o nome mais conhecido atrelado ao positivismo, Isidore Auguste Marie François Xavier Comte (1798-1857), discípulo direto de Saint-Simon. Segundo Comte, os estudos deveriam se pautar em métodos objetivos que descrevessem a realidade tal como ela é e a partir desta observação seriam extraídas leis gerais. Destarte, as denominadas ciências sociais apenas poderiam ser rotuladas de "ciências" caso seguissem este método, oriundo das ciências naturais, tais como Química e Física.

Comte formula uma concepção de ciência natural, a denominada "física social", que estuda os fenômenos sociais, porém a partir de certas leis invariáveis que enquanto tais são inevitáveis e, portanto, somente podem ser identificadas e analisadas.

Segundo referida teoria, o pensamento humano teria passado por três estágios predominantes: o teológico, o metafísico e o positivo.[19]

---

17 Curioso notar como a concepção em um contexto imediatamente posterior à Revolução Burguesa era revolucionária, pois afrontava a visão de mundo até então existente. Já com a obra de Comte em momento posterior, a mesma visão passa a se reconstruir de modo conservador, como forma de legitimar o poder já conquistado anteriormente pela burguesia.

18 LÖWY, Michael. *Ideologias e Ciência Social*: elementos para uma análise marxista. 20ª ed. São Paulo: Cortez, 2015, p. 50.

19 Evidente que os três estágios não ocorreram de forma estanque, em sucessivas e bem separadas etapas, sendo tal análise uma simplificação da evolução

No primeiro, pretende-se conhecer a natureza das coisas perguntando pelo seu porquê e apelando na sua explicação para causas últimas, ocultas e sobrenaturais, que devem dar conta de todos os fenômenos e das suas irregularidades.

Já no estado metafísico há um progresso, pois embora ainda se questione o porquê das coisas, a explicação não se coloca em presumíveis realidades divinas e fora da natureza, mas nas próprias coisas imutáveis e necessárias, na medida em que estas atuam de acordo com propriedades, entidades abstratas ou poderes naturais. Nesse segundo momento a redução das causas transcendentes e sobrenaturais a princípios inseridos na natureza das próprias coisas significa uma pretensa racionalização do conhecimento; no entanto este continua a sobrepor-se ao poder da imaginação, que cria e crê em semelhantes entidades.

Por fim, o estado positivo seria o último estágio humano, em que se abandona a interrogação do porquê dos fenômenos e afastam-se as "pseudo" questões teológicas. Não se pergunta pela causa ou essência das coisas, mas pelo modo como ocorrem os fenômenos e pela regularidade ou lei em que se manifestam. Não se preocupa mais com a explicação, mas com a descrição dos fenômenos e de suas regularidades mediante a observação e o raciocínio.[20]

Inicialmente, portanto, tendia o homem a explicar os fenômenos por meio de algum tipo de intervenção divina sem qualquer racionalidade. O conhecimento no contexto positivista de Comte tem íntima relação com a ideia de experiência como fonte exclusiva e limitadora do conhecimento válido, não sendo possível conhecer

---

do pensamento humano e que se refere à forma de pensamento dominante, sem terem desaparecido por completo as demais.

20 NAVARRO CORDÓN, Juan Manuel; CALVO MARTÍNEZ, Tomás. *História da Filosofia*: dos pré-socráticos à filosofia contemporânea. Lisboa: Edições 70, 2019, p. 485.

aquilo que é suprassensível.[21] Desta relação com a experiência funda-se a premissa empirista na qual se situa Comte, explicada por Johannes Hessen como aquela em que:

> A razão não possui nenhum patrimônio apriorístico. A consciência cognoscente não retira seus conteúdos da razão, mas exclusivamente da experiência. Por ocasião do nascimento, o espírito humano está vazio de conteúdos, é uma tabula rasa, uma folha em branco sobre a qual a experiência irá escrever. Todos os nossos conceitos, mesmo os mais universais e abstratos, provêm da experiência.[22]

Observa-se que, como pontua Jacy de Souza Mendonça, ao estabelecer a premissa empírica do positivismo filosófico,[23] incorre Comte no paradoxo de aceitar mencionada conclusão sem um pressuposto empírico demonstrável, mas somente com base em uma lógica, em uma argumentação metafísica, método que sua teoria rechaça por completo.[24]

De todo modo, o raciocínio de Comte influenciou grandemente o Brasil, tanto que a expressão "Ordem e Progresso", importante em sua obra, consta na bandeira nacional.[25] Referindo-se à influência do "positivismo filosófico" logo após a queda do Império e o início da República Velha, Cristina Buarque de Holanda afirma:

---

21 MENDONÇA, Jacy de Souza. *Curso de Filosofia do Direito*: o homem e o Direito. São Paulo: Quartier Latin, 2006, p. 127.

22 HESSEN, Johannes. *Teoria do conhecimento*. São Paulo: Martins Fontes, 2018, p. 55.

23 COMTE, Augusto. *Discursos sobre o espírito positivo*. Recife: Montecristo Editora, 2022, p. 22.

24 MENDONÇA, Jacy de Souza. *Curso de Filosofia do Direito*: o homem e o Direito. São Paulo: Quartier Latin, 2006, p. 127.

25 ZANON JUNIOR, Orlando Luiz. *Curso de Filosofia Jurídica*. São Paulo: Tirant Le Blanch, 2019, p. 105.

> Os republicanos positivistas foram hegemônicos no governo provisório, ou seja, até a promulgação da Constituição de 1891. O positivismo instituiu importante repertório de expectativas com relação aos usos da política. Republicanos e positivistas construíram uma identidade amálgama, ou seja, dificilmente um republicano poderia ser definido sem as marcas de positivista, e este sem as qualidades daquele.[26]

O termo "ordem" indica a conexão, estrutura e unidade sistemática da sociedade em uma época determinada, o que lhe empresta estabilidade e segurança. Já a expressão "progresso" indica a transição de uma ordem determinada a outra. O progresso nada mais é que o desenvolvimento da ordem, afirmando também que toda a ordem e o seu consequente progresso estão estabelecidos e são exigidos pela natureza humana. Essa série de transições nas quais se progride realizaria cada vez mais o espírito humano, a natureza do homem.[27]

Os penalistas da época, conforme expõe Ricardo Freitas, consideraram o positivismo uma espécie de passaporte para a modernidade. Tal raciocínio tornaria o país mais moderno e "civilizado". Acreditava-se que o positivismo naturalista em matéria penal, processual penal e penitenciária poderia resolver ou ao menos avançar na direção da solução do problema da criminalidade no Brasil.[28]

Filosoficamente, o positivismo que remonta não apenas a Comte, mas também a Charles Darwin e Herbert Spencer, inspirou

---

26 HOLANDA, Cristina Buarque de. *Modos de representação política*. Rio de Janeiro: IUPERJ, 2009, p. 79.

27 NAVARRO CORDÓN, Juan Manuel; CALVO MARTÍNEZ, Tomás. *História da Filosofia*: dos pré-socráticos à filosofia contemporânea. Lisboa: Edições 70, 2019, p. 482.

28 BRANDÃO, Cláudio; SALDANHA, Nelson; FREITAS, Ricardo. *História do Direito e do Pensamento Jurídico em Perspectiva*. São Paulo: Atlas, 2012, p. 363.

a Sociologia Criminal de Enrico Ferri, a teoria do atavismo de Cesare Lombroso e a construção de Rafael Garofalo, conforme expõe Roberto Lyra em *Novas escolas penaes*. Em igual sentido é a conclusão de Luis Jiménez de Asúa segundo a qual ao menos Lombroso e Ferri se basearam no positivismo de Comte, no evolucionismo de Darwin e na obra de Spencer.[29] Desta forma, o autor espanhol aponta os seguintes princípios básicos da Escola Penal Positivista: método experimental, responsabilidade social (derivada da existência da vida em sociedade), delito como fenômeno natural e social e pena como meio de defesa social.[30]

Na ciência criminal sob o manto positivista havia uma preocupação secundária com o fato criminal em si, focando-se no estudo do homem delinquente e em fatores de ordem biológica, antropológica, psicológica e social. Diante disso, atrelava-se o delito a uma ideia de periculosidade do autor. Tal raciocínio conduz inexoravelmente a um puro Direito Penal do autor. Explica-se, desta forma, a obsessão em classificar os criminosos.[31]

Tais premissas justificariam um incremento da violência punitiva, vez que passou a se forjar a ideia de que ao lado do homem "correto" há o homem "anormal", "criminoso", que pratica atos ilícitos por algum tipo de "anormalidade orgânica e psíquica".[32] Destarte, os positivistas naturalistas, como salienta Freitas, "influenciaram profundamente os estudiosos brasileiros do problema criminal, contribuindo, por sua vez, para a legitimação da atuação

---

29 ASÚA, Luis Jiménez de. *Tratado de Derecho Penal*. Tomo II. Buenos Aires: Losada, 1992, p. 66.

30 ASÚA, Luis Jiménez de. *Tratado de Derecho Penal*. Tomo II. Buenos Aires: Losada, 1992, p. 62.

31 BRANDÃO, Cláudio; SALDANHA, Nelson; FREITAS, Ricardo. *História do Direito e do Pensamento Jurídico em Perspectiva*. São Paulo: Atlas, 2012, p. 366.

32 FERRI, Enrico. *Sociologia Criminale*. 4ª ed. Torino: Fratelli Bocca Editori, 1900, p. 46.

do aparelho repressivo do Estado republicano como um todo".[33] Deste modo, verifica-se o norte punitivista emanado de tal vertente.

No Brasil, o positivismo naturalista influenciou diversos autores, os quais passaram a estabelecer a "raça" como um dos fatores do crime. No entanto, tal construção não é obviamente original do nosso país, uma vez que Ferri sustenta que somente poderia haver uma regra constante de conduta em lugares nos quais não houvesse uma excessiva diferença entre raças[34] e Garofalo afirma que "somente indivíduos racialmente inferiores teriam seu comportamento pautado pela impassibilidade, pela instabilidade das emoções, pela preguiça, pela paixão pelo jogo, pelo vinho e por comportamentos orgíacos".[35] Ademais, segundo o mesmo autor, "a diminuta sensibilidade, a imprevidência, a volubilidade, a lascívia extrema e a crueldade – anormais nas raças superiores, comuns nas inferiores – não constituem desvios do tipo humano, mas do tipo aperfeiçoado que os povos cultos representam", o que pode ser exemplificado, de acordo com ele, "nos chefes de muitas tribos africanas que matam pelo prazer de matar, pessoas destituídas do sentimento de piedade ou que não o possuem senão em relação à própria família".[36] Da mesma forma, Lombroso, em sua primeira obra *L'uomo bianco e l'uomo di colore*, defende, conforme salienta Salo de Carvalho, que o belo, digno de ser humano, somente poderia ser branco.[37]

---

33 BRANDÃO, Cláudio; SALDANHA, Nelson; FREITAS, Ricardo. *História do Direito e do Pensamento Jurídico em Perspectiva*. São Paulo: Atlas, 2012, p. 366.

34 FERRI, Enrico. *Sociologia Criminale*. 4ª ed. Torino: Fratelli Bocca Editori, 1900, p. 435.

35 GAROFALO, Rafael. *Criminologia*: estudo sobre o delicto e a repressão penal. São Paulo: Teixeira e Irmão, 1895, p. 59.

36 GAROFALO, Rafael. *Criminologia*: estudo sobre o delicto e a repressão penal. São Paulo: Teixeira e Irmão, 1895, p. 71.

37 CARVALHO, Salo de; DUARTE, Evandro Piza. *Criminologia do Preconceito*: racismo e homofobia nas ciências criminais. São Paulo: Editora Saraiva, 2017, p. 40.

O movimento em estudo influenciou fortemente diversos pensadores brasileiros, como Raimundo Nina Rodrigues, conhecido como o grande nome da Medicina Legal brasileira e um dos maiores representantes do spencerianismo no país, além de ser considerado por Eugenio Raúl Zaffaroni o fundador da criminologia brasileira. Influenciado pela escola italiana de Lombroso, Ferri e Garofalo, Rodrigues relaciona a Criminologia Positivista com as teorias raciais e a partir deste contexto trata da diferença entre as raças e da superioridade da raça branca, desde um ponto de justificação da ordem atual até a implementação de um controle social efetivo.[38] Tamanha sua relevância no âmbito mundial que o próprio Lombroso dedicou a edição de 1891 de *L'anthropologie criminelle et ses recentes progrès* ao brasileiro chamando-o de "o apóstolo da antropologia criminal no novo mundo".

A título de exemplo, Nina Rodrigues analisa a raça negra da seguinte forma:

> A raça negra no Brasil, por maiores que tenham sido os seus incontestáveis serviços à nossa civilização, por mais justificadas que sejam as simpatias de que se cercou o revoltante abuso da escravidão, por maiores que se revelem os generosos exageros dos seus defensores, há de constituir sempre um dos fatores da nossa inferioridade como povo.[39]

Conclui que o crime, como as outras manifestações de degenerescência-enfermidade, estava intimamente ligado, no Brasil, à decadência produzida pela mestiçagem defeituosa de raças

---

38 BRANCO, Thayara Castelo. *A (des)legitimação das medidas de segurança no Brasil*. Porto Alegre: Livraria do Advogado, 2018, p. 72.

39 RODRIGUES, Raymundo Nina. *Os africanos no Brasil*. Rio de Janeiro: Centro Edelstein de Pesquisas Sociais, 2010, p. 24.

antropologicamente muito diferentes.[40] Para ele, a associação do crime às manifestações degenerativas (instintos bárbaros e selvagens) seria evidente.[41]

Comunga referido autor de uma visão racista comum em que buscava construir um modelo explicativo que garantisse a supremacia das elites brancas. Daí surge o termo cunhado por Salo de Carvalho como paradigma "nina-lombrosiano", que na verdade é um dos aspectos de um paradigma racista amplo, aceito pelas elites brasileiras. Ao estabelecer as medidas práticas para solucionar tais problemas civilizatórios, defende Nina Rodrigues a impossibilidade do "índio domesticado" e do "negro submetido à escravidão" serem passíveis de civilização e, por isso, faz uma recomendação genérica do uso puro da violência. Ademais, faz menção aos "civilizados" que respondiam por seus crimes perante os tribunais do país e os "selvagens" para os quais haveria a justiça sumária. Desta forma, já se percebe a expressa defesa de uma justiça paralela a criar um controle diferenciado segundo a raça.[42]

Além disso, ao tratar da raça negra, expõe que ela não seria necessariamente pior que a raça branca, estando apenas em uma fase diversa do desenvolvimento humano. Deste modo, a causa crucial da degeneração da população brasileira estaria na mestiçagem, cabendo à minoria ariana (expressão empregada pelo próprio Nina Rodrigues) defender o país contra os antissociais e as raças inferiores.[43] Realizou também, nos moldes de Lombroso, estudos empíricos no

---

40 RODRIGUES, Raymundo Nina. *Mestiçagem, degenerescência e crime*. p. 23. Disponível em: https://www.scielo.br/j/hcsm/a/mxYFjnP KvMdtpvnr4q7v 6kL/?format=pdf&lang=pt. Acessado em: 10.02.2023.

41 BRANCO, Thayara Castelo. *A (des)legitimação das medidas de segurança no Brasil*. Porto Alegre: Livraria do Advogado, 2018, p. 75.

42 CARVALHO, Salo de; DUARTE, Evandro Piza. *Criminologia do Preconceito*: racismo e homofobia nas ciências criminais. São Paulo: Editora Saraiva, 2017, p. 67.

43 GÓES, Luciano. *A "tradução" de Lombroso na obra de Nina Rodrigues*. Rio de Janeiro: Revan, 2016, p. 221.

sistema carcerário, tanto que na Penitenciária do Estado da Bahia desenvolveu seus primeiros estudos antropométricos em três dos cinco sujeitos lá detidos. Defendia um tratamento diferenciado aos negros – o que passava pela menoridade penal, pois enquanto para os brancos defendiam a idade como marco padrão para o desenvolvimento, para os negros referida análise ficaria a cargo de um perito, que analisaria os atos "antissociais naturais de sua raça".[44]

Essa análise, como pontua Thayara Castelo Branco, gerou consequências diretas na construção do pensamento jurídico-penal, nas práticas político-criminais, no senso comum teórico e em todo o funcionamento do sistema de justiça criminal, de modo que tanto o controle social formal quanto o informal ainda são fortemente influenciados e permeados por tais narrativas.[45]

Isso ocorre pois o discurso com o amparo pseudocientífico racional refaz e retroalimenta relações de poder. Michel Foucault explora bem esse vínculo entre a teoria biológica do século XIX e o discurso do poder. Aquela passa a influenciar e legitimar as relações de colonização, a necessidade das guerras, a criminalidade, os fenômenos da loucura e da doença mental, as diferentes classes sociais. Os critérios para se definir o biopoder necessariamente atravessam temáticas evolucionistas mediante uma interpretação racista como a de Nina Rodrigues. Referidos critérios asseguram a função assassina do Estado por meio do biopoder legitimado por teóricas racistas.[46]

Desse modo cria-se um ambiente de guerra, embora dissimulado e que permite uma espécie de genocídio "por gotejamento",

---

44 GÓES, Luciano. *A "tradução" de Lombroso na obra de Nina Rodrigues*. Rio de Janeiro: Revan, 2016, p. 227.

45 BRANCO, Thayara Castelo. *A (des)legitimação das medidas de segurança no Brasil*. Porto Alegre: Livraria do Advogado, 2018, p. 75.

46 FOUCAULT, Michel. *Em defesa da sociedade*. 2ª ed. São Paulo: WMF Martins Fontes, 2010, p. 216.

eis que diluído e de difícil percepção. Quanto mais espécies ditas inferiores desaparecerem, mais serão eliminados os sujeitos anormais e haverá menos degenerados em relação a toda a espécie. Deste modo, desaparecendo a raça inferior, a vida em geral se tornaria mais pura e sadia.[47]

De igual modo a temática atinente à diferença entre raças também se mostra presente na obra de Euclides da Cunha, *Os sertões*, publicada em 1902:

> Ante as conclusões do evolucionismo, ainda quando reaja sobre o produto o influxo de uma raça superior, despertam vivíssimos estigmas da raça inferior. O mestiço – traço de união entre raças, breve existência individual em que se comprimem esforços seculares – é quase sempre um desequilibrado.[48]

Tobias Barreto também foi influenciado por referida escola, tanto que expressamente criticava as construções metafísicas:

> Há homens que têm o dom especial de tornar incompreensíveis as coisas mais simples deste mundo, e que ao conceito mais claro, que se possa formar sobre esta ou aquela ordem de fatos, sabem dar sempre uma definição, pela qual o axioma se converte de repente em um enigma da esfinge. A esta classe pertencem os metafísicos do Direito.[49]

---

47 FOUCAULT, Michel. *Em defesa da sociedade*. 2ª ed. São Paulo: WMF Martins Fontes, 2010, p. 215.

48 CUNHA, Euclides da. *Os sertões*. Rio de Janeiro: Centro Edelstein de Pesquisas Sociais, 2010, p. 110.

49 BARRETO, Tobias. *Estudos de Filosofia*. Rio de Janeiro: Record, 1990, p. 215.

A adoção expressa[50] de um raciocínio positivista naturalista se faz bastante presente nessa fase de pensamento de Tobias Barreto. Referido autor vê o direito de punir como um conceito científico, uma espécie de notação algébrica, e o crime como um fenômeno psicofísico. Disto decorre que o fundamento de punir em certos crimes por parte do Estado passa a ser visto como um direito de "legítima defesa", afastando expressamente o interesse em melhorar ou "corrigir" o criminoso sob o argumento de que a finalidade da pena é questão metafísica.[51]

Lyra, que também é positivista confesso, inclusive ao tratar da diferença entre reincidência genérica e específica, categorias expressas no Código Penal de 1940, diz expressamente: "sou, porém, sensível, como bom positivista, à prova em contrário".[52] Sem prejuízo disso, sua construção acerca da pena adota de sobejo as noções de periculosidade e indeterminação da pena, características basilares do positivismo penal.

Por fim, porém sem a pretensão de esgotar o *rol* de pensadores[53] que adotaram ou de certa forma foram influenciados por referida corrente, Clóvis Beviláqua também se interessou pela temática penal, tendo publicado *Criminologia e direito*, de 1896, tida como a primeira obra de Criminologia da América Latina, na qual, após realizar pesquisa empírica no Ceará, seu Estado natal, conclui que os negros e índios, como "raças inferiores, contribuem mais poderosamente para a criminalidade que os arianos", principalmente,

---

50 Pelo que consta na obra mencionada, o autor apresentou fases filosóficas, tendo ao final de sua carreira acadêmica abandonado o próprio Positivismo e retomado algumas premissas kantianas, daí a divergência existente a partir da qual Aníbal Bruno não o considerava positivista. Em verdade, trata-se de focar em diversas fases de seu pensamento.

51 BARRETO, Tobias. *Estudos de Filosofia.* Rio de Janeiro: Record, 1990, p. 227.

52 LYRA, Roberto. *Comentários ao Código Penal.* Volume II. Arts. 28 a 74. Rio de Janeiro: Revista Forense, 1942, p. 287.

53 Ricardo Freitas menciona diversos outros, como João Vieira de Araújo, Viveiros de Castro e Moniz Sodré.

segundo ele, "por defeito de educação e pelo impulso do alcoolismo, porquanto grande número dos crimes violentos tem sua origem nos sambas, se não são mesmo durante ele praticados".[54]

Acerca da criminologia positivista, Nilo Batista pontua com precisão que ao não questionar a construção do Direito Penal (como, por que, para que se ameaçam determinadas condutas e não outras) ela cumpre um relevante papel político de legitimação da ordem estabelecida. O positivismo toma por dogma a ideologia dominante, que opera por intermédio da racionalidade burocrática, da tecnologia moderna, da autoridade centralizada e respalda o evento criminal como algo individual e a ordem legal como algo natural.[55] A própria ideia de "adaptação" do indivíduo à sociedade revela o controle sobre o corpo e sobre o modo de vida, embora escamoteado por uma pretensa racionalidade.

Ademais, Batista menciona algumas falhas que, embora abordadas no contexto da criminologia, envolvem todo o positivismo, motivo pelo qual são desenvolvidas neste ponto do texto.

A primeira falha é a de supor que na transcrição da objetividade cognoscível não se imprime a experiência do sujeito cognoscente.[56] Referida separação, que busca trazer o engodo da "pureza" científica, é em verdade um fenômeno de alienação e que serve para afastar qualquer atenção à realidade dos fatos e aos fatores reais que interferem na análise de qualquer objeto que evidentemente jamais existe enquanto tal, senão como objeto a partir de um sujeito situado em sua historicidade. Referido ponto não passou despercebido por Karl Marx, para quem o problema

---

54 BEVILAQUA, Clovis. *Criminologia e Direito*. Rio de Janeiro: Revan, 2019, p. 91.

55 BATISTA, Nilo. *Introdução crítica ao Direito Penal brasileiro*. 11ª ed. Rio de Janeiro: Revan, 2011, p. 31.

56 BATISTA, Nilo. *Introdução crítica ao Direito Penal brasileiro*. 11ª ed. Rio de Janeiro: Revan, 2011, p. 31.

de o pensamento humano corresponder a uma verdade objetiva não é um problema teórico e sim prático. É na prática, segundo Marx, que o homem tem que demonstrar a verdade, a realidade, a força e o caráter firme de seu pensamento. De acordo com ele, o debate sobre a realidade ou irrealidade de um pensamento isolado da prática é puramente escolástico.[57]

A segunda falha é a de reduzir a objetividade cognoscível ao que nela for empiricamente e sensivelmente demonstrável, resquício evidente do cientificismo do século XIX que foi transportado para as chamadas ciências do espírito. Nada era legítimo se não contasse com o aval das ciências exatas ou em qualquer fórmula geral de fenômenos similares. Trata-se, segundo Lola Aniyar de Castro, de puro cientificismo, fisicalismo.[58] Referida percepção, segundo Juarez Cirino, se desenvolve em um sistema determinista a partir da ideia de Comte popularizada na expressão "conhecer para prever" e consequentemente controlar para objetivos específicos. Trata-se em realidade de uma ciência do controle social que suprime os fenômenos sociais contrários ao que se considera ordeiro.[59]

A terceira falha é ter na metodologia o centro e o limite inexorável de sua atividade científica justamente para se criar uma suposta neutralidade ou pureza científica (no âmbito discursivo legitimador), mas que em realidade é um modo de escamotear o objetivo real (no âmbito materialista).

Por fim, a quarta falha é conceber de forma mecanicista os fatos sociais, produzindo explicações com base em relações causais. Esta suposta causalidade, além de reforçar a visão determinista,

---

57 MARX, Karl. *Teses sobre Feuerbach*. São Paulo: Centauro, 2012, Tese II, p. 14.

58 ANIYAR DE CASTRO, Lola. *Criminologia da libertação*. vol. 10. Coleção Pensamento Criminológico. Rio de Janeiro: Revan, 2005, p. 45.

59 SANTOS, Juarez Cirino dos. *A criminologia da repressão*: uma crítica ao positivismo em criminologia. Belo Horizonte: Forense, 1979, p. 44.

conduz a uma percepção de naturalidade do fenômeno que permite a ideia de mantença do *status quo*. Ora, já que se trata de algo natural, não há como se questionar. Opera-se em uma realidade que é aceita e apoiada e que certamente é a visão hegemônica pautada pela classe dominante.[60] Ademais, a pretensão de não valorar o objeto e isolá-lo produz a reificação dos fenômenos sociais, impede o questionamento da ordem social e somente atua para preservar a ordem existente. Alerta Castro que sua insistência em uma suposta neutralidade não pode enganar porque, apesar de centralizar toda a autoridade e todo o poder no que considera como ciência, não questionou a ordem dada e saiu munida do código na mão perseguindo os sujeitos considerados anormais, delinquentes, dentre outras categorias muitas vezes estabelecidas pela lei, fazendo tão pouca ciência quanto aqueles que criticavam por não serem científicos.[61]

Exposto isso, passa-se à análise do denominado positivismo jurídico.

No que tange ao positivismo jurídico (juspositivismo), este tem como característica ser uma teoria monista, e não dualista, conforme preceitua Dimitri Dimoulis, na medida em que não admite a existência de um direito natural ao lado do direito criado por legisladores. Nega-se qualquer possibilidade de reconhecer validade jurídica a imperativos que apresentem ao menos uma das seguintes características: decorram de leis da natureza ou de divindades, possam ser descobertos mediante reflexão e observação do homem e seu mundo, ou vigorem em paralelo com as normas de Direito Positivo e entrem em conflito com estas.[62]

---

60 SANTOS, Juarez Cirino dos. *A criminologia da repressão*: uma crítica ao positivismo em criminologia. Belo Horizonte: Forense, 1979, p. 45.

61 ANIYAR DE CASTRO, Lola. *Criminologia da libertação*. vol. 10. (Coleção Pensamento Criminológico). Rio de Janeiro: Revan, 2005, p. 71.

62 DIMOULIS, Dimitri. *Positivismo jurídico*: introdução a uma teoria do Direito e defesa do pragmatismo jurídico-político. São Paulo: Método, 2006, p. 81.

Ademais, a partir das lições de Bobbio é possível apresentar alguns pontos fundamentais do positivismo jurídico tomado em seu sentido genérico, dos quais dois têm especial relevância neste trabalho.

Em primeiro lugar, considera-se que o Direito é encarado como um fato e não um valor. O jurista deve estudar o Direito da mesma forma que o cientista estuda a realidade natural, isto é, abstendo-se de formular juízos de valor. Neste contexto, o termo "Direito" é avalorativo e, portanto, não é bom, tampouco mau. Disto decorre que a validade do Direito se identifica com sua estrutura formal tão somente.[63] Desta forma, deve-se excluir do Direito o juízo de valor justamente para que se obtenha um conhecimento puramente objetivo da realidade, já que os juízos de valor necessariamente são subjetivos. A confusão da Ciência do Direito com a Sociologia, a Psicologia, a Filosofia e as Ciências afins ocorre por haver conexão entre tais campos do saber[64] e justamente por tal proximidade é que a teoria pura realiza uma "depuração epistemológica" do Direito em face dessas disciplinas com escopo de evitar um sincretismo metodológico que obscureceria a essência da ciência jurídica e diluiria seus limites.[65] Assim, no modelo de Hans Kelsen, a ser apreciado mais detidamente adiante, se verifica também que sua teoria busca responder como é a Ciência do Direito sem qualquer juízo valorativo ou de subjetividade. Há a pretensão de se depurar o Direito excluindo-se dele tudo que não possa, rigorosamente, ser objeto de seu estudo.[66]

---

63 BOBBIO, Norberto. *O positivismo jurídico*: lições de Filosofia do Direito. São Paulo: Ícone, 1995, p. 131.

64 Sequer Kelsen nega essa conexão, já havendo aqui um ponto que causa confusões interpretativas em sua teoria.

65 MASCARO, Alysson Leandro. *Filosofia do Direito*. 8ª ed. São Paulo: Atlas, 2020, p. 556.

66 KELSEN, Hans. *Teoria Pura do Direito*. Trad. João Baptista Machado. São Paulo: Martins Fontes, 2003, p. 1.

Embora existam em verdade diversas teorias positivistas,[67] foca-se aqui em delineamentos gerais e na proposta de Kelsen, modalidade de positivismo denominada normativista, por ser a mais estudada e a que predominantemente influenciou nosso pensamento jurídico. É chamado por Mascaro de juspositivismo estrito, em contraposição a correntes que ele designa de ecléticas ou radicais. Sua Teoria Pura do Direito envolve a tentativa de construir um conhecimento jurídico baseado não mais no ser, e sim no dever-ser, numa derivação técnico-lógica das normas jurídicas sem o seu cotejamento com o ser, a realidade. No pensamento de Kelsen está a possibilidade de compreensão mais singela e, por isso, mais espraiada do fenômeno jurídico: a sua identidade científica é total e inexorável com a norma estatal. A universalidade da compreensão do fenômeno jurídico advém de uma técnica universal.[68]

Para melhor entendimento da teoria de Kelsen há de se distinguir o Direito da Ciência do Direito. Aquele se mistura aos fenômenos sociais, contudo, a Ciência do Direito é tão somente uma Teoria do Direito Positivo,[69] pois como teoria quer somente conhecer o seu próprio objeto, não importando saber como deve ser o Direito, pois não se trata de política do Direito, mas de Ciência Jurídica.[70]

Ademais, para Kelsen, um ato bruto, como uma decisão prolatada por um juiz ou a sinalização de um guarda de trânsito, somente é entendido como jurídico pelo sentido e pelo significado

---

67 Há ainda as propostas de Hart, Bobbio, Austin e outros menos conhecidos no Brasil enumerados por Dimitris Dimoulis, tais como Raz, MacCormick, Coleman, Maus, Kramer e Troper.

68 MASCARO, Alysson Leandro. *Filosofia do Direito*. 8ª ed. São Paulo: Atlas, 2020, p. 554.

69 KELSEN, Hans. *Teoria Pura do Direito*. Trad. João Baptista Machado. São Paulo: Martins Fontes, 2003, p. 79.

70 MASCARO, Alysson Leandro. *Filosofia do Direito*. 8ª ed. São Paulo: Atlas, 2020, p. 555.

que a norma confere a ele. É a interpretação normativa do ato que o torna um ato jurídico. Exemplifica ele com a seguinte elucidação:

> O que faz com que um fato constitua uma execução jurídica de uma sentença de condenação à pena capital e não um homicídio, essa qualidade somente surge através desta operação mental: confronto com o Código Penal e o Código de Processo Penal.[71]

Nesse ponto torna-se relevante uma análise mais detida acerca da relação entre Direito e Moral na doutrina positivista kelseniana. Ao diferenciar Direito e Moral, Kelsen estabelece inicialmente que ambos criam normas, portanto, ambos são nesse sentido, positivos. Contudo, a diferença residiria no fato de que o Direito está ligado a uma resposta (sanção) que se faz por um ato de coerção socialmente organizado, enquanto a Moral não estatui sanções deste tipo, visto que tais sanções apenas consistem na aprovação da conduta conforme às normas e na desaprovação da conduta contrária às normas.[72]

O ponto nevrálgico da discussão é justamente o da relação entre Direito e Moral enquanto espécies de sistemas de normas. Referida separação, segundo Kelsen, tem duplo sentido, pois se pode examinar qual a relação que existe entre ambos (mundo do ser) e qual relação deveria existir entre ambos (mundo do dever-ser). À primeira questão se responde que o Direito é por sua própria essência moral, o que significa que as condutas prescritas ou proibidas pelo Direito também

---

71 KELSEN, Hans. *Teoria Pura do Direito*. Trad. João Baptista Machado. São Paulo: Martins Fontes, 2003, p. 4.

72 KELSEN, Hans. *Teoria Pura do Direito*. Trad. João Baptista Machado. São Paulo: Martins Fontes, 2003, p. 71. Curioso observar como essa distinção se torna nebulosa em uma sociedade amplamente desigual e conflitiva como a brasileira, em que a marginalização enseja uma heterogeneidade e emancipação de relações "informais" de poder, a exemplo do sistema prisional, em que há todo um modelo normativo específico que nem mesmo os agentes estatais conseguem derrubar.

o são pela Moral. Contudo, pode ocorrer de o Direito prescrever uma conduta que a Moral proíbe ou esta prescrever outra conduta que o Direito proíbe. Em tais situações o Direito, pondera Kelsen, não será justo e não tem necessariamente de sê-lo.[73]

A não vinculação necessária entre Direito e Moral na teoria de Kelsen se justifica pelo relativismo moral. Não há possibilidade de obter acordo acerca de assuntos morais e não há procedimento para aferir o conteúdo. Do mesmo modo, a aceitação dos imperativos "morais" corretos não pode fazer o Direito depender de valores e normas de cunho moral.[74]

Há, conforme Kelsen, um único ponto comum a todos os sistemas morais, o fato de serem normas sociais, ou seja, normas que estabelecem como devida determinada conduta de pessoas. Portanto, é comum a todos os sistemas morais o dever ser, o caráter de norma. Neste sentido, e somente neste sentido formal, pode se dizer que todo direito é moral. Isto não significa que ele tenha ou deva ter determinado conteúdo, mas apenas que consiste em uma norma que considera devida determinada conduta humana. Portanto, a relação entre Direito e Moral não é de conteúdo, mas de forma. Justamente por isso não se pode dizer que o Direito corporiza um valor, pois tal expressão apenas faria sentido a partir de um valor divino absoluto.[75] Em verdade, o Direito apenas traz um valor jurídico pelo fato de ser norma.[76]

---

73 KELSEN, Hans. *Teoria Pura do Direito*. Trad. João Baptista Machado. São Paulo: Martins Fontes, 2003, p. 72.

74 DIMOULIS, Dimitri. *Positivismo jurídico*: introdução a uma teoria do Direito e defesa do pragmatismo jurídico-político. São Paulo: Método, 2006, p. 185.

75 Kelsen inclusive exemplifica que sequer o valor "paz" é absoluto, pois em determinadas épocas e para certos pensadores a própria guerra tem sua utilidade e sua importância na história.

76 KELSEN, Hans. *Teoria Pura do Direito*. Trad. João Baptista Machado. São Paulo: Martins Fontes, 2003, p. 74.

Diante disso, na relação entre Direito e Moral e Direito e Justiça, dizer que uma ordem jurídica é moral ou imoral, justa ou injusta envolve a relação entre a ordem jurídica e um dos vários sistemas de moral. Portanto, envolve um juízo de valor relativo e não absoluto. Justamente por isso que a validade de uma ordem jurídica, que deve vincular de modo genérico, independe de ela ser moral ou imoral. Destarte, equivocado concluir que Kelsen separa Direito e Moral ou que nega que ele possa ser moral ou justo. O fato de a Moral ser relativa impede que ela sirva como medida ou padrão absoluto de uma ordem jurídica, no entanto, isto não significa que a Moral não pode servir de medida em nenhum grau. Em verdade, todo sistema moral pode servir em alguma medida (não de forma padrão ou absoluta), de modo relativo, como critério, o que não exclui que outro sistema moral sirva como critério.[77]

Nota-se que Kelsen, ao contrário de muitas leituras que o interpretam dotado de um positivismo mais extremado que verdadeiramente o é, admite certa relação entre Direito e Moral, mas com as devidas advertências acerca do relativismo moral e de que essa relação não é obrigatória, pois o direito não necessariamente deve ser justo. Destarte, no mundo do ser, o Direito é Moral se tomada esta no seu aspecto formal, ou seja, enquanto norma que estabelece como devidas determinadas condutas. Já, no mundo do dever ser o direito não deve ser necessariamente moral, assim como pode ou não ser justo.

A segunda característica envolve as fontes do Direito. Estabelece-se a legislação como fonte preeminente do Direito, reduzindo-se as demais que não desaparecem totalmente, mas têm sua aplicabilidade bastante limitada. Curioso observar que aqui já há uma relação entre as duas características. Justifica-se a lei não somente como fonte, mas como objeto do Direito, justamente por

---

77 KELSEN, Hans. *Teoria Pura do Direito*. Trad. João Baptista Machado. São Paulo: Martins Fontes, 2003, p. 76.

ser um fenômeno observável, o que manteria o *status* avalorativo.[78] Portanto, há, como diz Bobbio, a prevalência de uma fonte do Direito, a lei, sobre todas as outras.[79]

Ao tratar do costume, Kelsen estabelece que o fato consuetudinário pode atuar como fator para produção de norma, mas desde que a Constituição assim institua, ou seja, permita que seja um fator produtor de norma jurídica. O Direito Consuetudinário é traduzido pela ação de indivíduos que se conduzem de forma idêntica sob determinadas circunstâncias e sob longo período. Ademais, os atos constitutivos do costume devem ser dotados de *opinio necessitatis*, ou seja, de convicção de sua obrigatoriedade. Obedecidas estas condições, o costume só pode ser fator produtor de norma se assim estabelecer a Constituição ou se a instituição do costume como fator produtor de Direito se operar na norma fundamental.[80] Observa-se, portanto, que, para purificar a Ciência do Direito, Kelsen vincula a aptidão do fato consuetudinário para produzir norma a outro ato normativo, desvinculando-o de qualquer fator social, exógeno.

Situação diversa é a do costume criador de Direito, cujo reconhecimento cabe aos tribunais, decisão que ocorre, segundo Kelsen, com natureza constitutiva e retroativa, ou seja, o fato é considerado como já posto anteriormente. Reconhece, portanto, o Direito Consuetudinário, porém como um fenômeno relativamente descentralizado, ao contrário do Direito Legislado, relativamente centralizado.[81]

---

78 MENDONÇA, Jacy de Souza. *Curso de Filosofia do Direito*: o homem e o Direito. São Paulo: Quartier Latin, 2006, p. 129.

79 BOBBIO, Norberto. *O positivismo jurídico*: lições de Filosofia do Direito. São Paulo: Ícone, 1995, p. 162.

80 KELSEN, Hans. *Teoria Pura do Direito*. Trad. João Baptista Machado. São Paulo: Martins Fontes, 2003, p. 251.

81 KELSEN, Hans. *Teoria Pura do Direito*. Trad. João Baptista Machado. São Paulo: Martins Fontes, 2003, p. 254.

Questão interessante envolve a possibilidade de o costume afetar a validade da norma jurídica.[82] Este ponto é analisado por Kelsen também em sua Teoria Pura, na qual determina que não pode ser válida uma norma que nunca é aplicada ou observada. Chama-se "desuetudo" o fenômeno pelo qual uma norma jurídica perde sua validade após permanecer por longo tempo inobservada ou inaplicada. Trata-se, conforme Kelsen, de um costume negativo cuja função essencial consistente em anular a validade de uma norma existente. Tal situação decorre da premissa de que a eficácia é, em certa medida, condição de validade da norma.[83]

Importante desfazer a relação imputada ao positivismo kelseniano e ao nazismo. Além do fato de Kelsen ter que sair da Alemanha em razão do crescimento do nazismo e de pertencer a uma família judaica, algumas associações feitas entre sua teoria e o nazismo ou a qualquer forma de autoritarismo se mostram no mínimo inadequadas.

Nesse sentido é elucidativo o trabalho de Rodrigo Borges Valadão ao apontar que embora não existisse propriamente uma vertente uníssona de Filosofia do Direito nazista há um consenso negativo, no sentido de que ela era necessariamente antipositivista.[84] A principal crítica ao positivismo é a de que ele almejava afastar o Direito de seus elementos históricos e sociológicos. Referida limitação ensejaria um caminho pouco criativo. Segundo tal crítica, teria sido reduzido o Direito a um amontoado de regras técnicas que ignoravam a organicidade do mundo real, levando-se a uma

---

82 Nesse ponto Bobbio, em *O positivismo jurídico*, ao se referir às características do Positivismo de um modo genérico, pontua que este exclui a possibilidade de costume ab-rogativo (BOBBIO, Norberto. *O positivismo jurídico*: lições de Filosofia do Direito. São Paulo: Ícone, 1995, p. 132). Contudo, como visto, ao menos na vertente kelseniana, tal possibilidade é admitida expressamente.

83 KELSEN, Hans. *Teoria Pura do Direito*. Trad. João Baptista Machado. São Paulo: Martins Fontes, 2003, p. 237.

84 VALADÃO, Rodrigo Borges. *Positivismo jurídico e nazismo*. São Paulo: Contracorrente, 2022, p. 347.

inevitável artificialidade. O positivismo não poderia servir aos ideais nacional-socialistas, que exigiriam uma "participação criativa na formação do espírito jurídico do povo".[85]

Em realidade o nazismo se vale, dentre outras fontes, de uma teoria não-positivista. Cediço que a obra de Carl Schmitt exerceu forte influência sobre a doutrina nacional-socialista. Sua *Teologia política*, ao tratar da influência da política nos conceitos jurídico-políticos, estabelece que um novo interesse sociológico pode levar a uma reação contra o método formalista de tratar os problemas jurídico-políticos.[86] Dentre todos os conceitos jurídicos, Schmitt aponta a soberania como um de grande interesse e que à época conceituava como um poder supremo, originário e juridicamente independente.[87]

Ao realizar uma analogia estrutural entre a noção política de soberania e a noção teológica da potência absoluta de Deus, Schmitt estabelece que o soberano é o único capaz de decidir sobre o estado de exceção com escopo de garantir a ordem do Estado. Desta forma, segundo Schmitt, soberano é quem decide sobre o estado de exceção.[88] Referida construção foi interessante ao regime nazista, pois personaliza e amplifica o poder sem qualquer vinculação juspositivista.

De modo mais amplo, a obra de Rômulo Monteiro Garzillo identifica três grandes elementos autoritários na teoria de Schmitt: o da antimodernidade, segundo a qual se rejeita qualquer valor

---

85 VALADÃO, Rodrigo Borges. *Positivismo jurídico e nazismo*. São Paulo: Contracorrente, 2022, p. 348.

86 SCHMITT, Carl. *Teología política*. 8ª ed. Madrid: Trotta, 2009, p. 22.

87 Evidente que o conceito sofreu grande modulação. Inicialmente devido aos fenômenos de internacionalização do Direito ocorridos precipuamente após a Segunda Guerra Mundial e, em segundo momento, em razão da globalização e financeirização da economia com a guinada neoliberal que atingiu o Ocidente a partir das décadas de 1960-1970. Ademais, o próprio Schmitt estatui que ele funciona somente como um signo, uma fórmula, mas que pode se revelar inútil na prática.

88 SCHMITT, Carl. *Teología política*. 8ª ed. Madrid: Trotta, 2009, p. 13.

relacionado à modernidade, opondo-se ao Iluminismo, ao racionalismo e ao liberalismo burguês; o anticonstitucionalismo, pelo qual ele se opõe à limitação das forças políticas pela Constituição, de modo a permitir um Estado sem qualquer limite jurídico; e, por fim, um antagonismo político segundo o qual as relações políticas se manifestariam perante um conflito entre inimigos e não entre meros adversários (e, não sendo possível tal convivência, o inimigo deve ser eliminado).[89]

Expostas essas premissas pontuais sobre determinadas características do positivismo jurídico, cabe diferenciá-lo da Escola Penal denominada "tecnicismo jurídico" atribuída a Arturo Rocco.[90]

Desde o final do século XIX e após a denominada Escola Clássica,[91] surge com Rocco, professor da Universidade de Roma, a ideia de limitar o Direito Penal ao estudo do Direito Positivo, tal como ele é. Precisamente, o marco inicial desse movimento é apontado por Lyra como 15 de janeiro de 1910, em seu curso de Direito Penal e Processo Penal da Universidade de Sassari.[92]

Segundo a Escola Técnico-Jurídica, o Direito Penal tem um objeto bastante específico, qual seja, a lei penal, o Direito Positivo, que é aplicado pelo juiz por um método técnico. Questões atinentes

---

89 GARZILLO, Rômulo Monteiro. *Elementos autoritários em Carl Schmitt*. São Paulo: Contracorrente, 2022, p. 185.

90 A expressão "Código Rocco" para se referir ao Código de Processo Penal atual de inspiração fascista não diz respeito a Arturo Rocco, mas a Alfredo Rocco (irmão dele), então Ministro da Justiça de Mussolini. De todo modo, nítida a influência do tecnicismo no referido diploma legal, conforme se nota em *A Função da "Personalidade do Estado" na Elaboração Penal do Fascismo Italiano: laesae maiestas e tecnicismo-jurídico no Código Rocco (1930)*. Disponível em: https://www.scielo.br/pdf/seq/n81/2177-7055-seq-81-226.pdf.

91 Vale lembrar que não houve, *a priori*, uma "Escola Clássica", sendo este nome dado de maneira pejorativa pelos integrantes da Escola Positiva como forma de atribuir a diversos autores a pecha de ultrapassados, superados.

92 LYRA, Roberto. *Escolas Penaes*. Rio de Janeiro: Est. Graph Canton & Reile, 1936, p. 195.

a críticas e mudanças legislativas se encontram em outras áreas do saber, como Filosofia, Psicologia, Antropologia, mas não são jurídicas. A Filosofia e a metafísica em verdade serviriam, segundo Rocco, para afastar a precisão necessária da ciência jurídica. Somente desta forma o Direito Penal se manteria técnico e científico.

A obra central de sua escola é o livro *O objeto do crime e da tutela jurídico-penal*, escrito em 1913, tendo construído seu modelo dogmático ao redor do chamado objeto do crime, que consiste em um bem ou interesse a um bem da vida, sendo o Direito Penal responsável pela tutela desses bens ou interesses. Ao se referir ao crime como ação danosa, Rocco compreende dano como a perda ou diminuição de um bem, sacrifício ou restrição de um interesse humano. Referida perda ou diminuição seria causada por uma força física ou mecânica a ensejar uma mudança na matéria, uma modificação no mundo exterior que, segundo ele,[93] é inerente a todo crime.[94]

Importante salientar que Rocco não afasta a relevância de outras ciências sociais, mas apenas busca estabelecer claramente as fronteiras de cada uma. A ciência jurídico-penal estuda o crime e a pena como fenômenos jurídicos, a sociologia os estuda como fenômenos sociais e a antropologia estuda o delito como fenômeno natural. Busca-se dessa forma manter a cientificidade do Direito Penal a partir da delimitação de seu objeto. Para tanto, estabelece uma ordem a ser obedecida pelos técnicos jurídicos: em primeiro lugar a exegética, em segundo lugar a dogmática (sistemática) e, por fim, a crítica.[95]

---

93 LYRA, Roberto. *Escolas Penaes*. Rio de Janeiro: Est. Graph Canton & Reile, 1936, p. 202.

94 Nesse ponto interessante observar que para Rocco qualquer delito geraria uma modificação no mundo exterior, incluindo-se aqui a vibração do ar decorrente de um movimento, uma fala, bem como as modificações fisiológicas e psíquicas.

95 ROCCO, Arturo. *El problema y el método de la Ciencia del Derecho Penal*. Bogotá: Editorial Temis, 2009, p. 18.

A exegese seria somente a ciência da lei, uma etapa anterior e inferior cientificamente, a envolver o conhecimento do texto legislativo de modo específico. Em um segundo momento deve-se adentrar no estudo dogmático que envolve a investigação do Direito em uma perspectiva sistemática. Enquanto a exegese proporcionaria o conhecimento empírico do Direito, a dogmática permite seu conhecimento científico. Esgotadas essas duas etapas que permitiriam conhecer o sistema vigente, seria possível chegar à crítica pela qual se pode investigar o direito ideal.[96]

Percebe-se, portanto, que Rocco estabelece uma ordem, de modo que a crítica apenas tem lugar como último instrumento jurídico, após a exegese e a dogmática, acrescentando não ser lícito chegar à crítica sem esgotar as etapas anteriores. Desse modo já se nota, pela teoria proposta, qualquer impossibilidade de uma dogmática crítica. Segundo ele, a crítica serviria para analisar se o Direito posto pode ser substituído por algo diferente, investigando-se qual seria o "direito ideal".

Mesmo o aspecto "crítico" trazido por Rocco não é em verdade crítico. Ao esmiuçar como a "crítica" ocorreria, menciona a existência da antinomia e a impossibilidade de se chegar aos objetivos queridos pelo legislador como pontos passíveis de crítica. Em seguida, ao tratar da crítica ao Direito vigente nos aspectos social e político, que incumbiria à filosofia e à política criminal, também aponta para a necessidade de se olhar do ponto de vista do legislador e a partir das necessidades sociais e políticas, quais os melhores meios repressivos de luta contra a criminalidade.[97]

---

96 ANDRADE, Vera Regina Pereira de. *A ilusão de segurança jurídica*: do controle da violência à violência do controle penal. 3ª ed. Porto Alegre: Livraria do Advogado, 2015, p. 118.

97 ROCCO, Arturo. *El problema y el método de la Ciencia del Derecho Penal*. Bogotá: Editorial Temis, 2009, p. 32.

Acerca da autonomia do Direito Penal enquanto ciência, Rocco trata da sua relação com a Criminologia, a Sociologia, a Antropologia, a Filosofia e as ciências afins entendendo que o Direito Penal deve dialogar, ou melhor, se complementar, dentro de certos limites, com tais modos de pensar, sob pena de se tornar puramente formalista, o que o autor critica. Permite-se dessa forma que o penalista vista o papel de antropólogo ou sociólogo, mas, para evitar uma intromissão ilícita e perigosa, não deve se esquecer que os ramos do saber não se confundem e que ao analisar outras formas de saber o jurista se despe de sua toga e passa a agir como antropólogo, sociólogo ou filósofo.[98] Dessa forma, mantem-se a hegemonia penal e ainda se considerariam as demais ciências como meramente auxiliares e separadas do Direito Penal.

1.2 Da falácia da "neutralidade" axiológica

A discussão sobre determinado modelo de ciência jurídica pressupõe o estudo sobre a própria ciência, cujo método e cujos limites ainda suscitam dúvidas. Sequer com relação a este ponto há algum tipo de acordo, como assevera Willis Santiago Guerra Filho,[99] principalmente porque pensar o limite da ciência é refletir sobre a atividade em si. Não se adentra aqui na discussão sobre o Direito ser ciência, mera técnica ou tecnologia, ou todas estas. De todo modo, a impossibilidade de se chegar a uma exatidão análoga à das ciências exatas e biológicas apenas é vista como um decréscimo de seriedade caso se parta da ideia de que o modelo ideal é o dessas ciências, o que necessariamente leva a epistemologia das ciências sociais para um patamar inferiorizado. Referida impossibilidade analógica não decorre e nem deve decorrer de uma diferença quantitativa, no sentido de ser a ciência social um local

---

98 ROCCO, Arturo. *El problema y el método de la Ciencia del Derecho Penal*. Bogotá: Editorial Temis, 2009, p. 11.

99 FILHO, Willis Santiago Guerra. *Teoria da Ciência Jurídica*. 2ª ed. São Paulo: Saraiva, 2009, p. 106.

de segunda categoria, mas sim de uma diferença qualitativa, por ser outro modo de realizar ciência com contornos próprios.

A ideia de uma neutralidade valorativa tem seu nascedouro na busca pela pureza das ciências humanas que se valeu das ciências exatas e biológicas enquanto método paradigmático. Partia-se da premissa de que somente haveria a devida cientificidade se fosse utilizado o método das ciências exatas e biológicas, sem o qual o estudo ficaria permeado por influências indevidas. Parte-se, portanto, de uma premissa acessória e de vassalagem.

Da mesma forma que se tenta na ciência isolar um organismo para estudá-lo em condições controladas e, assim, obter o resultado mais preciso possível, buscou-se repetir este método nas ciências humanas, como se fosse possível realizar uma análise totalmente separada de quaisquer fatores oriundos do próprio sujeito e do meio em que o fenômeno estudado se insere.

Posicionamento relevante acerca dessa neutralidade ou pureza valorativa das ciências sociais é o de Max Weber. Importante ressaltar que Michael Löwy não o considera um autor positivista no sentido clássico, mas que tem alguns pontos de convergência com tal posicionamento, mormente o fato de crer em uma ciência social livre de juízos de valor.[100]

Para Weber o conhecimento científico é "objetivo", no sentido de que se limita aos fatos e não envolve avaliações, portanto, não está subordinado aos caprichos da subjetividade do cientista. O fato de o título da obra de Weber, *A "objetividade" do conhecimento nas ciências* inserir a objetividade entre aspas demonstra que não a toma como certa, dada, mas como algo que se coloca em questão e demanda melhor análise em sua obra.

100 LÖWY, Michael. *Ideologias e Ciência Social*: elementos para uma análise marxista. 20ª ed. São Paulo: Cortez, 2015, p. 60.

No entanto, relevante observar que esse caráter objetivo não permeia toda a atividade científica, mas apenas parte dela e para que esta nuance seja compreendida melhor é necessária uma pequena incursão nos domínios do mestre de Weber, Heinrich Rickert.

Rickert, enquanto pensador neokantiano, trabalhou com a ideia de que as ciências sociais e as ciências naturais têm métodos diferentes. Parte da premissa de que a realidade enquanto tal é infinita, sendo impossível conhecê-la de modo completo. Jamais será alcançada a totalidade dos fatos.[101] Desta forma, a ciência é construída a partir de dados finitos relacionados a um objeto limitado, o que geraria uma crise de seriedade das conclusões obtidas. Para que tal problema seja resolvido, dois métodos se apresentam: o método nomotético, que estuda as leis, e o método idiográfico, que estuda os fatos singulares, sendo aquele o método das Ciências Naturais. Por exemplo, a partir da coleta de gotas do oceano se busca conhecer a composição da água do oceano e desse estudo são extraídas leis aplicáveis a todo o oceano. No entanto, quando se estuda a ciência social essa identidade se perde, pois não há sociedades ou grupos idênticos ou ocorrências que atuam exatamente sob as mesmas condições. Destarte, o estudo deve se dar de modo idiográfico, a partir de dados singulares.[102]

No entanto, partindo-se do método da singularidade factual quando do estudo das ciências sociais há de se realizar a escolha de determinados elementos para o estudo e a questão que se coloca é acerca dos critérios para selecionar determinados fatos ou acontecimentos. Para resolver o problema Rickert conclui que os valores aceitos para elencar os fatos mais relevantes e que devem ser objeto de estudo são aceitos por todos. Haveria, desta forma,

---

101 LÖWY, Michael. *Ideologias e Ciência Social*: elementos para uma análise marxista. 20ª ed. São Paulo: Cortez, 2015, p. 61.

102 LÖWY, Michael. *Ideologias e Ciência Social*: elementos para uma análise marxista. 20ª ed. São Paulo: Cortez, 2015, p. 61.

um consenso, um valor universal.[103] Solução coerente com sua formação neokantiana.

Contrariamente a Rickert, Weber não acredita em valores universais. Desta forma, a premissa que justifica o método idiográfico nas ciências sociais cai por terra, ao menos a partir de Weber. Segundo este, o aspecto "objetivo" não se dá no início do trabalho científico, pois ao se escolher o que investigar os valores determinam o início da pesquisa, a seleção do objeto que se quer estudar. Nesse ponto Weber se distancia do positivismo, na medida em que se pauta em uma categoria axiológica como nascedouro da ciência ou ao menos da escolha do objeto da ciência.

Conforme Weber, a objetividade da ciência social não aparece no início, no momento de escolha de seu objeto, mas posteriormente, quando de seu estudo e extração de conclusões. Neste momento é que a ciência social deve ser livre de juízo de valor ou axiologicamente neutra.[104] Desta forma, os resultados da investigação devem valer para qualquer investigador e devem ser, neste sentido, objetivos. Realiza Weber uma separação entre juízos de valor e juízos de fato e aqui reside o ponto nodal que se desconstruído impossibilita a almejada objetividade.

A ciência enquanto conhecimento não envolve qualquer coisa em si, mas aquilo que homens de uma determinada época consideram importante. No momento da seleção do objeto da ciência parte-se de um interesse que se baseia em dado valor; porém, ultrapassada a fase de seleção do objeto, o resultado, por ser produto de um método científico, é objetivo. Destarte, não haveria objetividade na gênese, mas apenas no método e no resultado,

---

103 LÖWY, Michael. *Ideologias e Ciência Social*: elementos para uma análise marxista. 20ª ed. São Paulo: Cortez, 2015, p. 62.

104 LÖWY, Michael. *Ideologias e Ciência Social*: elementos para uma análise marxista. 20ª ed. São Paulo: Cortez, 2015, p. 66.

segundo Weber.[105] Caso o cientista não consiga abandonar esses valores que o guiaram no início, não fará ciência.

Não seria possível, portanto, deduzir fatos a partir de valores ou deduzir valores a partir dos fatos. Afasta-se, desta forma, uma relação lógica entre ambos. No entanto Löwy refuta tal concepção sob o argumento de que há uma relação sociológica. O exemplo dado é alusivo a trabalhadores que pensam que o aumento de salário enseja aumento do custo de vida são menos propensos a realizar greve que aqueles que pensam de modo contrário. Portanto, ainda que não exista uma relação lógica, dedutiva, há algum tipo de influência nas relações sociais.[106]

O segundo ponto relevante é o de que os juízos de valor interferem não somente na seleção do objeto, mas também em todo o processo de investigação, até porque a investigação enquanto processo demanda em seu percurso outras escolhas, tais como o rumo a ser dado ao trabalho, a metodologia, a bibliografia usada, dentre outros. Por vezes, problemas são erguidos, já para que a discussão se conduza por um determinado caminho. Em verdade o juízo de valor não somente é presente, como é um componente inerente à investigação científica.

Ao final, o próprio Weber reconhece esse caminho inevitável apontando que as visões de mundo intervêm habitualmente na argumentação científica,[107] embora não devessem. Atribui isto a uma debilidade humana, a uma fraqueza para a qual o único remédio é o dever de controle de si mesmo[108] e para tal somente resta a "fé", a

105 WEBER, Max. *A "objetividade" do conhecimento nas ciências sociais*. São Paulo: Ática, 2006, p. 11.

106 LÖWY, Michael. *Ideologias e Ciência Social*: elementos para uma análise marxista. 20ª ed. São Paulo: Cortez, 2015, p. 66.

107 WEBER, Max. *A "objetividade" do conhecimento nas ciências sociais*. São Paulo: Ática, 2006, p. 104.

108 LÖWY, Michael. *Ideologias e Ciência Social*: elementos para uma análise marxista. 20ª ed. São Paulo: Cortez, 2015, p. 72.

crença de que o dever será minimamente cumprido e disto decorre toda a cientificidade de um determinado trabalho. Ou seja, ao final, a cientificidade de um trabalho, segundo Weber, decorre de um ato de fé.

Émile Durkheim, ao tratar do estudo dos fatos sociais, também se esforça pela busca da tal "neutralidade" e começa afirmando que os fenômenos sociais são coisas e devem ser tratados como tais.[109] Isto impõe que sejam algo dado, algo já posto e que está sujeito a observação. Este deve ser o ponto de partida da ciência. Necessário, portanto, considerar os fenômenos sociais em si mesmos, desvinculados dos sujeitos conscientes que os criam; é preciso estudá-los a partir de fora como coisas exteriores, pois é nessa qualidade que se apresentam a nós. Se essa exterioridade for só aparente, ao final, sequer haverá ciência. Esta regra se aplicaria, segundo ele, e não comportaria exceção,[110] não sendo ilusória a objetividade daí derivada.

Os fatos sociais não são produto da nossa vontade, mas ocorrem a partir de fora e, por isso devem ser considerados como coisas a ensejar que nos conformemos a eles. Inclusive, neste ponto, Durkheim se rende expressamente ao positivismo cientificista, ao citar Darwin e Spencer no sentido de que os fatos sociais são fatos da natureza, ainda que eles não os considerem como coisas.[111]

Essa concepção de algo dado, fenômeno como coisa, é por si só problemática. A coleta de um dado desde o início carrega consigo um elemento relacionado à escolha de como ele é coletado, analisado, visualizado e nesse aspecto não há nenhuma objetividade. Dado não é posto, ele se constrói, reconstrói e desconstrói a todo momento.

---

109 DURKHEIM, Émile. *As regras do método sociológico*. São Paulo: Martin Claret, 2008, p. 64.

110 DURKHEIM, Émile. *As regras do método sociológico*. São Paulo: Martin Claret, 2008, p. 64.

111 DURKHEIM, Émile. *As regras do método sociológico*. São Paulo: Martin Claret, 2008, p. 65.

Ademais, a construção de Durkheim meramente descritiva assume especial relevância prática quando da análise do tecido social. Explica ele que certos órgãos do corpo social são privilegiados porque é esse o normal funcionamento das coisas, da mesma forma que em um corpo vivo certos órgãos recebem mais sangue, mais nutrição, por serem mais importantes, na sociedade certas camadas são privilegiadas, o que seria um fenômeno natural, necessário. Dessa forma, a desigualdade social se explica naturalmente. Neste ponto é perspicaz a observação de Löwy no sentido de que o erro não está na conclusão, mas na premissa, segundo a qual a sociedade é um organismo. O vício não está na conclusão, mas na analogia realizada.[112]

Esse reducionismo de Durkheim esbarra em uma inevitável distorção dos fatos decorrente da dificuldade de se abstrair algo da realidade para que sejam obtidas teorias explicativas. Os fenômenos sociais são necessariamente condicionados e, portanto, escapam à previsão de leis universais.[113] Há que se assumir que as ciências sociais têm como inerente um grau de subjetividade, o qual deve ser assimilado e levado em consideração. A negação de tais fatores conduz a uma artificialização com uma falsa pretensão de cientificidade que aniquila qualquer mínima racionalidade possível.

O chamado "rigor" científico que se busca com as propostas supostamente neutralizantes e por vezes amparado em um rigor matemático funciona como fator de quantificação e, por tal motivo, empobrece, limita e desqualifica os fenômenos.[114] A objetivação em verdade é uma alienação, o empobrecimento do fenômeno que passa a ser visto de modo caricaturizado. A pretensão de ser

---

112 LÖWY, Michael. *Ideologias e Ciência Social*: elementos para uma análise marxista. 20ª ed. São Paulo: Cortez, 2015, p. 70.

113 SANTOS, Boaventura de Sousa. *Um discurso sobre as ciências*. São Paulo: Cortez, 2018, p. 39.

114 SANTOS, Boaventura de Sousa. *Um discurso sobre as ciências*. São Paulo: Cortez, 2018, p. 57.

cientista nesses moldes aniquila a própria natureza das coisas. Não há rigor, mas engodo que se pretende científico.

Essa busca parte de uma premissa bem explanada por Juliana Paula Magalhães, segundo a qual se postula a possível separação entre fato e valor, como mundos apartados e incomunicáveis. Referida linha de pensamento se germinou na filosofia grega, especialmente em Platão, e desenvolveu-se com Immanuel Kant e Kelsen. É uma dicotomia que necessariamente precisa ser superada.[115] Crítica a tal ponto faz Michel Villey, para quem não merece guarida a ideia de que o dever-ser não pode derivar do ser, de modo que Kelsen nos ludibria quando quer fazer do jurista um cientista puro.[116]

Fato é que a racionalidade humana é limitada. Em trabalho no qual analisa a parcialidade judicial a partir de categorias psicanalíticas, Rodrigo D'Ório assevera que haveria um estado natural de parcialidade comum a todo sujeito inconsciente. Estado que é natural e constante. Poderia no máximo haver algum momento em que a influência incidiria de forma mais branda, mas o estado de parcialidade a ensejar análises tendenciais sempre deve estar presente. O fator determinante é exatamente a estrutura psíquica inconsciente, já no sentido freudiano de substantivo e não de mero adjetivo relacionado ao que não é conscientemente pensado.[117]

Tal estado mental latente reforça o caráter falho ou influenciável do raciocínio humano. Foram verificadas no trabalho diversas propensões cognitivas, tais como: o viés do experimentador, que é a inclinação de o sujeito acreditar, certificar e publicar dados que concordam com suas expectativas, descartando ou rebaixando as

---

115 MAGALHÃES, Juliana Paula. *Crítica à subjetividade jurídica*: reflexões a partir de Michel Villey. São Paulo: Contracorrente, 2022, p. 158.

116 VILLEY, Michel. *Filosofia do Direito*: definições e fins do Direito: os meios do Direito. São Paulo: Martins Fontes, 2020, p. 65.

117 DANTAS, Rodrigo D'ório. *A imparcialidade no divã*: por que árbitros e juízes são naturalmente parciais? São Paulo: Thomson Reuters, 2021, p. 79.

ponderações para dados que parecem conflitar com suas expectativas; o viés de crença, no qual a força da lógica do argumento é influenciada pela credibilidade da conclusão; o conservadorismo, cuja propensão seria a de revisar insuficientemente novas evidências.[118] Sem prejuízo disso, em outro estudo se verificou que conclusões são fortemente influenciadas pelo raciocínio intuitivo, por tendências a ouvir ou considerar aspectos relacionados a simpatias ou preferências. Embora tais estudos sejam direcionados aos magistrados, evidente que tais condicionantes relacionadas a afetos são inerentes a qualquer ser humano.

Como visto, as construções de Weber e de Durkheim, embora apresentem diferenças relevantes, buscam em última instância demonstrar uma suposta objetividade científica possível nas chamadas ciências do espírito. Não se trata somente de um problema epistemológico, mas que assume relevância social e tem forte potencial de fomentar construções de dominação ou de mantença do *status quo*, na medida em que, ao se sustentar uma possível objetividade, "neutralidade", escamoteia-se todo e qualquer fator valorativo, tendencioso, inerente a uma construção social e, destarte, se "desarma" ou automaticamente se torna desnecessária, desvirtuada ou até viciada qualquer iniciativa que busque ser minimamente emancipatória. Nota-se que o discurso de neutralidade é inexoravelmente perverso, pois tem como efeito necessário a ocultação dos fatores reais que interferem no tecido social.

Sem prejuízo da posterior análise mais detida, interessante notar que o mesmo fenômeno, de um discurso que oculta os fatores reais e, portanto, os distorce, serve para manter o entendimento de que a ordem neoliberal é a única e a mais adequada possível[119] e que certas medidas de enrijecimento do Direito Penal se justificam ou são dotadas

---

118 DANTAS, Rodrigo D'ório. *A imparcialidade no divã*: por que árbitros e juízes são naturalmente parciais? São Paulo: Thomson Reuters, 2021, p. 66.

119 Isso também ocorre em relação ao capitalismo, a partir da forma de alienação "realismo capitalista", cuja obra de Mark Fischer é referência.

de algum tipo de eficácia. A distorção no elemento comunicativo acerca de como o fenômeno opera é fator essencial para a própria mantença do fenômeno em seus exatos termos ou até em termos superlativos.

Tal fator revela que, além de um problema epistemológico, a ciência social perde o que Boaventura chamou de "capacidade de autorregulação". O conhecimento que se dizia científico torna-se mero apêndice e fator de respingo dos grandes interesses corporativos, que passam a determinar as próprias prioridades científicas.[120]

Theodor Adorno, ao tratar da pureza científica, pontua criticamente que este ideal interessa na medida em que uma ciência considerada pura tem maiores chances de ser registrada e fazer parte do *rol* das ciências já estabelecidas. Portanto, há a busca por se atingir um local ao lado de outras ciências, consideradas nesses termos.[121]

Isso se acentua nas ciências que se formaram recentemente e, portanto, têm maior necessidade de demonstrar seu caráter científico e, por isto, apresentam um empenho exagerado em provar sua suposta pureza, o que creem poder ser comprovado pelo fato de se referirem a algo não acobertado por outras ciências.[122]

Nesse aspecto relevante a observação feita por Adorno, ainda que de modo incidental, da relação entre a necessidade de pureza da ciência e da virgindade da mulher, chamada por Sigmund Freud de "tabu da virgindade".[123]

Em artigo com esse nome, Freud trata da valorização da virgindade e do estado de intocabilidade da mulher, valor que de

---

120 SANTOS, Boaventura de Sousa. *Um discurso sobre as ciências*. São Paulo: Cortez, 2018, p. 60.

121 ADORNO, Theodor W. *Introdução à sociologia*. São Paulo: Editora UNESP, 2008, p. 291.

122 ADORNO, Theodor W. *Introdução à sociologia*. São Paulo: Editora UNESP, 2008, p. 292.

123 Na obra citada às folhas 290 Adorno se refere ao "complexo da virgindade".

tão enraizado, tão natural, torna estranha qualquer necessidade de justificativa. A experiência do defloramento, que nas sociedades mais modernas se dá quando do primeiro ato sexual,[124] cria um estado de sujeição. Este estado de "sujeição sexual", termo cunhado por Richard von Krafft-Ebing, segundo Freud, envolve o fenômeno pelo qual uma pessoa adquire um grau de dependência, invulgarmente alto e carente de autoconfiança em relação a outra pessoa com quem mantém um relacionamento sexual.[125]

Há em comum nas duas situações o fato de haver se formado um tabu, o da virgindade e o da pureza científica. A perda em ambas as hipóteses tornaria a mulher ou a ciência menos elevada, menos digna, ou talvez indigna de ser mulher ou de ser considerada ciência. Consoante expõe Freud, o tabu apresenta dois sentidos, está vinculado a algo proibido, restrito, impuro ou, em outro sentido, algo santo, consagrado.[126]

Dentre as neuroses ligadas ao tabu, uma tem especial relevância para nossa temática: é a relacionada ao contato, o chamado medo do toque ou do contato. Qualquer contato com a coisa proibida por si só é proibido e infecta, afasta a pureza tanto do destinatário do contato como do objeto que busca o contato. Nessa neurose

---

124 A título de acréscimo é interessante observar que ao analisar civilizações primitivas Freud demonstra como o tabu da virgindade, embora existente, tinha uma faceta diversa, pois o defloramento por vezes não se dava exatamente quando do ato sexual, mas instantes antes e por pessoa diversa do sujeito que com a virgem manteria relação sexual.

125 FREUD, Sigmund. "O tabu da virgindade". *In*: ______. *Cinco lições de psicanálise, Leonardo da Vinci e outros trabalhos* (1910). vol. XI. Rio de Janeiro: Editora Imago, 1970. Disponível em: https://conexoesclinicas.com.br/wp-content/uploads/2015/01/freud-sigmund-obras-completas-imago-vol-11-1910.pdf. Acessado em: 08.03.2022.

126 FREUD, Sigmund. *Totem e Tabu, contribuição à história do movimento psicanalítico e outros textos* (1912-1914). São Paulo: Companhia das Letras, 2012.

epistemológica que se constrói e que se "racionaliza"[127] ideologicamente, a Sociologia, a Filosofia e a Antropologia, quando se misturam com o Direito, ensejam um indesejável sincretismo que macula não só estas, mas também o Direito. Há aqui a capacidade de contágio e de transmissibilidade de que trata Freud, que permeia o tabu da pureza científica.

O tabu enseja ou consiste, parafraseando Adorno, na própria fetichização da ciência. A busca de uma pureza científica do Direito não passa de um fetiche. Converte-se em um fim em si mesmo, sem referência exógena daquilo com que se deve ocupar.[128] Ou se abandona a referência ou se recorre a uma categoria metafísica tal como a norma hipotética fundamental, que é uma contradição em seus próprios termos, pois se é hipótese, não pode ser norma, já que esta é válida ou inválida. Por outro lado, se é norma, que atua no binômio validade/invalidade, não pode ser hipótese.

Em suma, a busca por uma pureza científica é ato de fé, fetiche ensejador de um formalismo que burocratiza e infesta de elementos tecnocratas, os quais têm a poderosa função de ocultar os fatores reais de poder que interferem nas relações.

1.3 Considerações gerais sobre ideologia

Antes de analisar a questão atinente à ideologia neoliberal no Direito Penal, necessário realizar uma incursão acerca do termo ideologia, sua construção e evolução histórica. Desde já é importante esclarecer que não se está a propor uma definição específica e resoluta de ideologia, porque o tema em si necessariamente passa por um processo de empobrecimento caso se tente desenvolvê-lo

---

127 O termo aparece entre aspas porque a ideologia, aqui entendida como obstrução da realidade, em verdade inverte os polos, oculta o real e dá visibilidade ao ilusório. Tal tema é desenvolvido adiante.

128 ADORNO, Theodor W. *Introdução à sociologia*. São Paulo: Editora UNESP, 2008, p. 296.

desta forma. O escopo é determinar como o discurso de uma suposta neutralidade ideológica serve a determinados interesses, sendo um elemento dissimulador para as relações que o sistema punitivo impõe contra indivíduos selecionados após já estar embebido por uma matriz neoliberal que certamente não se limita a aspectos econômicos.

Tratar de ideologia pressupõe antes tratar da seguinte questão: o que é o conhecimento? Desde Platão em seu mito da caverna já eram advertidos seus contemporâneos que poderiam estar vendo sombras e não as figuras reais. Atualmente ainda permanece a questão sobre o que é exatamente conhecer algo.

O campo da Filosofia denominado teoria do conhecimento sempre se ocupou de algum modo de questões atinentes ao que a partir do século XIX se designou como ideologia.[129] Michel de Montaigne, por exemplo, critica a estreiteza ideológica da cultura europeia que, ao chamar os povos conquistados de bárbaros, se esqueciam que os superavam em todos os tipos de barbárie.[130]

Segundo Terry Eagleton, as expressões com o sufixo "logia" apresentam o significado de estudo de determinado fenômeno. No entanto, em algumas situações há um processo de inversão em que a expressão passa a significar o fenômeno em si e não o conhecimento sistemático dele. É o que ocorre com a expressão "ideologia", segundo o autor,[131] em que o vocábulo designa o evento por si e não o estudo ou a sistematização do conjunto de ideias.

---

129 KONDER, Leandro. *A questão da ideologia*. 1ª ed. São Paulo: Expressão Popular, 2020, p. 25.

130 KONDER, Leandro. *A questão da ideologia*. 1ª ed. São Paulo: Expressão Popular, 2020, p. 28.

131 EAGLETON, Terry. *Ideologia*: uma introdução. São Paulo: Boitempo, 2019, p. 112.

Conforme demonstra Alfredo Bosi, os dicionários etimológicos datam de 1796 o aparecimento da palavra "*idéologie*".[132] Contudo, uma obra com igual nome surgiria em 1801, escrita por Destutt De Tracy, discípulo dos enciclopedistas, que publicou *Éléments d'Idéologie*. Segundo ele, ideologia é o estudo científico das ideias e estas são resultado da interação entre organismo vivo e natureza, o meio ambiente.[133] Nessa obra o tema da ideologia é um subcapítulo dentro da zoologia. O princípio básico é o da redução de toda vida intelectual à esfera dos sentidos, de modo que as ideias seriam formadas na base da sensação dos movimentos que impressionam, de fora para dentro, o sistema nervoso. Haveria, destarte, um causalismo fisiológico que regeria toda a vida mental da humanidade[134] e a ideologia surgiria como um materialismo mecânico que se agarra à fé de que as operações da mente são tão previsíveis quanto as leis da gravidade.[135] Em outras palavras, o ser humano age de acordo com seus conhecimentos, que se organizam por meio de ideias e, caso se compreenda como são formadas essas ideias a partir de sensações, é possível obter um novo patamar de compreensão. As ideias deveriam ser decompostas até atingirem os elementos sensoriais que constituem a sua base.[136]

Assim, segundo essa concepção compreende-se a realidade objetiva por meio de impressões sensoriais que posteriormente ganham maior complexidade ao se tornarem ideias. Ao construir

---

132 BOSI, Alfredo. *Ideologia e contraideologia*. São Paulo: Companhia das Letras, 2010, p. 62.

133 FILHO, Willis Santiago Guerra. *Teoria da Ciência Jurídica*. 2ª ed. São Paulo: Saraiva, 2009, p. 123.

134 BOSI, Alfredo. *Ideologia e contraideologia*. São Paulo: Companhia das Letras, 2010, p. 62.

135 EAGLETON, Terry. *Ideologia*: uma introdução. São Paulo: Boitempo, 2019, p. 115.

136 KONDER, Leandro. *A questão da ideologia*. 1ª ed. São Paulo: Expressão Popular, 2020, p. 30.

esse processo por meio da ideologia, a reflexão sobre o real se daria de modo mais fidedigno, evitando-se subjetivismos.[137]

De Tracy, um dos representantes da burguesia revolucionária francesa, enquanto preso após lutar na Revolução Francesa, desenvolve o conceito de uma ciência das ideias. A ideologia surge como uma política racional contrária à barbárie irracionalista do Terror. Era necessário, segundo De Tracy, um "Newton da ciência do pensamento".[138] Ainda no auge da revolução, ele se tornou membro do *Institut Nationale*, o grupo de elite de cientistas e filósofos que constituíam a ala teórica da reconstrução social da França.

Verifica-se, portanto, que a ideologia, vista como um contrapeso ou ofuscamento à ciência, foi inicialmente compreendida como uma categoria intimamente relacionada à ciência, como alguma forma de explicação racional que governaria e explicaria as ideias. Esse apelo a uma ciência "desinteressada", à razão, em verdade mascarava os interesses de poder dissimuladamente buscados. Como pontua Eagleton, ao buscar "iluminar o obscurantismo da velha ordem, lançou sobre a sociedade uma luz ofuscante que cegou homens e mulheres".[139]

Napoleão Bonaparte, a princípio, admirando o Instituto, convidou De Tracy para atuar como soldado em sua campanha no Egito. No entanto, o idealismo revolucionário passou a ser renegado por Napoleão, que passou a visualizá-lo como seu pior pesadelo.[140] Posteriormente, ambos entram em conflito e Napoleão,

---

137 KONDER, Leandro. *A questão da ideologia*. 1ª ed. São Paulo: Expressão Popular, 2020, p. 30.

138 EAGLETON, Terry. *Ideologia*: uma introdução. São Paulo: Boitempo, 2019, p. 116.

139 EAGLETON, Terry. *Ideologia*: uma introdução. São Paulo: Boitempo, 2019, p. 113.

140 EAGLETON, Terry. *Ideologia*: uma introdução. São Paulo: Boitempo, 2019, p. 117.

ao discursar, passa a atacar De Tracy e seus amigos, chamando-os de ideólogos, rebaixando-os a subversivos, chegando inclusive a culpá-los por sua derrota na Rússia. Nessa crítica napoleônica a palavra passa a ter um sentido diferente, sendo vista como relacionada à abstração da realidade, típica de sujeitos que vivem em um mundo especulativo.[141] Portanto, o significado dado por Napoleão é pejorativo e já não tem nenhuma relação com o sentido traçado por De Tracy.

Em 1812, após ser derrotado pelos russos, Napoleão profere um discurso no qual chama a doutrina dos ideólogos (já no sentido pejorativo) de metafísica difusa sobre a qual devem ser atribuídos todos os infortúnios que se abateram sobre a França.[142] A crítica de Napoleão, embora movida por uma incompatibilidade decorrente de sua postura pragmática política, não era de todo desacertada, vez que De Tracy e seus colegas acreditavam ser possível deduzir uma política de princípios e elementos *a priori*, de modo a extrair ideias das quais emergiria todo o resto.

Verifica-se, dessa maneira, que o surgimento e a história inicial do conceito de ideologia não são somente uma discussão no âmbito da ideia, mas uma construção pautada em uma luta revolucionária, oriundos de um contexto de arma contra o autoritarismo, notadamente o napoleônico.

Em verdade, há uma contraposição entre as concepções. A obra de De Tracy busca uma análise científica naturalista do termo, enquanto Napoleão atribui ao termo um aspecto de especulação, tipicamente metafísico, porém formado de um racionalismo excessivo que ao final se mostra irracional. A crítica é a de que tais pensadores se empenham tanto em investigar as leis da razão que

---

141 LÖWY, Michael. *Ideologias e Ciência Social*: elementos para uma análise marxista. 20ª ed. São Paulo: Cortez, 2015, p. 18.

142 EAGLETON, Terry. *Ideologia*: uma introdução. São Paulo: Boitempo, 2019, p. 118.

ficam isolados em seus próprios sistemas alienados da realidade, de modo quase psicótico. A partir dessa faceta da ideologia como uma gama de ideias desconexas e que ofuscam a realidade é que surge a percepção de Marx.[143]

Em *A crítica da Filosofia do Direito de Hegel*, de 1843, o jovem Marx passa a tratar do tema, ainda que não mencione o termo expressamente.[144] É realizada uma crítica ao idealismo hegeliano e à sua teoria do Estado, segundo a qual no raciocínio de Hegel há um problema, qual seja, a inversão do pensamento que oculta a natureza real dos fenômenos.

Consoante a visão conservadora hegeliana, o Estado surge como o local apto a reintegrar os interesses antagônicos da sociedade, de modo a representar tais interesses e atingir o chamado bem comum, sendo que tais interesses estão representados na figura do monarca. Ademais, ao tratar do poder do príncipe, Hegel estabelece que este contém a universalidade da Constituição e das leis, a deliberação como relação do particular ao universal e o momento da decisão suprema como determinação de si de onde tudo se deduz e no qual reside o começo de sua realidade.[145] Referido trecho de seu raciocínio traz uma amostragem do forte aspecto idealista de seu raciocínio.

Nesse ponto, segundo Marx, Hegel faz da ideia o sujeito e deste o predicado.[146] Contudo, aponta que deve o raciocínio ser oposto, ou seja, a ideia ser desenvolvida a partir das distinções reais,

---

143 EAGLETON, Terry. *Ideologia*: uma introdução. São Paulo: Boitempo, 2019, p. 121.

144 CACICEDO, Patrick. *Ideologia e Direito Penal*. Rio de Janeiro: Revan, 2022, p. 43.

145 HEGEL, Georg Wilhelm Friedrich. *Princípios da Filosofia do Direito*. São Paulo: Martins Fontes, 1997, p. 253.

146 MARX, Karl. *Crítica da Filosofia do Direito de Hegel*. 3ª ed. São Paulo: Boitempo, 2013, p. 44.

tratando-se o Estado do antagonismo politicamente organizado da sociedade, sendo a identidade entre esta e a sociedade política uma mera aparência que encobre a essência do Estado. Desse modo, identifica-se o estado hegeliano como a essência alienada da sociedade, alienação produto do processo histórico e que se ampara na forma abstrata de apresentação do Estado burguês enquanto forma separada da sociedade.[147] O estado seria uma criação de homens divididos, confusos, alienados e é a própria consumação da alienação.[148]

A existência do Estado como um corpo estranho que controla a sociedade e impõe sua ordem sem resistência quanto a esse estado de coisas é um sintoma da alienação, do estranhamento.[149] Alimenta-se a ilusão de que há um Estado racional amparado em leis[150] e regido de modo isonômico.

A crítica feita por Marx, não somente ao Estado, mas à religião, influenciada também por Ludwig Feuerbach, segue a mesma lógica de inversão. Por exemplo, quando Marx estabelece que não é a religião que faz o homem, mas este que a faz. A premissa igualmente se constrói ao estabelecer Marx que o homem não é um ser abstrato, fora do mundo, mas o homem é o mundo do homem, o Estado, a sociedade.[151]

---

147 LARRAÍN, Jorge. *El concepto de ideologia*. vol. 1. Santiago: LOM Ediciones, 2007, p. 42.

148 KONDER, Leandro. *A questão da ideologia*. 1ª ed. São Paulo: Expressão Popular, 2020, p. 38.

149 KONDER, Leandro. *A questão da ideologia*. 1ª ed. São Paulo: Expressão Popular, 2020, p. 38.

150 Salutar a crítica à legalidade feita por Alysson Leandro Mascaro, para quem a legalidade, embora se repute universal, ao ser institucionalizada somente dilata as fissuras das amarras sociais que acomodam o precário sistema capitalista. Trata-se em realidade de uma falsa universalidade (MASCARO, Alysson Leandro. *Crítica da legalidade e do Direito brasileiro*. 3ª ed. São Paulo: Quartier Latin, 2019, p. 23).

151 MARX, Karl. *Crítica da Filosofia do Direito de Hegel*. 3ª ed. São Paulo: Boitempo, 2013, p. 151.

Há em comum nesses pontos a crítica ao logicismo abstrato e idealista de Hegel, para quem a ideia, o pensamento, cria a realidade. A análise abstrata acaba por escamotear as relações reais da vida em sociedade, vez que considera ser a ideia não reprodução do mundo real, mas o próprio agente constituinte da realidade, que é transformado em sujeito do movimento histórico.[152] A crítica do céu precisava se converter em crítica da terra e não poderia mais se prender ao plano puramente especulativo.[153]

Na obra em que critica a filosofia de Hegel, embora não se valha expressamente do termo "ideologia", como dito, as percepções de inversão, a crítica ao idealismo e temas como a alienação e mistificação da realidade por meio de uma construção metafísica que alimenta a pretensa legitimidade de um poder já fornecem subsídios influentes nas construções posteriores.

A concepção de Estado hegeliana, segundo Marx, ameniza a contradição entre a sociedade civil e o Estado. A historicidade faz com que o sujeito seja incapaz de se realizar no mundo que deveria dominar. Surge na perspectiva hegeliana o Estado como um corpo estranho que impõe sua ordem e seu controle sobre a sociedade. Trata-se de evidente sintoma de alienação, que faz com que os sujeitos acreditem que existe um estado racional.[154] Nesse ponto Marx identifica uma verdadeira ilusão ideológica na concepção hegeliana, como se o Estado fosse determinante, quando em realidade é determinado pela ação humana.[155]

---

152 CACICEDO, Patrick. *Ideologia e Direito Penal*. Rio de Janeiro: Revan, 2022, p. 43.

153 KONDER, Leandro. *A questão da ideologia*. 1ª ed. São Paulo: Expressão Popular, 2020, p. 41.

154 KONDER, Leandro. *A questão da ideologia*. 1ª ed. São Paulo: Expressão Popular, 2020, p. 31.

155 CACICEDO, Patrick. *Ideologia e Direito Penal*. Rio de Janeiro: Revan, 2022, p. 48.

Extrai-se a ideologia aqui, embora não nominada, como inversão da consciência, ao lado da inversão da prática social objetivada (alienação), de modo que aquela oculta a segunda em uma inversão da inversão real. A alienação está atrelada à construção de ideologia nesses escritos de sua fase de juventude.[156] No entanto, ainda resta o substrato do materialismo histórico constante na fase a seguir apresentada.

Posteriormente, ainda na primeira metade do séc. XIX, o termo "ideologia" é encontrado por Marx em jornais, revistas e debates e o filósofo passa a utilizá-lo expressamente em *A ideologia alemã*, a partir de 1846 em coautoria com Friedrich Engels, e somente publicada em 1931. Nesta obra, tratam da ideologia em geral e procuram estabelecer sua premissa materialista histórica de maneira consistente, didaticamente mostrada no seguinte trecho: "os pressupostos de que partimos não são pressupostos arbitrários, dogmas, mas pressupostos reais, de que só se pode abstrair na imaginação. São os indivíduos reais, sua ação e suas condições materiais de vida".[157] Critica-se a distorção ideológica da tradição idealista subjetiva, que dá relevância ao idealismo subjetivo ao supervalorizar o poder das representações, sendo elucidativo o exemplo de um sujeito que insiste em convencer os demais que só se afoga, pois ao cair na água fica preso à ideia de ser mais pesado que tal elemento, de modo que caso se liberasse dessa ideia flutuaria.[158]

Nesse estudo, que não traz uma definição formal de ideologia, o que seria contraditório, dada a crítica à abordagem dogmática, a temática é analisada a partir da produção material da sociedade, sem o aprofundamento que viria depois em *O capital*. De todo

---

156 CACICEDO, Patrick. *Ideologia e Direito Penal*. Rio de Janeiro: Revan, 2022, p. 57.

157 MARX, Karl; ENGELS, Friedrich. *A ideologia alemã*. São Paulo: Boitempo, 2007, p. 86.

158 KONDER, Leandro. *A questão da ideologia*. 1ª ed. São Paulo: Expressão Popular, 2020, p. 46.

modo, continua a se relacionar o tema com os processos de inversão e alienação na consciência.[159]

Mostra-se nessa obra como as ideias são desvinculadas do plano concreto e apreendidas como entidades autônomas, o que ajuda a naturalizá-las e retirá-las de seu contexto histórico. A libertação desse fenômeno dependeria somente da mudança das condições históricas que ensejaria a mudança das distorções existentes. Aliás, a própria distorção é necessária para a mantença da ordem estabelecida.[160]

Com essas premissas, Marx reconhece como única ciência aquela referente à história, que poderia ser analisada sob duas óticas, a da natureza e a dos homens; no entanto, tais facetas não podem ser separadas, pois se condicionam reciprocamente. Neste contexto Marx emprega a expressão "ideologia" como uma concepção distorcida da história ou uma abstração total dela[161] ao tecer suas críticas sobre os neo-hegelianos de esquerda. Aparece, portanto, como ilusão, falsa consciência, concepção idealista em que se inverte a realidade.[162] Há uma falsa consciência do real e que enquanto tal legitima os mecanismos e os beneficiários do poder, além de ter o seu lugar assegurado na história, já que não existe enquanto mecanismo avulso em um sistema.

Os neo-hegelianos de esquerda mantinham a premissa idealista, porém distanciavam-se do idealismo de Hegel, por seu caráter conservador. Construía-se um idealismo revolucionário, crítico, por discípulos tais como Bruno Bauer, Max Stirner, Moses Hess e

---

159 CACICEDO, Patrick. *Ideologia e Direito Penal*. Rio de Janeiro: Revan, 2022, p. 59.

160 CACICEDO, Patrick. *Ideologia e Direito Penal*. Rio de Janeiro: Revan, 2022, p. 59.

161 MARX, Karl; ENGELS, Friedrich. *A ideologia alemã*. São Paulo: Boitempo, 2007, p. 87.

162 LÖWY, Michael. *Ideologias e Ciência Social*: elementos para uma análise marxista. 20ª ed. São Paulo: Cortez, 2015, p. 19.

Ludwig Feuerbach. Relevantes eram o espírito e a luta para mudar a sociedade, havendo um verdadeiro combate espiritual. Acreditavam na transformação da sociedade a partir da transformação das ideias.[163] Era contra esse idealismo, ainda que revolucionário, que Marx se insurgia. Segundo este, tais pensadores cultuavam a abstração como resposta para as questões da existência humana e das coisas, havendo uma ficção, uma fantasia que acabava por distanciar o homem de pensamentos relativos à sua essência.

Nesse contexto, a ideologia aparece como o modo de pensar das classes dominantes, um inequívoco teor de justificação e de autolegitimação. Seria a mistificação da realidade produzida no âmbito do capitalismo pela burguesia conservadora. Haveria, dessa forma, uma estrutura ideológica de grupos hegemônicos que buscariam naturalizar seus interesses, aparecendo a desigualdade econômica como um fato natural, ou como um dado universal inerente.[164] Ademais, essa inversão de consciência que enseja a visão das coisas "de cabeça para baixo" ocorre em função do processo histórico pelo qual houve a dilaceração do tecido social, mais precisamente com a divisão social do trabalho e o aparecimento das classes sociais em colisão.[165] Referida fragmentação da sociedade e o fato de os cidadãos não atuarem mais juntos faz com que não se reconheçam coletivamente a gerar um "estranhamento" que facilita o véu ideológico do Estado como um ente independente e racional.

A concepção exposta por Marx e Engels se diferencia das doutrinas materialistas do século XVIII na medida em que a visão anterior estava apegada inteiramente ao objeto, a coisa em si, sem observar a atividade humana sensível, a práxis, o aspecto subjetivo.

---

163 LÖWY, Michael. *Ideologias e Ciência Social*: elementos para uma análise marxista. 20ª ed. São Paulo: Cortez, 2015, p. 31.

164 BOSI, Alfredo. *Ideologia e contraideologia*. São Paulo: Companhia das Letras, 2010, p. 64.

165 KONDER, Leandro. *A questão da ideologia*. 1ª ed. São Paulo: Expressão Popular, 2020, p. 48.

Dessa maneira, a apreensão objetiva não se integraria com o aspecto subjetivo. Se o conceito não passa pela experiência histórica e subjetiva ele é oco por dentro, como ensina Alfredo Bosi, sendo um pensamento que não se ampara nas ações das pessoas e dos grupos sociais.[166]

Relevante observar que a concepção de ideologia aqui apontada, embora escrita por Marx e Engels, não é considerada por Louis Althusser como marxista. Isso porque o escrito se situa na fase "jovem" da obra marxista, anterior, portanto, à maturidade de sua construção. Neste sentido é que Althusser a expõe como uma visão ainda não marxista.[167]

Posteriormente o tema da ideologia é retomado nas obras da maturidade de Marx, especificamente no prefácio à *Contribuição à crítica da economia política*, de 1859. Nesta fase já se deixa claro que é a vida material concreta que determina as formas de consciência e não o contrário. Neste ponto, o filósofo reforça a ideologia como um contraponto à consciência capaz de compreender as determinações do real e uma forma de ocultamento e velamento da realidade.[168] Nos *Grundrisse*, de 1858, e notadamente em *O capital*, nos quais, ao tratar do fetichismo da mercadoria, Marx aponta que as relações entre humanos são determinadas por relações entre as mercadorias que eles produzem mediante o trabalho. Deste modo, as relações sociais assumem aos olhos dos seres humanos a forma fantasmagórica de uma relação entre coisas.[169]

---

166 BOSI, Alfredo. *Ideologia e contraideologia*. São Paulo: Companhia das Letras, 2010, p. 65.

167 ALTHUSSER, Louis. *Ideologia e aparelhos ideológicos do Estado*. 3ª ed. Lisboa: Editorial Presença/Martins Fontes, 1980, p. 70. A observação se faz necessária, pois como a ideologia aqui é definida *a priori*, ela não tem história e, portanto, aproximar-se-ia de uma categoria metafísica em um contexto positivista.

168 CACICEDO, Patrick. *Ideologia e Direito Penal*. Rio de Janeiro: Revan, 2022, p. 67.

169 MARX, Karl. O *capital*: crítica da economia política. Livro 1: O processo de produção do capital. São Paulo: Boitempo, 2015, p. 147.

Apresentam-se as mercadorias como se tivessem vida própria e a visão sobre elas oculta os reais deslocamentos envolvendo os seres humanos. Destarte, uma flutuação na bolsa de valores[170] pode significar milhares de desempregados a mais ou mais pessoas com fome, mas esses dados reais são ocultados ou ignorados.

Desse modo, na sociedade capitalista as mercadorias efetivamente controlam a vida humana como uma forma de feitiço. As operações econômicas cotidianas se apresentam na realidade de modo invertido, não havendo mais uma inversão da realidade no plano da consciência, mas uma reprodução da consciência de uma realidade já invertida.[171] Se em *A ideologia alemã* entendia-se que as coisas não eram enxergadas como na realidade, em *O capital* a questão se altera e a própria realidade se consolida como dupla e enganadora, incluindo-se nela a própria falsidade.[172] Conclui-se, portanto, que a ideologia oculta as relações sociais contraditórias, não apenas por meio da inversão na consciência, mas pela incursão na realidade que mostra o contrário das relações.[173]

Constata-se que desde a evolução em Marx o termo teve um caminho tortuoso. Foi concebido por De Tracy relacionado à zoologia, posteriormente usado de modo pejorativo por Napoleão em um contexto político e depois retomado por Marx em um sentido de distorção da realidade.

Esse pequeno introito nos mostra a circularidade em que se pode incidir caso se tente adotar um conceito unívoco de ideologia.

---

170 EAGLETON, Terry. *Ideologia*: uma introdução. São Paulo: Boitempo, 2019, p. 82.

171 CACICEDO, Patrick. *Ideologia e Direito Penal*. Rio de Janeiro: Revan, 2022, p. 69.

172 EAGLETON, Terry. *Ideologia*: uma introdução. São Paulo: Boitempo, 2019, p. 84.

173 LARRAÍN, Jorge. *El concepto de ideologia*. vol. 1. Santiago: LOM Ediciones, 2007, p. 70.

Importa em verdade verificar o termo não em seu aspecto conceitual, mas ferramental enquanto mecanismo de bloqueio da significação, nos dizeres de Ruy Fausto. Referido autor diferencia o discurso não-ideológico, chamado por ele de dialético, do discurso ideológico e estabelece que a ideologia é caracterizada, como dito, pelo bloqueio das significações. A essência da ideologia está em "cristalizar" no seu momento positivo que se inverte no seu contrário. Trata-se de freio contra a inversão e que, portanto, está a serviço dela. O "desaparecimento" da inversão permite que ela opere. Havendo dois momentos, a ideologia coloca somente o primeiro momento no nível das ideias, enquanto o segundo se efetiva. Este, por sua vez é negado no nível das ideias justamente para que seja ele a base material efetiva. Deste modo, a ideologia torna positivo aquilo que é em si mesmo negativo e contém em si a negatividade.[174]

Fausto realiza essa construção ao tratar da relação jurídica enquanto lei do Estado. Neste fenômeno a ideologia opera exatamente nos termos mencionados porque o segundo momento, qual seja, a desigualdade entre as classes, é "negado" enquanto o primeiro, qual seja, a igualdade dos contratantes, é guardado pelo Estado. Com essa operação ideológica o efeito é exatamente o oposto: a desigualdade se mantém na base material, razão pela qual a igualdade dos contratantes é efetivamente negada.

A consequência evidente dessa formulação é justamente o bloqueio da significação e posterior perpetuação das condições estruturais. A ideologia, portanto, atua como fenômeno que alimenta as condições materiais e estas ao se perpetuarem fornecem o combustível necessário para que a ideologia se reconstitua e se alimente de si mesma para se propagar.

A negação em relação à desigualdade aparece entre aspas no texto original de Fausto e isso se explica porque não se trata

174 FAUSTO, Ruy. *Marx, Lógica & Política*. Tomo I. São Paulo: Brasiliense, 1983, p. 299.

de explícita negação, mas de supressão. A efetiva negação (sem as aspas) igualmente seria ideologia, mas de outra espécie, segundo a razão dialética por ele trazida.[175]

A supressão propicia o falso discurso de neutralidade. Elucidativo o exemplo dado por István Mészáros ao observar um dicionário. Ora, nada mais ausente de ideologia, em tese, que um dicionário, ainda que seja de sinônimos. Em um, denominado *Wordstar Professional*, ao serem colocados os termos "conservador" e "liberal" surgem diversas expressões positivas. Ao contrário, quando da pesquisa pela expressão "revolucionário" ele é caracterizado como "enfurecido, extremista, extremo, fanático, radical, ultra".[176] O sistema socialmente estabelecido apresenta e retroalimenta as perspectivas dominantes, o que inclui o desvirtuamento das mais diversas categorias, mas tudo sob o manto da "normalidade", "objetividade" ou "imparcialidade científica". A dominação por este discurso retira a suspeita de que haveria algum tipo de desvirtuamento a ensejar a absorção das categorias, por serem meramente "objetivas".

Em nome da "objetividade" são desqualificadas categorias críticas, vez que reconhecê-las envolveria admitir premissas que certamente colocariam em risco a própria mantença do *status quo* e de "verdades" consolidadas. Qualquer concepção que escape daquela dominante que é a única correta, por ser "neutra", é taxada de "ideológica" (aqui em sentido pejorativo semelhante ao de Marx) e, portanto, ineficaz *ab initio*. Sequer é refutada em seu conteúdo, pois por ser "impregnada de ideologia" contém um vício de origem, que lhe retira a pureza científica e a seriedade argumentativa.

A ideologia dominante emanada dos detentores dos meios de comunicação, dentre eles as mídias sociais, pelos grandes conglomerados

---

175 FAUSTO, Ruy. *Marx, Lógica & Política*. Tomo I. São Paulo: Brasiliense, 1983, p. 299.

176 MÉSZÁROS, István. *O Poder da ideologia*. São Paulo: Boitempo, 2004, p. 57.

econômicos, compondo o que Zaffaroni chama de "totalitarismo financeiro"[177] enseja um modelo em que o capital em si se torna a mercadoria por excelência e que é tomado por tecnocratas, os quais dominam o poder, mas que não necessariamente são políticos no sentido de exercerem cargos oficiais. Há, ao contrário do modelo capitalista, que Zaffaroni chama de "antigo", a necessidade de se obter o maior rendimento no menor espaço de tempo, caso contrário tais tecnocratas são substituídos por outros que almejam equivalente posição privilegiada. Evidente que essa maximização de lucros ocorre com suporte das instancias ideológicas.

Althusser, a partir das lições de Marx, preceitua que qualquer modo de produção deve reproduzir suas condições, sob pena de ser alterado substancialmente. Deve, portanto, reproduzir as forças produtivas e as relações de produção existentes. É exatamente nesse ponto que reside a ideologia. Na obra mencionada,[178] embora se fale em "aparelho do Estado", não se limita a discussão a este, mas a diversos aparelhos que atuam a partir de instituições especializadas, tais como a religião, a escola, a família, o aparelho jurídico, político, sindical, de informação (especialmente as mídias sociais) e cultural.[179] No escrito é feita uma diferenciação, segundo a qual o aparelho do Estado propriamente dito atuaria por meio da violência, enquanto os aparelhos mencionados funcionariam pela ideologia.[180] No entanto, o próprio autor em seguida assevera que há emprego simultâneo de ideologia e violência, o que se afigura correto. Ora, se o neoliberalismo, nos dizeres de Thatcher, atua inclusive sobre a

---

177 ZAFFARONI, Eugenio Raúl. *Colonização punitiva e totalitarismo financeiro*: a criminologia do ser-aqui. Rio de Janeiro: Da Vinci Livros, 2021, p. 29. A relação com o modelo neoliberal é aprofundada em capítulo específico.

178 ALTHUSSER, Louis. *Ideologia e aparelhos ideológicos do Estado*. 3ª ed. Lisboa: Editorial Presença/Martins Fontes, 1980, p. 38.

179 ALTHUSSER, Louis. *Ideologia e aparelhos ideológicos do Estado*. 3ª ed. Lisboa: Editorial Presença/Martins Fontes, 1980, p. 44.

180 ALTHUSSER, Louis. *Ideologia e aparelhos ideológicos do Estado*. 3ª ed. Lisboa: Editorial Presença/Martins Fontes, 1980, p. 46.

alma dos cidadãos, não há como sustentar que se trata de violência diminuta aquela que atua sobre tal espectro do indivíduo.

Verifica-se, portanto, que o poder da ideologia não é unilateral, no sentido de afetar somente aqueles sobre os quais ela incide. Em verdade é bifronte, pois afeta tanto os que negam sua existência, como os que reconhecem abertamente os interesses e valores intrínsecos a várias ideologias.[181] Atua, destarte, de modo ativo, como vetor irradiador de valores, e passivo, como supressão ou deturpação da realidade a partir de quem a recebe. Ocorre que a relação bilateral aqui descrita não é estanque, mas dinâmica e cambiante, na medida em que os que são atingidos pela ideologia também a propagam, justamente pela aparente naturalização e neutralização do discurso. Da mesma forma, muitos dos que a propagam também ao divulgá-las introjetam em si cada vez mais os vetores transmitidos.

A ideologia, após devidamente sedimentada, implica práticas comportamentais de longo alcance a todas as áreas. Tais podem independer inclusive de uma posição política mais conservadora ou progressista[182] e atuam como fatores mobilizadores. A própria racionalidade, usada como premissa para certos raciocínios, essencialmente é problemática, na medida em que em uma sociedade conflitante e amplamente desigual qualquer problema parcial específico que se pretende racionalizar ao ser levado a um contexto mais amplo pode ser visto de modo exatamente oposto (absolutamente irracional),[183] o que, como dito, pode ser facilmente escamoteado pelas construções ideológicas.

---

181 MÉSZÁROS, István. *O Poder da ideologia*. São Paulo: Boitempo, 2004, p. 64.

182 Sobre esse fenômeno, interessante observar os apontamentos de Maria Lúcia Karam em A esquerda punitiva, na qual demonstra que muitas pautas punitivistas da extrema direita são utilizadas exatamente da mesma forma pela esquerda, porém a pretexto de "proteger" pessoas mais vulneráveis.

183 MÉSZÁROS, István. *O Poder da ideologia*. São Paulo: Boitempo, 2004, p. 66.

A ciência, por si só, não consegue superar o véu ideológico, vez que ela não supera isoladamente a distorção da realidade social. Ora, se a fonte fundamental da ideologia é a relação social distorcida, somente a prática de transformação da realidade pode superá-la. A superação da ideologia, portanto, como pontua Patrick Cacicedo, apenas pode ocorrer pela mudança prática das relações contraditórias que as originam.[184]

Referido processo, por óbvio, é dinâmico e marcado pela historicidade. O próprio pensamento burguês não era inicialmente ideológico quando apontava as contradições do Antigo Regime, pois até referido ponto de fato almejavam superar as contradições da sociedade marcada pelo modo de produção feudal, bem como do escravismo e das práticas justificadas por ideais religiosos. Contudo, ao tomar o poder o pensamento burguês passa a ser ideológico, pois nega as contradições do novo regime. Os véus da igualdade jurídica e do valor *liberdade* ocultam e escamoteiam a realidade, eis que encarados como valores metafísicos, inatos e aptos a instituir a realidade invertida.[185]

No decorrer deste livro deve ser verificado como o discurso neoliberal (enquanto nova fase do capitalismo tardio) de autossuficiência, de empreendedorismo, de meritocracia e do chamado "homem empresário de si mesmo" atua com novos ingredientes ao caldo ideológico atual.

1.4 A ideologia como forma de violência

Ao tratar de formas menos óbvias de visualização de violência, Slavoj Zizek recorre a um exemplo perspicaz:

---

184 CACICEDO, Patrick. *Ideologia e Direito Penal*. Rio de Janeiro: Revan, 2022, p. 73.

185 CACICEDO, Patrick. *Ideologia e Direito Penal*. Rio de Janeiro: Revan, 2022, p. 74.

> Há uma velha história sobre um trabalhador suspeito de roubar no trabalho: todas as tardes, quando sai da fábrica, os guardas inspecionam cuidadosamente o carrinho de mão que ele empurra, mas nunca encontram nada. Está sempre vazio. Até que um dia cai a ficha: o que o trabalhador rouba são os carrinhos de mão...[186]

O mesmo fenômeno ocorre com as formas de violência. Aquela subjetiva, aguda, é facilmente perceptível. No entanto, não é a que mais interessa no presente livro. Há outros dois tipos de violência: a "simbólica", encarnada na linguagem e que se dá pela imposição de um certo universo de sentido, e a "sistêmica", que consiste nas consequências catastróficas do funcionamento regular dos sistemas econômico e político.[187] Essas duas modalidades de violência, tidas por "objetivas", são invisíveis, de modo que não se está aqui a falar da violência ideológica que incita o ódio, por exemplo. Esta é direta, perceptível. Interessa a que se dilui na aparente normalidade e por isso é tão ou mais danosa, embora igualmente ideológica.

A ideologia amparada nos aparelhos mencionados e como forma de mantença das próprias condições nada mais é que forma de violência sistêmica. Não pode ser atribuída a sujeitos concretos ou às suas más intenções, pois é "objetiva", sistêmica, anônima. Aqui Zizek faz uma analogia com as concepções de realidade e real em Jacques Lacan, para quem a "realidade" é a realidade social dos indivíduos efetivos implicados em interações e nos processos produtivos, enquanto o real é a inexorável e "abstrata" lógica espectral do capital que determina o que se passa na realidade social.[188] Por

---

186 ZIZEK, Slavoj. *Violência*: seis reflexões laterais. São Paulo: Boitempo, 2014, p. 22.

187 ZIZEK, Slavoj. *Violência*: seis reflexões laterais. São Paulo: Boitempo, 2014, p. 23.

188 ZIZEK, Slavoj. *Violência*: seis reflexões laterais. São Paulo: Boitempo, 2014, p. 36.

exemplo, em pesquisa do Instituto de Economia da UNICAMP se verificou que as privatizações durante a década de 1990 ensejaram média de redução de 40% no número de funcionários após a venda.[189] No entanto, essa "realidade" é totalmente irrelevante no que tange a eventual potencial para interferir ou frear as ações tomadas, na medida em que as instituições financeiras, bancos de investimentos e fundos de pensão, os grandes adquirentes desses leilões, em curto espaço de tempo revenderam as ações adquiridas, confirmando os objetivos puramente especulativos e obtendo um ganho significativo.[190] Dessa forma, o discurso oficial ou real na expressão lacaniana certamente foi o otimismo e a "empolgação" do mercado com tais medidas.

Conforme explana Walter Benjamin, toda forma de violência como meio é instauradora ou mantenedora do Direito,[191] ponto do qual não se afasta a ideologia. Referida violência, mantenedora do Direito, chamada por ele de violência administrada, também deve ser rejeitada.

Tal violência considerada simbólica estabelece uma relação de dominação na qual a vítima não consegue sequer forjar por si a percepção da violência que sofre, pois desconhece a própria

---

189 POCHMANN, Marcio. "O que acontece com um empregado de empresa estatal que é privatizada?" *Instituto de Economia*. Disponível em: https://www.eco.unicamp.br/midia/o-que-acontece-com-um-empregado-de-empresa-estatal-que-e-privatizad. Acessado em: 27.03.2024.

190 RODRIGUES, Carlos Henrique Lopes; JURGENFELD, Vanessa Follmann. "Desnacionalização e financeirização: um estudo sobre as privatizações brasileiras (de Collor ao primeiro governo FHC)". *Economia e Sociedade*, Campinas, vol. 28, nº 2, 2019. Disponível em: http://old.scielo.br/scielo.php?pid=S0104-06182019000200393&script=sci_arttext. Acessado em: 27.03.2024.

191 BENJAMIN, Walter. *Escritos sobre mito e linguagem*. São Paulo: Duas Cidades & Editora 34, 2013, p. 136.

relação de dominação.[192] Evidentemente que essa violência se mantém de modo duradouro justamente porque amparada por toda a estrutura social.

Ao tratar do sistema simbólico, Pierre Bourdieu estabelece que este enquanto instrumento estruturado e estruturante de comunicação e conhecimento cumpre sua função política de imposição ou de legitimação de dominação. Neste contexto, assegura a dominação de uma classe sobre a outra (violência simbólica) e contribui para a domesticação dos dominados.[193]

Essa violência simbólica, na concepção de Bourdieu, serve para naturalizar e legitimar um processo de dominação inerente ao modo de produção atual. Diferenças estruturais são naturalizadas para que se retire a percepção acerca de suas arbitrariedades. Deste modo, todo poder de violência simbólica, isto é, todo poder que chega a impor significações e a impô-las como legítimas, dissimulando as relações de força que estão na base de sua força, acrescenta sua própria força, isto é, propriamente simbólica, a essas relações de força.[194] Assim, a violência simbólica produz modos eufemizados de disputas econômicas e lutas de classes ao estabelecer de modo dissimulado como algo natural (ortodoxia) uma situação de constante opressão.

Tais estratégias impostas como um "novo regime de gestão" constituem violência simbólica por serem formas sutis aptas a extorquir sujeições que sequer são percebidas como tais.

---

192 METZGER, Jean-Luc; MAUGERI, Salvatore; BENEDETTO MAYER, Marie. "Predomínio da gestão e violência simbólica". *Revista Brasileira de Saúde Ocupacional*, São Paulo, 37 (126), 2012, p. 231. Disponível em: https://www.scielo.br/j/rbso/a/YjSWgMXmwrThtRhb35hLS7D/?format=pdf&lang=pt. Acessado em: 16.02.2023.

193 BOURDIEU, Pierre. *O poder simbólico*. Trad. Fernando Tomaz. Rio de Janeiro: Bertrand Brasil, 1989, p. 11.

194 VIEIRA, Renato Gomes; MARQUES, José Elias Domingos Costa. "Pierre Bourdieu e o neoliberalismo". *Revista Plurais*, vol. 8, nº 2, 2018, p. 237.

Não se trata de mera ausência de percepção da violência, mas de hipótese em que as classes mais vulneráveis passam a atuar de acordo com a estrutura ideológica na tentativa de poder agir em algum momento na esfera da dominação e não dos dominados. O entendimento pela possibilidade dessa alteração no estrato social ocorre justamente pelo discurso meritocrático que induz a percepção de que essa mobilidade é a ordinária na realidade social. Destarte, a violência é retroalimentada pelos próprios vulneráveis como reforço das estruturas de poder.

A ideologia neoliberal introduzida no trabalhador é violenta simbolicamente também pois o transforma, no mais das vezes e somente nas hipóteses em que ele é considerado útil, em mercadoria. A corrosão progressiva dos direitos ligados ao seu *status*, bem como a insegurança ensejada pelas novas formas cada vez mais precarizadas de emprego, produzem um aumento considerável do grau de dependência em relação aos empregadores. Referida situação conduz a uma fobia social que, ao naturalizar o discurso de "risco" típico de um modelo altamente financeirizado, esvazia os espectros protetivos, bem como a solidariedade coletiva, o que permite que se possa exigir do trabalhador dissimuladamente chamado de "colaborador" um esforço não razoável e que ele tome qualquer atitude, totalmente desprendida de algum parâmetro ético, desde que seja para se manter e "contribuir para com o projeto" que ele também acredita integrar com potencial transformador.[195]

---

195 DARDOT, Pierre; LAVAL, Christian. *A nova razão do mundo*: ensaio sobre a sociedade neoliberal. São Paulo: Boitempo, 2016, p. 329.

CAPÍTULO II

A IDEOLOGIA PREDOMINANTE: O NEOLIBERALISMO

2.1 Aspectos introdutórios sobre o neoliberalismo

O neoliberalismo como antídoto para as mazelas do capitalismo surgiu no século XX, apresentando inicialmente dois grandes nomes, Ludwig Von Mises e Friedrich Hayek, e três momentos que merecem destaque. Inicialmente, em um primeiro momento, foi organizado o Colóquio Walter Lippmann em 1938.[196] Posteriormente um pequeno grupo de pensadores se reuniu em torno de Hayek e foi criada a Mont Pelerin Society (nome do *spa* suíço em que se reuniram pela primeira vez) em 1947. Neste segundo momento, dentre os seus idealizadores estavam Von Mises, Milton Friedman e, por algum tempo, Karl Popper.[197] Por fim, a concretização de tal modelo teve

---

196 FIGUEIREDO, Carlos Eduardo. *A gestão dos supérfluos*: neoliberalismo e prisão-depósito. Rio de Janeiro: Mórula, 2021, p. 20.

197 HARVEY, David. *O neoliberalismo*: história e implicações. 5ª ed. São Paulo: Loyola, 2014, p. 29.

início com as políticas de Augusto Pinochet, Margaret Thatcher e Ronald Reagan nas décadas de 1970 e 1980. Importante ressaltar que o grupo Mont Pelerin obteve apoio financeiro e político, principalmente dos Estados Unidos da América, a partir de um poderoso movimento de indivíduos abastados e líderes corporativos.[198]

A rigor, como pontua Ruy Fausto, a construção do neoliberalismo teve início em 1920, em Viena, com os seminários de Von Mises que Hayek, seu discípulo, frequentava. Referidos seminários não eram sediados em uma universidade, mas em uma câmara de comércio e indústria, em caráter semioficial. Essa trajetória continua em Genebra, para onde se transfere Von Mises em 1934, convidado a lecionar no Instituto Avançado de Estudos Internacionais. Em 1937 neste local Von Mises ensina diversos nomes, dentre eles o economista Wilhelm Röpke, outro grande expoente que foi obrigado a abandonar a Alemanha em razão da ascensão de Hitler.[199]

Por muito tempo se considerou a reunião de 1947 como o marco de nascimento do neoliberalismo. No entanto, com as aulas ministradas no *Collège de France* por Michel Foucault em 1978 e 1979 e com a obra de Pierre Dardot e Christian Laval, esmiuçou-se a relevância do colóquio mencionado para a idealização do neoliberalismo.

Louis Rougier, filósofo especializado em epistemologia, foi o criador do Colóquio Walter Lippmann, que, tendo ocorrido na França e contado com 26 participantes,[200] iniciou a tentativa de criar uma "internacional" neoliberal. Esse filósofo por um lado retoma

---

198 HARVEY, David. *O neoliberalismo*: história e implicações. 5ª ed. São Paulo: Loyola, 2014, p. 31.

199 FAUSTO, Ruy. "Revolução conservadora e neoliberalismo". *Revista Rosa*, parte 1, p. 4. Disponível em: https://revistarosa.com/2/revolucao-conservadora-e-neoliberalismo-1. Acessado em: 14.09.2022.

200 Raymond Aron, Robert Marjolin, Roger Auboin, Louis Marlio, Louis Baudin, Ernest Mercier, Marcel Bourgeois, Ludwig von Mises, José Castillejo, André Piatier, John Bell Condliffe, Michael Polanyi, Auguste Detoeuf, Stephan Possony, Friedrich von Hayek, Wilhelm Röpke, Michael Heilperin, Louis

predicados do liberalismo clássico, mas apresenta elementos novos que fazem parte do neoliberalismo.[201] Por esta perspectiva, a simples repetição ou crença na metafísica do *laissez-faire* reproduziria os problemas já enfrentados pelo liberalismo, sendo necessária uma intervenção jurídica do Estado a partir do regime de propriedade, dos contratos, das patentes, da falência, do estatuto das associações e sociedades e dos bancos, que não são dados pela natureza, mas criações do legislador.[202] Segundo Rougier, foi o esgotamento da mística de uma ordem natural, ontológica, que abriu caminho para posturas coletivistas, o que teria ensejado a cilada dos Estados totalitários que suprimiram a liberdade individual. Por tal razão, necessário regenerar o liberalismo, mas sem a ilusão naturalista, com um Estado forte.[203]

Lippmann também atribuiu à postura excessivamente passiva do liberalismo, entrincheirada na defesa dos direitos de propriedade, o motivo pelo qual, após destruir o Antigo Regime, o liberalismo nada construiu em seu lugar. Dessa forma, abandonando-se os vestígios naturalistas, deveria ser reconstruído um novo liberalismo para resolver os problemas que o *laissez-faire* não resolveu. A indústria moderna impõe às pessoas um ritmo acelerado que colide com o modo de vida e as subjetividades do momento pré-industrial. Destarte, a única forma, segundo Lippmann, de dar

---

Rougier, Bruce Hopper, Jacques Rueff, Bernard Lavergne, Alexander Rüstow, Walter Lippmann, Alfred Schutz, Étienne Mantoux e Marcel van Zeeland.

201 FOUCAULT, Michel. *Nascimento da Biopolítica*. Lisboa: Edições 70, 2004, p. 176.

202 DARDOT, Pierre; LAVAL, Christian. *A nova razão do mundo*: ensaio sobre a sociedade neoliberal. São Paulo: Boitempo, 2016, p. 75.

203 MARIUTTI, Eduardo Barros. *O Colóquio Walter Lippmann e a gênese do neoliberalismo*: apontamentos. Campinas: Instituto de Economia-Unicamp, ago. 2021, p. 3. Disponível em: https://www.eco.unicamp.br/images/arquivos/artigos/TD/TD415.pdf. Acessado em: 17.08.2022.

continuidade à revolução liberal é criar um homem capaz de se adaptar às exigências dessa sociedade.[204]

Referida teoria foi uma resposta ao fracasso da política de *laissez-faire* do século XIX, que entrou em seu derradeiro declínio em 1929. Política esta inspirada no liberalismo econômico de Adam Smith e sua "mão invisível", segundo a qual o mercado e as relações econômicas funcionariam a partir de leis naturais relacionadas, por exemplo, à oferta e à procura e se regulariam automaticamente. Ocorreu, no entanto, que a formação de grandes agentes econômicos permitiu que tais atuassem e interferissem unicamente para tutelar seus interesses, tornando-se uma artificialidade sem lastro real em qualquer ideia de equilíbrio natural do sistema.[205] Não obstante isso, os movimentos intervencionistas, dentre eles o keynesianismo, bem como o socialismo e o comunismo, igualmente ensejaram a reação neoliberal.

Havia necessariamente uma oposição radical às teorias intervencionistas, como a de John Maynard Keynes, que obteve visibilidade a partir da década de 1930, logo após a grande depressão de 1929. Diante disso, Hayek asseverava a importância da batalha das ideias contra o socialismo, o marxismo e qualquer forma de intervencionismo estatal.

Em que pese a visão unânime no sentido de serem criticadas quaisquer medidas cujo escopo era a distribuição de renda e a proteção social, essa construção – que não se limitava a ressuscitar o liberalismo – foi criticada por alguns convidados, em especial os "neoaustríacos" Von Mises e Hayek, para os quais, adeptos de

---

204 MARIUTTI, Eduardo Barros. *O Colóquio Walter Lippmann e a gênese do neoliberalismo*: apontamentos. Campinas: Instituto de Economia-Unicamp, ago. 2021, p. 8. Disponível em: https://www.eco.unicamp.br/images/arquivos/artigos/TD/TD415.pdf. Acessado em: 17.08.2022.

205 FIGUEIREDO, Carlos Eduardo. *A gestão dos supérfluos*: neoliberalismo e prisão-depósito. Rio de Janeiro: Mórula, 2021, p. 21.

uma visão que se pode considerar conservadora, a doutrina do *laissez-faire* deveria ser renovada, vez que a crise de 1929 teria decorrido da traição dos princípios do liberalismo. Von Mises exemplifica sua posição a partir da hipótese dos cartéis, os quais, segundo ele, apenas surgiram em razão do protecionismo que, ao frear a concorrência, favorece o surgimento de acordos no âmbito nacional. Lionel Robbins, adepto da corrente conservadora, explica que justamente as intervenções políticas foram as responsáveis por desregular o mecanismo autocorretivo dos preços. Portanto, haveria aqui uma nostalgia da cultura da autorregulação dos preços.[206]

Percebe-se, por conseguinte, que o neoliberalismo se divide em ramos ou "escolas", que didaticamente podem ser divididas do seguinte modo: a escola austríaca, representada por Von Mises e Hayek; a escola alemã, em cujo interior se encontra a escola de Freiburg, chamada de "ordoliberalismo", que tem como representantes Alexander Rüstow, V. Röpke, dentre outros; e a escola americana, representada pela Escola de Chicago, cujo principal expoente é Milton Friedmann.[207]

Dessa divergência surge outra discussão: se a crise do liberalismo é endógena ou exógena, ou seja, se foi fruto da doutrina e das práticas liberais ou de práticas diversas existentes como resquícios da velha sociedade. Referida divergência foi mencionada expressamente por Von Rüstow, para quem havia dois pontos de vista: o dos conservadores, para os quais nada há que se alterar; e o segundo, do qual Von Rüstow também era seguidor, a sustentar como necessária uma refundação do liberalismo.[208]

---

206 DARDOT, Pierre; LAVAL, Christian. *A nova razão do mundo*: ensaio sobre a sociedade neoliberal. São Paulo: Boitempo, 2016, p. 77.

207 FAUSTO, Ruy. "Revolução conservadora e neoliberalismo". *Revista Rosa*, parte 1, p. 4. Disponível em: https://revistarosa.com/2/revolucao-conservadora-e-neoliberalismo-1. Acessado em: 14.09.2022.

208 DARDOT, Pierre; LAVAL, Christian. *A nova razão do mundo*: ensaio sobre a sociedade neoliberal. São Paulo: Boitempo, 2016, p. 79.

Ao final, a corrente capitaneada por Rougier e Lippmann foi a que ditou a definição do que se entende por neoliberalismo, a partir da epistemologia de Rougier e da construção jurídica de Lippmann. Rejeita-se a metafísica naturalista essencialmente liberal, havendo uma percepção de necessidade de um liberalismo "ativo", com escopo de criar uma ordem legal no interior da qual a iniciativa privada possa concorrer, havendo um intervencionismo jurídico do Estado. Deste modo, a lógica anterior de não intervir como consequência de um respeito à natureza não se aplica ao neoliberalismo.[209]

A metáfora do trânsito é bastante didática e explicativa acerca do que é o neoliberalismo, diferenciando-o do liberalismo. Segundo a construção analógica, ser neoliberal não é deixar os automóveis circularem em todos os sentidos, segundo seus caprichos, mas admitir um plano, um código de trânsito que indicará antecipadamente quais linhas de ação são possíveis.[210] Estas normas, que Hayek chama de "normas formais", são, pois, simplesmente instrumentais no sentido de que poderão ser úteis a pessoas ainda desconhecidas, para as finalidades que essas pessoas resolvam dar-lhes e em circunstâncias que não podem ser previstas em detalhe.

Desse modo, o neoliberalismo surge, embora não exclusivamente, como uma resposta ao liberalismo em crise. Visto este como uma realidade, algo natural, segundo Dardot e Laval, a partir de uma ontologia naturalista, não passaria de uma reabilitação pura e simples do *laissez-faire* do século anterior.[211] Contudo, como se notou, não se trata de mera repetição da construção anterior, conforme se depreende do aqui exposto e da diversa conclusão de Foucault, para quem o neoliberalismo não é somente a reativação de velhas teorias

---

209 DARDOT, Pierre; LAVAL, Christian. *A nova razão do mundo*: ensaio sobre a sociedade neoliberal. São Paulo: Boitempo, 2016, p. 80.

210 HAYEK, F. A. *O caminho da servidão*. 1ª ed. São Paulo: LVM, 2010, p. 90.

211 DARDOT, Pierre; LAVAL, Christian. *A nova razão do mundo*: ensaio sobre a sociedade neoliberal. São Paulo: Boitempo, 2016, p. 14.

econômicas já gastas ou Adam Smith reativado,[212] o que fica evidenciado pela discussão ocorrida desde o Colóquio Walter Lippmann.

Já no contexto de 1947, nos próprios documentos da sociedade Mont Pelerin os membros do grupo se classificavam como "liberais",[213] dado seu compromisso com ideais de liberdade pessoal. Na declaração de fundação da sociedade menciona-se o risco de um poder arbitrário, de modo que o bem mais precioso do homem ocidental, segundo eles a liberdade de pensamento e reflexão, estaria ameaçado pela disseminação de credos, os quais se valem da posição minoritária para pleitear um "privilégio" de tolerância com escopo de galgar posições para, destarte, suprimir e obliterar todas as concepções que não a sua. Ademais, de acordo com a própria declaração de fundação da sociedade, o declínio da crença na propriedade privada e no mercado competitivo impediria que a liberdade fosse efetivamente preservada.[214]

No entanto, como visto, neoliberalismo não se trata de simplesmente deixar acontecer ou de uma não intervenção. Reforça esta ideia a exposição de Foucault, que denomina o fenômeno de liberalismo positivo justamente por ser interventivo. A liberdade do mercado somente pode acontecer em uma política ativa e extremamente vigilante, fórmulas estas que o liberalismo clássico do século XIX jamais aceitaria. Ao final, o Estado é o responsável pela atividade econômica e o número de intervenções do Estado é deveras elevado. Diversamente do liberalismo clássico, em que se discutia em quais aspectos deveria se intervir e não se deveria

---

212 FOUCAULT, Michel. *Nascimento da Biopolítica*. Lisboa: Edições 70, 2004, p. 174.

213 O próprio sítio da sociedade Mont Pelerin estabelece que o termo "liberal" é usado em seu sentido europeu, amplamente sintetizado por uma preferência por um governo mínimo e disperso, em vez de em seu atual sentido americano, que indica a preferência oposta por uma extensão e concentração de poderes governamentais.

214 Disponível em: https://www.montpelerin.org/.

intervir, no neoliberalismo a discussão não é qualitativa (agenda ou não agenda), mas quantitativa, ou seja, como agir, como modular as diversas intercorrências. Portanto, não se trata de discussão sobre o que se deve fazer ou não se deve fazer, mas sobre como fazer.[215]

Ao se referir ao controle, expõe Lippmann que o sistema legal é o modelo liberal de controle de preços por excelência, devendo a atuação se pautar a respeito das causas da situação que se deseja retificar, não podendo o Estado modificar arbitrariamente situações individuais. A questão posta e não resolvida foi justamente a de definir a forma e os limites da intervenção.[216]

De todo modo, na teoria o neoliberalismo tem diversas premissas claras, tais como o fortalecimento dos direitos individuais à propriedade privada e um arcabouço legal relacionado às obrigações contratuais entre os "sujeitos de direito" a gerar certa santidade contratual. Diante disso, cabe ao Estado usar toda sua violência legitimada pela legalidade para preservar a todo custo tais liberdades. Tanto a empresa privada quanto a iniciativa dos empreendedores são consideradas elementos criadores de riqueza e prosperidade, de maneira que o aumento de produtividade proporcionaria um padrão de vida mais elevado a todos. Ademais, realiza-se uma massiva privatização de ativos e a concorrência ou competição é vista como uma virtude primordial.[217]

Referidas medidas hão de ser tomadas por um Estado forte, não se admitindo mais a ilusão de que seria suficiente um poder governamental fraco, tal como se propalava no século XIX. Esse

---

215 FOUCAULT, Michel. *Nascimento da Biopolítica*. Lisboa: Edições 70, 2004, p. 178.

216 MARIUTTI, Eduardo Barros. *O Colóquio Walter Lippmann e a gênese do neoliberalismo*: apontamentos. Campinas: Instituto de Economia-Unicamp, ago. 2021, p. 19. Disponível em: https://www.eco.unicamp.br/images/arquivos/artigos/TD/TD415.pdf. Acessado em: 17.08.2022.

217 HARVEY, David. *O neoliberalismo*: história e implicações. 5ª ed. São Paulo: Loyola, 2014, p. 75.

"Estado forte" somente poderia ser liderado por uma elite competente cujas qualidades seriam o oposto da mentalidade impaciente da massa. Sustenta-se, portanto, a necessidade de um governo das elites, considerando-se a opinião pública e o sufrágio universal uma fraqueza congênita das democracias. Relevante é proteger o governo das interferências do povo, que causam enfraquecimento e instabilidade nos regimes democráticos. Nesse sentido, Lippmann dizia inclusive ser politicamente um "platônico".[218]

No aspecto pessoal, cada indivíduo é visto de modo atomizado e passa a ser inteiramente responsável por suas ações e por seu próprio bem-estar. O sucesso e o fracasso são decorrentes automaticamente de virtudes empreendedoras ou de inconsistências pessoais, sem qualquer liame com alguma disfuncionalidade sistêmica.[219]

Em seu diagnóstico, Foucault também atenta para o fato de que o princípio regulador da ordem neoliberal é o da concorrência, devendo ele ocupar a maior espessura na sociedade. O chamado *homo economicus* não é o homem da troca, tampouco o consumidor, mas o homem da empresa e da produção. Dessa forma, desloca-se o centro gravitacional do Estado para a figura da empresa. Trata-se, segundo Foucault, de uma nova racionalidade econômica, a partir da qual a unidade base tem a forma de empresa.[220] Referida concorrência é conceituada por Fausto como relação de desigualdade entre diferentes unidades de produção ou empresas.[221]

---

218 DARDOT, Pierre; LAVAL, Christian. *A nova razão do mundo*: ensaio sobre a sociedade neoliberal. São Paulo: Boitempo, 2016, p. 99.

219 HARVEY, David. *O neoliberalismo*: história e implicações. 5ª ed. São Paulo: Loyola, 2014, p. 76.

220 FOUCAULT, Michel. *Nascimento da Biopolítica*. Lisboa: Edições 70, 2004, p. 193.

221 FAUSTO, Ruy. "Revolução conservadora e neoliberalismo". *Revista Rosa*, parte 1, p. 3. Disponível em: https://revistarosa.com/2/revolucao-conservadora-e-neoliberalismo-1. Acessado em: 14.09.2022.

Esse *homo economicus*, de acordo com Foucault, nada mais é que o empresário de si mesmo, sendo ele mesmo seu próprio capital e seu próprio produtor como fonte de seus rendimentos. Desse modo, o salário enquanto categoria relacionada a um certo capital é chamado de capital humano, já que indissociável do sujeito, que é seu portador. Com isso o neoliberalismo passa a necessariamente afetar campos que até então eram alheios e separados da economia.[222]

A partir dessa visão é possível verificar que o neoliberalismo não é somente um modelo econômico, mas um modo de gestão de sujeitos, de condução das condutas. Trata-se também de um modelo no qual há o encolhimento do espaço público de direitos e o alargamento do espaço privado dos interesses do capital.[223]

Ao tratar do capital humano adquirido, especialmente o relacionado aos investimentos educativos, nota-se que ele envolve aspectos que transcendem a mera educação formal (tais como a cultura direcionada pelos pais, as oportunidades de viagens para o exterior ainda quando jovem, as experiências com colegas de classe social semelhante, o período de amamentação, a qualidade dos nutrientes ingeridos), certamente tendo relevância nas capacidades cognitivas, a influenciar na forma como o sujeito será enxergado como mais ou menos útil para o tecido social.

Em que pese ter se constituído na primeira metade do século XX como modelo teórico, somente na segunda metade do mencionado século referido modelo foi implementado com escopo, em parte, de evitar as condições que na década de 1930 propiciaram a Segunda Guerra Mundial. Contudo, sua instauração não se deu logo após tal período. Isso porque nas décadas de 1950 e 1960,

---

222 FOUCAULT, Michel. *Nascimento da Biopolítica*. Lisboa: Edições 70, 2004, p. 287.

223 FIGUEIREDO, Carlos Eduardo. *A gestão dos supérfluos*: neoliberalismo e prisão-depósito. Rio de Janeiro: Mórula Editorial, 2021, p. 26.

conforme explica David Harvey, houve uma variedade de Estados social-democratas, alguns com premissas keynesianas, segundo as quais o Estado deveria se concentrar no pleno emprego, no crescimento econômico e no bem-estar dos cidadãos mediante estabelecimento de padrões de salário e implementação de serviços mínimos (saúde, educação etc.). Tal modelo, denominado por Harvey "liberalismo embutido", teria prosperado aproximadamente até 1960, ao menos nos países do Centro Global e em parte nos países do então Terceiro Mundo.[224]

Entre o final da Segunda Guerra Mundial e o final da década de 1960 incide um período específico do capitalismo denominado fordismo, o qual tem o taylorismo como uma de suas premissas fundamentais. Este submete a produção na fábrica a uma progressiva divisão de tarefas, implantando mecanismos universalizantes para um trabalho cada vez mais indiferenciado, como explica Mascaro. Trata-se de uma linha de produção na qual as atividades são previamente estabelecidas e o controle intensificado.[225]

Desse modo, o fordismo se implanta como estruturante do tecido social, passando o núcleo familiar a ser visto como uma unidade de capital e de consumo. Esse modelo, que tem como principal motor os Estados Unidos, envolve um complexo de orientações em um sistema industrial-consumerista que atua ombreado ao aparato militar, ao sistema financeiro e à crescente hegemonia internacional. Nesse cenário o fordismo se impõe em escala mundial.[226]

Evidente que o modelo fordista não se desenvolveu de modo igual entre todos os países, vez que em outras regiões, como a

---

224 HARVEY, David. *O neoliberalismo*: história e implicações. 5ª ed. São Paulo: Loyola, 2014, p. 21.

225 MASCARO, Alysson Leandro. *Estado e forma política*. São Paulo: Boitempo, 2013, p. 157.

226 MASCARO, Alysson Leandro. *Estado e forma política*. São Paulo: Boitempo, 2013, p. 158.

África, referido modelo perpetuou a divisão do trabalho no âmbito internacional, com a constante exportação de matérias-primas. Isso mostra que, não obstante exista um arranjo comum, o fordismo foi absorvido por cada Estado a partir de suas particularidades. De todo modo, algumas características próprias podem ser verificadas, tais como: a acumulação intensiva, com produção e consumo em massa, controle monetário e cambial, empreendedorismo do Estado com a construção de infraestrutura e criação de uma rede de "proteção social" com escopo real de regulação.[227]

No período compreendido entre 1930 e a década de 1960, no qual, segundo Fausto, ainda imperava uma política keynesiana (em parte nos anos 1930 com Roosevelt, mas principalmente no pós-Segunda Guerra Mundial), o neoliberalismo tinha o que o filósofo brasileiro chama de "marginalidade relativa", estando especificamente ligado a grupos econômicos poderosos e organizações financeiras internacionais.[228]

Ao final da década de 1960 o liberalismo embutido começa a ruir, passando a inicialmente surgir desemprego e inflação, que depois ensejou estagflação.[229] Aumentavam-se os gastos sociais e as políticas keynesianas não mais funcionavam. Somou-se a isso uma crise da acumulação do capital na década de 1970 que afetou a todos por gerar desemprego em ascensão e inflação robusta. Tais problemas conduziram a grave insatisfação, tendo as ideias socialistas

---

227 MASCARO, Alysson Leandro. *Estado e forma política*. São Paulo: Boitempo, 2013, p. 159.

228 FAUSTO, Ruy. "Revolução conservadora e neoliberalismo". *Revista Rosa*, parte 1, p. 5. Disponível em: https://revistarosa.com/2/revolucao-conservadora-e-neoliberalismo-1. Acessado em: 14.09.2022.

229 FIGUEIREDO, Carlos Eduardo. *A gestão dos supérfluos*: neoliberalismo e prisão-depósito. Rio de Janeiro: Mórula, 2021, p. 23.

e comunistas ganhado terreno, o que preocupou as elites e fez com que tivessem que agir com mais vigor para conter tal situação.[230]

Nessa década se verifica que as condições a dar impulso para o movimento fordista entram em crise, além dos motivos apontados, por uma redução das taxas de lucro. A forte presença estatal na economia dependia de uma série de mecanismos de fomento, o que limitava os lucros do capital. Ademais, a nova dinâmica do dólar, com a ruptura do padrão ouro-dólar, desestabiliza o sistema financeiro internacional, gerando especulação nas taxas de câmbio, inflação e estagnação produtiva, que cede lugar à financeirização.[231] Passa-se então a um papel cada vez maior de multinacionais, que buscam maximizar os lucros, e, portanto, quaisquer medidas regulatórias que atentem contra isso são vistas como problemáticas. Posta, assim, a crise do modelo fordista.[232]

Justamente nessa década de 1970 é que o movimento neoliberal, até então hibernado, floresceu. Destacam-se rebentos da Mont Pelerin Society, como o Institute of Economic Affairs, de Londres, e a Heritage Foundation, de Washington, bem como a influência no ambiente acadêmico, especialmente na Universidade de Chicago, em que reinava Friedman. Isso tudo, aliado ao fato de Hayek em 1974 e Friedman em 1976 terem ganhado o prêmio

---

230 HARVEY, David. *O neoliberalismo*: história e implicações. 5ª ed. São Paulo: Loyola, 2014, p. 23.

231 Segundo aponta Ilan Lapyda, o nascimento da financeirização está intimamente ligado ao próprio neoliberalismo (LAPYDA, Ilan. *Introdução à financeirização*: David Harvey, François Chesnais e o capitalismo contemporâneo. Osasco: CEFA, 2023, p. 23). Referido autor conceitua financeirização como a "predominância da lógica financeira que leva à intensificação e à diversificação da exploração do trabalho para atender à apropriação rentista da riqueza produzida", conceito este que se adota para os fins do presente trabalho (LAPYDA, Ilan. *Introdução à financeirização*: David Harvey, François Chesnais e o capitalismo contemporâneo. Osasco: CEFA, 2023, p. 12).

232 MASCARO, Alysson Leandro. *Estado e forma política*. São Paulo: Boitempo, 2013, p. 162.

Nobel da Economia, criou as condições favoráveis para a efetiva implementação do neoliberalismo.[233]

O neoliberalismo começa, portanto, a se estabelecer mais densamente no final da década de 1970 e início da década de 1980 e carrega consigo um específico regime de acumulação e massivo crescimento de capitais financeiros internacionalizados. Nesse momento surge o pós-fordismo, que em grande parte é resultado das construções sociais que anteriormente se impuseram contra as condições do Bem-Estar social e as políticas keynesianas. Os investimentos, orientados grandemente pela especulação financeira, muito maior que a afetiva demanda, ditam o rumo do modelo. As privatizações funcionam como instrumentos de possibilidades de novas fronteiras para o capital e não são meras vendas de empresa, mas formas de espoliação, havendo uma postura ativa do Estado que financia, subsidia e prepara institucional e economicamente a ampliação dos espaços privados de acumulação.[234]

Esse processo de acumulação e regulação pós-fordista é concomitantemente dinâmico e contraditório, pois atinge economias de todo o mundo nos mais variados estágios de desenvolvimento. Nos países periféricos a guinada pós-fordista ocorre quando sequer havia sido implementada estrutura relacionada ao modelo de bem-estar social,[235] o que certamente impede de modo brutal qualquer tentativa de redistribuição mínima de renda e de condições materiais de existência.

Não se trata, como dito, de um alheamento do Estado em relação à economia, mas de um triunfo mortal desta sobre aquele,

---

233 HARVEY, David. *O neoliberalismo*: história e implicações. 5ª ed. São Paulo: Loyola, 2014, p. 31.

234 MASCARO, Alysson Leandro. *Estado e forma política*. São Paulo: Boitempo, 2013, p. 163.

235 MASCARO, Alysson Leandro. *Estado e forma política*. São Paulo: Boitempo, 2013, p. 164.

de uma relação de inteira submissão. Trata-se de política na qual o capital passa a dominar os Estados. O papel hegemônico do capital financeiro está intimamente ligado às políticas de privatização, desmantelamento do Estado de Bem-Estar Social (no qual ele foi minimamente implementado, como visto) e de legislação social, taxação com pouca progressividade e forte intervenção estatal, mas sempre a favor do mercado, o que já impossibilita por completo o puro *laissez-faire*, pois tal significaria abandonar o mercado mundial à própria sorte.[236]

O favorecimento sistêmico dos capitais especulativos em desfavor do planejamento da produção constitui uma política estrutural e estruturante dos Estados nacionais. Há, o que deve ser abordado mais adiante em detalhes, a troca da regulação pautada no Bem-Estar social para uma regulação amparada na repressão à criminalidade da pobreza, o que corrobora a ideia de que não há uma retirada de ações por parte do Estado, mas a presença massiva da forma política estatal, porém sob outras formas. Ademais, captura-se a natureza como mercadoria em limites nunca vistos, havendo exponencial mercantilização da natureza, da vida, do saber, da tecnologia e dos afetos.[237] Neste contexto torna-se sintomática a frase de Thatcher, para quem "a economia é o método, mas o objetivo é transformar o espírito".[238]

No aspecto histórico-político, de imediato, o golpe no Chile efetivado pelo general Pinochet, possibilitado graças ao apoio das elites dos Estados Unidos, ofereceu um passo inicial necessário. Já conhecidos por esse nome nos países em que tinham se instalado, os

---

236 FAUSTO, Ruy. "Revolução conservadora e neoliberalismo". *Revista Rosa*, parte 1, p. 3. Disponível em: https://revistarosa.com/2/revolucao-conservadora-e-neoliberalismo-1. Acessado em: 14.09.2022.

237 MASCARO, Alysson Leandro. *Estado e forma política*. São Paulo: Boitempo, 2013, p. 166.

238 HARVEY, David. *O neoliberalismo*: história e implicações. 5ª ed. São Paulo: Loyola, 2014, p. 32.

Chicago boys dirigem a política econômica do governo originado pelo golpe. Desse modo, o primeiro exemplo de uma aplicação de gestão neoliberal envolveu um governo militar e ditatorial.[239]

A ditadura Pinochet (1973-1990) seguiu com especial veemência as premissas do neoliberalismo. Nos primeiros anos ela buscou destruir a dissidência, retrocedendo algumas conquistas de setores populares. Em 1980 é aprovado um novo texto constitucional e de 1981 até o fim do regime se realiza a revolução neoliberal, sendo atacado o núcleo central do sistema de políticas sociais assistenciais, existente desde 1920.[240]

Em análise a respeito dos léxicos utilizados nos discursos de Pinochet, Juan Saavedra Vásquez e Fernando Farías Olavarría evidenciam o uso de expressões tais como "obras", "projeto", "construção" ao se referir aos programas sociais, bem como as expressões "mortalidade", "nascido", "vivos", de modo a evidenciar o aporte biopolítico em seu discurso.[241]

Durante o governo Pinochet o gasto público nos setores sociais experimentou uma forte contração. Ademais, as políticas macroeconômicas relacionadas à legislação trabalhista contribuíram para aumentar substancialmente a desigualdade. As remunerações reais caíram imensamente, encontrando-se em 1989, 8% abaixo do valor de 1970. Houve, desta forma, um incremento do número

---

239 FAUSTO, Ruy. "Revolução conservadora e neoliberalismo". *Revista Rosa*, parte 1, p. 5. Disponível em: https://revistarosa.com/2/revolucao-conservadora-e-neoliberalismo-1. Acessado em: 14.09.2022.

240 VÁSQUEZ, Juan Saavedra; OLAVARRÍA, Fernando Farías. "Construcción neoliberal de la política social chilena en el discurso de Pinochet". *Revista Katálysis*, jun. 2014, p. 25. Disponível em: https://www.scielo.br/j/rk/a/8vzjBv4W88Gkrgs4Lh4ZXpx/abstract/?lang=es. Acessado em: 14.09.2022.

241 VÁSQUEZ, Juan Saavedra; OLAVARRÍA, Fernando Farías. "Construcción neoliberal de la política social chilena en el discurso de Pinochet". *Revista Katálysis*, jun. 2014, p. 26. Disponível em: https://www.scielo.br/j/rk/a/8vzjBv4W88Gkrgs4Lh4ZXpx/abstract/?lang=es. Acessado em: 14.09.2022.

de famílias afetadas pela pobreza crítica. No mais, saúde e educação foram privatizadas de tal modo que ficaram entregues aos interesses do "mercado".[242]

Não é o escopo deste livro realizar uma análise detalhada do modelo neoliberal chileno adotado durante a ditadura Pinochet. Contudo, verifica-se com base em tais elementos ao menos a existência de consequências relevantes para o presente livro diretamente decorrentes do modelo chileno: deterioração da proteção social conferida pelo Estado, precarização das condições trabalhistas, aumento da desigualdade e aumento da pobreza extrema ou miséria.

Em maio de 1979, Thatcher foi eleita na Grã-Bretanha com a obrigação de reformar a economia. Sob influência de Keith Joseph, um publicista com fortes vínculos com o *Neoliberal Institute of Economics*, aceitou abandonar o keynesianismo, de modo a acabar com as instituições e práticas políticas da social-democracia, o que envolvia enfrentar o poder sindical, atacar todas as formas de solidariedade social, desmantelar o Estado de Bem-Estar Social, privatizar empresas públicas (incluindo as relativas à moradia popular) e criar um clima de negócios favorável para atrair investimentos externos.[243]

Thatcher enfrentou a greve dos mineiros ingleses, vendo-a como um cenário de guerra civil e não como uma luta entre empregadores e empregados. Ela denominou os operários de "inimigos internos" e mobilizou o aparelho repressivo estatal contra eles. No confronto houve 200.000 feridos e dele decorreu a privatização do

---

242 VERGARA, Pilar. "Rupturas e continuidades na política social chilena". *Revista Lua Nova*, abr. 1994, p. 46. Disponível em: https://www.scielo.br/j/ln/a/m9WRVrNjXJ5VP8pyprnKtvn/?lang=pt#. Acessado em: 14.09.2022.

243 HARVEY, David. *O neoliberalismo*: história e implicações. 5ª ed. São Paulo: Loyola, 2014, p. 32.

setor energético inglês. Neste cenário ocorreu o enfraquecimento do corpo sindical e o agravamento das desigualdades sociais.[244]

A primeira-ministra inglesa também criou em 1990 a chamada "*poll-tax*" que ensejou diversas revoltas sérias na Inglaterra. Ela consistia em um imposto comunitário criado para substituir o imposto sobre a propriedade, que incidia sobre todos igualmente, independentemente da renda ou dos bens do contribuinte.[245]

É bem conhecida a frase de Thatcher "a sociedade não existe, apenas homens e mulheres individuais", tendo sido acrescentado depois "suas famílias". Destarte, as formas de solidariedade social são dissolvidas em favor do individualismo atrelado à valorização da propriedade privada e dos valores familiares. Disso decorre outra já mencionada expressão famosa sua: "a economia é o método, mas o objetivo é transformar o espírito".[246]

Já nos Estados Unidos, em outubro de 1979, Paul Volcker, Presidente do *Federal Reserve Bank* no governo Jimmy Carter, promoveu uma mudança substancial na política monetária. Esvaziaram-se as políticas keynesianas e foi realizado esforço para conter a inflação sem preocupação com os níveis de desemprego. Aumentaram-se os juros, o que conduziu a economia a uma forte recessão, com esvaziamento das fábricas e destruição dos sindicatos. Essa medida, conhecida como "choque Volcker", foi tomada para se introduzir o neoliberalismo nesse país.[247]

---

244 AZEVEDO, Plauto Faraco de. *Neoliberalismo*: desmonte do Estado Social. 1ª ed. Porto Alegre: Libretos, 2020, p. 73.

245 AZEVEDO, Plauto Faraco de. *Neoliberalismo*: desmonte do Estado Social. 1ª ed. Porto Alegre: Libretos, 2020, p. 73.

246 HARVEY, David. *O neoliberalismo*: história e implicações. 5ª ed. São Paulo: Loyola, 2014, p. 32.

247 HARVEY, David. *O neoliberalismo*: história e implicações. 5ª ed. São Paulo: Loyola, 2014, p. 33.

Em 1980, Reagan vence as eleições e apoia as medidas tomadas por Volcker, além de incrementar projetos de desregulação, cortes orçamentários e ataques ao poder sindical, a exemplo do sindicato dos controladores de voo. Tais ataques aconteceram no exato momento em que a recessão causava altas taxas de desemprego[248] (que no capitalismo tem a importante função de controlar e permitir o declínio do salário e das condições de trabalho). Os impostos corporativos sofreram redução substancial, no que se considera a maior redução de impostos da história. A alíquota mais alta de imposto foi alterada de 70% para 28%, enquanto a alíquota mais baixa permaneceu igual. Esse cenário fomentou elevada desigualdade social e maior restauração do poder econômico da classe alta.[249]

Durante o período pós-guerra, os países não atrelados ao comunismo encontravam-se sob domínio norte-americano. Foram estabelecidas alianças estratégicas com ditaduras militares e regimes autoritários, especialmente na América Latina. Neste contexto imperialista, os fundos de investimento norte-americanos puderam se dispersar mais facilmente pelo planeta. Necessitando de crédito, os países em desenvolvimento foram estimulados a se endividar com taxas normalmente vantajosas para Nova Iorque. Tais posturas levaram, dentre outros países, o México à moratória em 1982, tendo Reagan exigido como moeda de troca uma série de reformas neoliberais, tais como redução de gastos sociais, leis trabalhistas mais flexíveis e privatização. O FMI e o Banco Mundial passaram a ser centros propagadores do "fundamentalismo de livre mercado".[250]

O modelo de Reagan, como visto, representou um rompimento com o modelo de *welfare state* relacionado à social-democracia.

---

248 HARVEY, David. *O neoliberalismo*: história e implicações. 5ª ed. São Paulo: Loyola, 2014, p. 34.

249 HARVEY, David. *O neoliberalismo*: história e implicações. 5ª ed. São Paulo: Loyola, 2014, p. 35.

250 HARVEY, David. *O neoliberalismo*: história e implicações. 5ª ed. São Paulo: Loyola, 2014, p. 38.

Ademais, seu programa foi atrelado à denominada Comissão Trilateral fundada em 1973 por David Rockefeller e que reunia "cidadãos distintos" da tríade Estados Unidos, Europa e Japão. Neste programa constatou-se a incapacidade de governar diante do excessivo envolvimento dos governados na vida política e social, ou seja, haveria segundo os próprios relatores um "excesso de democracia" que surgiu em 1960 com o aumento das reivindicações igualitárias e desejo de participação política ativa das classes mais pobres e marginalizadas. De acordo com eles, a democracia política somente poderia funcionar normalmente com certo grau de apatia e não participação muito ampla de sujeitos.[251]

A gestão orçamentária também passa a delimitar certos comportamentos. A redução de impostos sobre empresas foi justificada no governo Reagan para estimular o crescimento e o investimento. Foram impostas diminuições nos gastos sociais, sendo em 1985 aprovada uma lei que exigia a redução automática dos gastos públicos até o restabelecimento do equilíbrio orçamentário. Dissimulando o fato de que diversos déficits orçamentários foram criados por generosos benefícios a grandes empresas, sustentava-se a necessidade de que os custos sociais fossem reduzidos ao máximo.[252]

O modelo neoliberal teve grande reforço para colonizar outro país emergente, o Brasil. Em novembro de 1989 reuniram-se em Washington funcionários do governo norte-americano e representantes de organismos internacionais, tais como FMI e Banco Mundial, com escopo de avaliar as reformas empreendidas nos países da América-Latina. Às conclusões dessa reunião se deu a denominação informal de "Consenso de Washington". Ratificou-se nele a proposta neoliberal já recomendada de modo bastante assertivo pelo governo norte-americano como condição

251 DARDOT, Pierre; LAVAL, Christian. *A nova razão do mundo*: ensaio sobre a sociedade neoliberal. São Paulo: Boitempo, 2016, p. 194.

252 DARDOT, Pierre; LAVAL, Christian. *A nova razão do mundo*: ensaio sobre a sociedade neoliberal. São Paulo: Boitempo, 2016, p. 220.

para cooperação financeira externa bilateral ou multilateral. Recomendação já transmitida desde o início da gestão Reagan.[253]

Nessa toada, em agosto de 1990 a Fiesp (Federação das Indústrias do Estado de São Paulo) publicou um documento chamado "Livre para crescer – Proposta para um Brasil moderno", no qual se endossava a necessidade de uma revalorização da agricultura para exportação. Ou seja, como bem pontua Paulo Nogueira Batista, sugeriu-se um retrocesso, o retorno a um processo de desindustrialização,[254] curiosamente o mesmo processo que ocorreu no Brasil nos últimos anos.[255]

No mais, com o fim da Guerra Fria se facilita a disseminação das propostas feitas e a desmoralização do modelo desenvolvimentista inspirado pela CEPAL (Comissão Econômica para a América Latina e o Caribe) que havia se construído na América Latina e se pautava em uma participação ativa do Estado como regulador e até empresário. Passa-se a aceitar de modo bastante submisso quaisquer condições impostas pelos Estados Unidos e que certamente teriam efeitos desastrosos para as débeis economias latino-americanas,

---

253 BATISTA, Paulo Nogueira. *O consenso de Washington*: a visão neoliberal dos problemas latino-americanos. 1994, p. 6. Disponível em: http://professor.pucgoias.edu.br/sitedocente/admin/arquivosUpload/17973/material/Consenso%20de%20Washington.pdf. Acessado em: 21.09.2022.

254 BATISTA, Paulo Nogueira. *O consenso de Washington*: a visão neoliberal dos problemas latino-americanos. 1994, p. 6. Disponível em: http://professor.pucgoias.edu.br/sitedocente/admin/arquivosUpload/17973/material/Consenso%20de%20Washington.pdf. Acessado em: 21.09.2022.

255 O Instituto Brasileiro de Geografia e Estatística (IBGE) divulgou em 21 de setembro de 2022 a Pesquisa Industrial Anual Empresa (PIA 2020). O levantamento revela em números o processo de desindustrialização que avança no Brasil: em dez anos, o setor industrial perdeu 9.579 empresas, ou 3,1% do total. Isso representou o fechamento de 1 milhão de postos de trabalho (-11,6% do total). Segundo a pesquisa, o número de empresas industriais com uma ou mais pessoas empregadas recuou pelo sétimo ano consecutivo. Em 2011, havia 313,2 mil indústrias. Dois anos depois, em 2013, o levantamento atingiu o maior número da série histórica, com 335 mil indústrias. Mas, em 2020, caiu para 303,6 mil.

principalmente se analisadas sob uma perspectiva bilateral, em relação com a economia norte-americana.[256]

Em suma, segundo Batista, tal postura consistiu em uma versão mais sofisticada e sutil das antigas políticas colonialistas com escopo de se abrirem as "portas" dos países que se busca colonizar.[257] A pressão se fez de modo direto ou indireto, mais ou menos dissimulado, mas esteve presente e permitiu a assimilação da agenda neoliberal sem maiores resistências.

Com o fim da Guerra Fria e a queda da União Soviética, o capitalismo na fase do pós-fordismo se apresenta discursivamente como a única forma possível de sociabilidade humana. Trata-se, *mutatis mutandis*, do mesmo raciocínio do chamado realismo capitalista, crença e atitude segundo a qual o capitalismo é o único sistema econômico viável, uma simples reafirmação da antiga máxima thatcherista: "não há alternativa". Não se trata necessariamente da ideia de que é um sistema particularmente bom, mas sim de persuadir as pessoas a acreditarem que é o único sistema viável e que a construção de uma alternativa é impossível.[258] Trata-se do que se pode chamar de "realismo neoliberal".

2.2 Obtenção do consentimento

A obtenção do consentimento para que grande parte da sociedade aceite as medidas neoliberais, ainda que estas lhe prejudiquem,

---

256 BATISTA, Paulo Nogueira. *O consenso de Washington*: a visão neoliberal dos problemas latino-americanos. 1994, p. 8. Disponível em: http://professor.pucgoias.edu.br/sitedocente/admin/arquivosUpload/17973/material/Consenso%20de%20Washington.pdf. Acessado em: 21.09.2022.

257 BATISTA, Paulo Nogueira. *O consenso de Washington*: a visão neoliberal dos problemas latino-americanos. 1994, p. 26. Disponível em: http://professor.pucgoias.edu.br/sitedocente/admin/arquivosUpload/17973/material/Consenso%20de%20Washington.pdf. Acessado em: 21.09.2022.

258 FISCHER, Mark. *Realismo capitalista*: é mais fácil imaginar o fim do mundo do que o fim do capitalismo. São Paulo: Autonomia Literária, 2009, p. 88.

não pode ser imputada somente ao autoritarismo do governo Pinochet, vez que mesmo no Chile tal fator não foi o único a legitimar as diversas medidas tomadas. Da mesma forma, em países nos quais se manteve a democracia liberal, como Estados Unidos e Inglaterra, o consentimento igualmente foi obtido, a revelar um método muito mais sofisticado de docilização de mentes e corpos.

Aqui há de se apoiar na expressão "senso comum", no sentido usado por Antonio Gramsci, que consiste naquele sentido sustentado em comum[259] e se constrói a partir da fixação de raízes profundas em tradições nacionais ou regionais e não se confunde com bom senso, que pode ser construído a partir do engajamento crítico. Destarte, o senso comum pode ser profundamente enganoso, escamoteador das efetivas relações existentes, valendo-se muitas vezes de ressentimentos para ocultar a materialidade dos problemas.[260]

Pode-se concluir que nesse aspecto ressoa atual o uso da expressão "liberdade" como forma de justificar as mais diversas medidas, incluindo as que agridam a própria liberdade. Tais questões políticas, quando embebidas em um caldo cultural fomentado a partir do ressentimento e do pânico moral, operam de modo efetivamente poderoso, pois atuam no inconsciente, não sofrendo qualquer abalo quando confrontadas com argumentos ditos racionais.

As influências ideológicas são construídas e alimentadas a partir dos mais diversos aparelhos, tais como meios de comunicação em massa, ambientes corporativos, escolas, igrejas e entidades da sociedade civil. Na medida em que as políticas neoliberais atendem aos anseios da elite capitalista, é possível compreender como tal ideologia, enquanto comunicada pela classe dominante, automaticamente se torna a ideologia dominante.

---

259 GRAMSCI, A. *Selections from the Prison Notebooks*. Londres: Lawrence & Wishart, 1971, p. 321.

260 HARVEY, David. *O neoliberalismo*: história e implicações. 5ª ed. São Paulo: Loyola, 2014, p. 49.

Constrói-se, segundo Eugenio Raul Zaffaroni, um fantoche antropológico (*homo economicus*) que pressupõe no âmbito individual o objetivo existencial de acumulação ilimitada de riqueza e que todas as escolhas estão sujeitas a leis de oferta e demanda. Referida acumulação indefinida, sequer defendida por John Locke, é, conforme Zaffaroni, uma fuga à angústia da morte. Trata-se de instituto de *Thanatos*, que, por temer a morte, despreza a vida.[261] Fantoche que precisa ser necessariamente escamoteado.

Isso porque a difusão de que se está aplicando um projeto de resgate do poder econômico de uma elite não teria substancial apoio popular. Dessa forma foi preciso esconder sua real intenção e assim agiu a guinada neoliberal das mais diversas formas.

Em alguns casos foi utilizada literalmente a força, como no Chile ou nas operações do FMI em Moçambique ou nas Filipinas. Destarte, produz-se também a ideia, como diversas vezes pontuado por Thatcher, de que não há alternativa e de que esse seria o caminho "natural".[262]

Especificamente nos Estados Unidos, Lewis Powell, pouco antes de ser nomeado membro da Suprema Corte por Richard Nixon, enviou à Câmara de Comércio memorando alegando que a crítica ao "livre mercado" havia ido longe demais e que seria necessária uma estruturação para que fossem alteradas as formas de pensamento a respeito de corporações, direito, cultura e indivíduos. Em seguida a tal memorando, a Câmara de Comércio, que tinha aproximadamente 60.000 empresas, passou a ter 250.000 passados dez anos. Reuniram-se vultosos recursos para realizar *lobby* junto ao Congresso e promover pesquisas, bem como fortalecer o poder político das corporações. Foram fundadas instituições para

---

261 ZAFFARONI, Eugenio Raúl. *Colonização punitiva e totalitarismo financeiro*: a criminologia do ser-aqui. Rio de Janeiro: Da Vinci Livros, 2021, p. 103.

262 HARVEY, David. *O neoliberalismo*: história e implicações. 5ª ed. São Paulo: Loyola, 2014, p. 50.

elaborar argumentos técnicos e empíricos para apoiar as políticas neoliberais e, a partir de verbas oriundas de pessoas abastadas, produziu-se vasta literatura para a defesa dos valores neoliberais.[263]

Ainda nos Estados Unidos o Partido Republicano, como forma de obter uma sólida base eleitoral, se aliou à direita cristã. A partir desse agrupamento passou-se a apelar para um forte nacionalismo cultural da classe branca trabalhadora e ao seu ressentido senso de virtude moral. Ressentimento que decorria do fato de essa classe estar em situação de insegurança econômica crônica e se sentir excluída de diversas ações afirmativas, bem como de outros programas de governo. Referido grupo, cotejado com a direita cristã, é facilmente mobilizado pela religiosidade, pelo nacionalismo cultural e por impulsos racistas, homofóbicos e antifeministas.[264] A partir de tais fatores se desvia a atenção dos reais elementos atinentes à materialidade econômica e são alimentados sucessivos bodes expiatórios, sobre os quais recai a responsabilidade por toda crise e degradação que se sustentou imperar na sociedade.

Com isso se persuade o grupo a votar contrariamente ao que lhe traria melhores condições existenciais, na medida em que os interesses reais estão escamoteados e disfarçados em meio a um invólucro moral com forte apelo para ensejar engajamento. Foi exatamente o caso da organização de cristãos conservadores que constituía o Conselho de Política Nacional, fundado em 1991 com escopo de desenvolver estratégias para conduzir o país à direita.[265]

Mesmo o Partido Democrata acabou por atender aos ditames neoliberais ao reformar o sistema de bem-estar social, o que fez

---

263 HARVEY, David. *O neoliberalismo*: história e implicações. 5ª ed. São Paulo: Loyola, 2014, p. 54.

264 HARVEY, David. *O neoliberalismo*: história e implicações. 5ª ed. São Paulo: Loyola, 2014, p. 60.

265 HARVEY, David. *O neoliberalismo*: história e implicações. 5ª ed. São Paulo: Loyola, 2014, p. 60.

para acalmar os interesses corporativos e financeiros por meio de cortes no orçamento. Essas ações beneficiavam somente os sujeitos mais abastados, conforme confessado pelo ex-Presidente do Conselho Econômico do Presidente Bill Clinton, Joseph Stiglitz, para quem se deveria "apertar o cinto dos pobres e folgar o dos ricos".[266]

Dessa forma, ambos os partidos, ainda que por expedientes diversos, acabavam por endossar o movimento neoliberal. O Partido Republicano valia-se de argumentos religiosos e baseados no pânico moral para mobilizar a massa a votar contra seus reais interesses e o Partido Democrata não conseguia implementar o mínimo de bem-estar para sua base tradicional por receio de ofender o "mercado". Dada a maior eficácia da engrenagem ideológica do Partido Republicano, sua hegemonia foi garantida.

Ademais, a imprensa especializada, como o *Wall Street Journal*, passou a defender a neoliberalização abertamente como a medida necessária para todos os males econômicos. Ademais, escolas de negócios se instalaram em diversas universidades, como Stanford e Harvard, a partir de generosos recursos de corporações e fundações e se tornaram centros da ortodoxia neoliberal.[267]

Já na Grã-Bretanha a construção do consentimento operou-se de modo diverso. Não há uma direita cristã a que se dirigir e o poder corporativo não costuma apoiar o ativismo político aberto, preferindo exercer influência direta mediante as redes de classe e privilégio vinculadas às instituições e ao funcionário público estável. No mais, por ter sido o Partido Trabalhista desenvolvido para ser um instrumento da força trabalhadora, havia uma estrutura de bem-estar social mais bem elaborada que a dos Estados Unidos. Contudo, esse modelo de bem-estar social nunca agradou a todos

---

266 HARVEY, David. *O neoliberalismo*: história e implicações. 5ª ed. São Paulo: Loyola, 2014, p. 61.

267 HARVEY, David. *O neoliberalismo*: história e implicações. 5ª ed. São Paulo: Loyola, 2014, p. 64.

os setores, de modo que correntes da mídia cada vez se mostravam mais subservientes aos interesses financeiros.

De todo modo, mesmo com tais elementos com escopo de construir o consenso para a guinada neoliberal, Thatcher não teria chegado ao poder não fosse a crise de acumulação do capital da década de 1970. A estagflação prejudicava a todos, tendo a inflação disparado em 1975 e o desemprego chegado a 1.000.000 de pessoas. As indústrias nacionalizadas drenavam recursos do Tesouro e os mineiros em 1974 fizeram greve pela primeira vez desde 1926. Diante disso, o governo conservador convocou uma eleição, mas perdeu para o Partido Trabalhista, o qual tentou negociar a greve, porém, por não conseguir manter o acordo, suas condições se agravaram. Dessa forma, o governo conservador optou por realizar cortes draconianos nos gastos sociais. Houve uma forte reação dos sindicatos, que foram atacados pela mídia, o que ensejou uma queda do apoio popular aos trabalhadores. O governo trabalhista se desfez e Thatcher foi eleita por relevante maioria.[268]

Desde o início da década de 1970 se verifica como o neoliberalismo consegue explorar situações de crise e se valer delas para recrudescer sua proposta de destruição de Estado de Bem-Estar Social e fortalecer os privilégios da elite. Foi este o *modus operandi* dos chamados *Chicago boys* liderados por Friedman.[269]

Há em comum nos Estados Unidos e na Grã-Bretanha a temática envolvendo o combate aos grupos organizados de trabalhadores e o monetarismo com controle rígido da inflação e juros altos. Houve alto desemprego, o que estrangulou a capacidade de negociação dos grupos de trabalhadores. Criou-se o que Marx chama de "exército industrial de reserva", o que leva invariavelmente à perda

---

268 HARVEY, David. *O neoliberalismo*: história e implicações. 5ª ed. São Paulo: Loyola, 2014, p. 68.

269 A obra de Naomi Klein *A doutrina do choque: a ascensão do capitalismo de desastre demonstra bem esse fenômeno.*

do poder de barganha da classe trabalhadora. Após anunciadas medidas de austeridade, os mineiros ingleses realizaram uma greve da qual resultou o enfraquecimento ainda maior dos sindicatos. A indústria tradicional britânica (de aço e os estaleiros) desapareceu praticamente, bem como foi destruída a indústria automobilística, o que permitiu o ingresso de fábricas japonesas, as quais passaram a recrutar trabalhadores não sindicalizados e que se submetiam às relações de trabalho do padrão japonês. Em dez anos o Reino Unido passou a ser um país de salários baixos e de uma força de trabalho bastante submissa.[270] Os demais setores da economia que estavam em poder do governo foram privatizados, o que levou a um aumento também do ganho com especulação. Houve ainda uma tentativa de desmantelar outras áreas, tais como assistência social, educação e saúde. Contudo, Thatcher não avançou nesse ponto o quanto gostaria, pois a própria opinião pública entendia que haveria limites para a guinada neoliberal.

De todo modo, o consentimento foi obtido com apoio de uma classe média apegada aos prazeres da casa própria, da propriedade privada em geral, do individualismo e do discurso de maiores possibilidades de empreendimento.[271] Não obstante isso, os fatores ideológicos necessariamente interferiram para o consentimento e forjaram nas mentalidades as condições mais favoráveis para uma aderência de parte da população aos projetos neoliberais.

Percebe-se que no pós-fordismo processa-se uma nova amplitude sobre a ideia de mercado. Estende-se o fator econômico ao sujeito trabalhador e à sua visão sobre si mesmo, havendo uma redefinição da subjetividade, segundo a qual a ação humana passa a ser interpretada de modo econômico, a exemplo do "trabalhador empresário", do "*self* empreendedor", dentre outros, que designam

---

270 HARVEY, David. *O neoliberalismo*: história e implicações. 5ª ed. São Paulo: Loyola, 2014, p. 69.

271 HARVEY, David. *O neoliberalismo*: história e implicações. 5ª ed. São Paulo: Loyola, 2014, p. 71.

um novo perfil semântico aplicável aos sujeitos. Há uma nítida ênfase nas chamadas "*soft skills*", tais como competência social e habilidade, sendo a figura do empresário de si mesmo um modo de vida não mais separável da pessoa em si e que não se extingue mesmo com o desemprego, ou nos momentos de lazer e, tampouco, quando da privacidade.[272]

No que tange à crítica social que pode remanescer, a exemplo de movimentos de trabalhadores, de mulheres e da classe artística, ela acaba por ser neutralizada por meio da apropriação. Incorpora-se a crítica e, destarte, ela é isolada do contexto original dos movimentos emancipatórios, o que permite o consentimento desses grupos. É precisamente, mas não exclusivamente, da apropriação de reivindicações antes emancipatórias que o capitalismo em seu estágio pós-fordista retira sua estabilidade e realiza um novo enquadramento discursivo.[273]

2.3 Contradições

Analisam-se agora alguns pontos de tensão e contradições no discurso neoliberal.

Inicialmente há o problema relativo ao monopólio. A competição costuma resultar em monopólio ou oligopólio, na medida em que empresas maiores arruínem ou adquiram empresas menores. Alguns neoliberais argumentam que não há problema nisso, pois tal prática maximizaria a eficiência, desde que não se impeça o ingresso de novos competidores, o que, segundo Harvey, é de difícil verificação na prática.[274] Aqui surge a contradição a partir da qual

---

272 RADEMACHER, Claudia. *Dossiê Pierre Bourdieu*. Belo Horizonte: Editora UFMG, 2017, p. 145.

273 RADEMACHER, Claudia. *Dossiê Pierre Bourdieu*. Belo Horizonte: Editora UFMG, 2017, p. 151.

274 HARVEY, David. *O neoliberalismo*: história e implicações. 5ª ed. São Paulo: Loyola, 2014, p. 77.

a não regulação do Estado no âmbito da concorrência, premissa neoliberal, cria imensos grupos empresariais que impedem a própria "livre" concorrência.

Há também uma contradição relativa à teoria da moeda. Dá-se muita importância à teoria monetária, mas a inversa relevância à moeda. A moeda não passaria de um véu que encobre a realidade, um meio de troca, que enquanto mercadoria serviria somente para intermediar trocas. Cumprido esse papel, ela perde sua finalidade econômica. Em realidade a moeda não é neutra, como se propugna. Ela tem outras funções, sendo ainda unidade de conta, meio de pagamento e reserva de valor. Também circula não somente como mercadoria, mas como capital. Nas mãos do capitalista a moeda não é simples meio de sobrevivência, mas capital e um poder social de dominação. A moeda enquanto mecanismo impessoal do mercado atinge todos os poros da vida social e é apta a reprimir demandas sociais de grupos que não detêm o equivalente capital monetário.[275]

Outro aspecto envolve a alteração na forma de gerir as relações de trabalho. As instâncias nas quais o Estado interfere são consideradas arcaicas, sendo tidas como modernas as relações de trabalho "livres" e ao final entregues às forças do mercado, que consistem em grandes grupos empresariais com alta densidade econômica e permanente ingerência na política. A partir das reformas neoliberais, especialmente a ocorrida em 2017 no Brasil, o trabalho precarizado passa a se tornar a regra, o que se intensificou com a nova fase neoliberal após a crise de 2008. Ademais, a reforma mencionada acentuou a fragilização,[276] fragmentação e restrição da

---

275 CORAZZA, Gentil. "As contradições da proposta neoliberal". *Indicadores Econômicos*, vol. 20, nº 2, 1992, p. 94. Disponível em: https://revistas.planejamento.rs.gov.br/index.php/indicadores/article/view/690. Acessado em: 27.02.2023.

276 O parecer exarado quando da discussão da reforma trabalhista presidida pelo deputado Daniel Vilela (PMDB-GO) e com relatoria do deputado Rogério Marinho (PSDB-RN) foi o de que sua aprovação teria enorme potencial para gerar empregos. Contudo, obviamente tal fato não se observou e, se pareceu

capacidade coletiva de negociação, tendo, por exemplo, a legalização do trabalho intermitente como um dos pontos mais deplorados da reforma.[277] Em suma, o neoliberalismo nas relações de trabalho significa ao final somente uma forma de darwinismo social,[278] porém escamoteado sob os dissimulados mantos da liberdade, da meritocracia e do rótulo de "colaborador".

Outra contradição apontada por Harvey envolve o que ele chama de "fracasso do mercado", na hipótese em que indivíduos e empresas evitam pagar todos os custos que lhes cabem tirando do mercado seus passivos (fala-se que são "externalizados"). Exemplo é a questão da poluição, em que as empresas evitam custos com tais resíduos jogando diretamente os produtos no meio ambiente. Ocorre fato semelhante com empresas que, sabendo do defeito de um produto que pode inclusive causar a morte de consumidores, evitam o *recall*, pois, ao realizarem o cálculo, verificam ser menos custoso arcar com processos por eventuais mortes e lesões do que reparar todo o defeito de modo indistinto. Em tais casos, quando se admite a intervenção, segundo os neoliberais, ela ocorre por meio de mecanismos de mercado, tais como imposição de taxas ou incentivos.[279] De todo modo, tais fatos revelam um ponto frágil ou uma perene potencialidade de descumprimento de deveres para com os consumidores ou para com o meio ambiente, na medida em que gerar um resultado favorável para os investidores necessariamente é o maior escopo almejado.

---

ter sido reduzido, foi por um aumento da informalidade, que chegou a 41,1% em 2019, conforme descrito no IBGE em pesquisa feita em 2020.

277 ANTUNES, Ricardo. *Uberização, trabalho digital e indústria 4.0*. São Paulo: Boitempo, 2020, p. 187.

278 CORAZZA, Gentil. "As contradições da proposta neoliberal". *Indicadores Econômicos*, vol. 20, nº 2, 1992, p. 96. Disponível em: https://revistas.planejamento.rs.gov.br/index.php/indicadores/article/view/690. Acessado em: 27.02.2023.

279 HARVEY, David. *O neoliberalismo*: história e implicações. 5ª ed. São Paulo: Loyola, 2014, p. 78.

Em relação aos agentes que operam no mercado e inclusive os sujeitos que atuam no mercado de consumo, o neoliberalismo parte da percepção de que agem munidos de uma plêiade específica de informações e, a partir disso, realizam escolhas racionais. Essa é a premissa da Escola Marginalista da Economia, segundo a qual a atividade econômica é essencialmente individual e se processa a partir das necessidades de cada pessoa, de modo que cada sujeito é capaz de realizar um cálculo subjetivo do que lhe convém a partir de custos e benefícios.[280]

Esse idealismo, como tal, evidentemente não corresponde à realidade e fulmina o pretenso *status* de liberdade tão caro ao *marketing* neoliberal. Desconsidera-se ainda que o modo de produção da sociedade acaba por determinar como cada um deve agir e suas possibilidades. O modo preexistente de produção já interfere fortemente quando não condiciona a atuação econômica dos indivíduos a partir de parâmetros de hierarquização, tais como diferentes possibilidades de escolaridade, herança, dentre outros.[281]

Ademais, a própria formação de grandes conglomerados e grupos privilegiados no ambiente do mercado acarreta privilégios para tais grupos no momento de determinadas escolhas mercantis, o que acaba por permitir em último grau a manipulação perversa das próprias variáveis do mercado (cuja propaganda neoliberal tenta naturalizar) para benefício próprio. Exemplo disso é a propriedade da patente, usada por quem detém seu monopólio para estabelecer preços muitas vezes abusivos.

Desse panorama se verifica que as assimetrias tendem a aumentar e não a diminuir naturalmente, conforme propugna o dogmatismo neoliberal. Esses pressupostos de acesso às informações

---

280 SINGER, Paul. *O que é economia?* 7ª ed. 2ª reimpressão. São Paulo: Contexto, 2014, posição 71 (ebook).

281 SINGER, Paul. *O que é economia?* 7ª ed. 2ª reimpressão. São Paulo: Contexto, 2014, posição 71 (ebook).

com igualdade de condições na competição somente podem decorrer de inocência ou de escamoteamento dissimulado de processos para ocultar uma concentração de riquezas.

Outro ponto crítico envolve as tecnologias. A teoria neoliberal se sustenta na suposição de que a competição invariavelmente conduz à implementação de novas tecnologias. Ocorre que esse fetiche gerado por tal crença pode permitir que surjam empresas que produzirão novos produtos para os quais ainda não há mercado.[282] Do mesmo modo, as inovações tecnológicas podem servir para solapar relações sociais, instituições dominantes ou até mesmo reformular o senso comum, a exemplo das mídias sociais.

Verifica-se que há ainda uma contradição básica de índole política. O individualismo possessivo e alienante do qual depende o discurso meritocrático, produto do dogma neoliberal, esvazia qualquer percepção mais aguda de uma vida, em sentido coletivo, dotada de sentido.

Ademais, as instituições de governança fortalecidas na guinada neoliberal, tais como o FMI e o Banco Central norte-americano, tomam decisões essenciais sem efetiva participação popular ou de grupos mais plurais, o que acaba por colocar a gestão em poder das elites, em uma verdadeira oligarquia financeirizada. Neste ponto surge a maior contradição do neoliberalismo: a pretexto de se valer do brocardo da liberdade, ele necessariamente fomenta guinadas autoritárias que exterminam a liberdade.

A ampliação da desigualdade enfraquece sobremaneira qualquer possibilidade democrática. Desde Jean-Jacques Rousseau defende-se que as diferenças de um povo não podem ser tão grandes que possam ser exercidas com violência e ninguém deveria ser tão rico a ponto de poder comprar outro e ninguém tão pobre a ponto de

---

282 HARVEY, David. *O neoliberalismo*: história e implicações. 5ª ed. São Paulo: Loyola, 2014, p. 79.

se vender.[283] Em suma, a sistematização da violência ou da miséria coletiva leva ao fim da democracia. Os democratas atenienses também identificavam a igualdade como premissa para a democracia.[284] No entanto, a desigualdade é reduzida, dentre outros fatores, com ações afirmativas e execução de políticas prestacionais, educação pública e cívica de qualidade e atuação constante estatal para reduzir a concentração de riquezas, medidas todas combatidas pelo ideário neoliberal. Em realidade se implementa um autoritarismo de mercado e em um grau altamente financeirizado para o qual pouco importa a existência do regime democrático.

Não se está aqui a dizer que no Brasil chegou a haver em algum momento democracia no aspecto material, vez que as condições materiais mencionadas jamais se implementaram e porque tal envolve um processo de maior ou menor aperfeiçoamento. Fala-se aqui tão somente da possibilidade de o neoliberalismo fulminar a democracia meramente formal que ainda resta.

No mais, o discurso meritocrático e individualista enseja um ataque constante a qualquer enfoque social. Justamente neste âmbito é que se enquadra o sujeito empresário de si mesmo, empreendedor e que "só depende de si mesmo". Esta percepção de sociabilidade o neoliberalismo se propõe a destruir conceitual, normativamente e na prática. A expressão "sociedade" foi denunciada como um termo sem sentido para Hayek[285] e declarada inexistente por Thatcher, ao ser usada pejorativamente para se referir aos "guerreiros da justiça".[286]

---

283 ROUSSEAU, Jean-Jacques. *Do contrato social*. São Paulo: Nova Cultural, 1996, p. 127.

284 ARISTÓTELES. *Política*. Trad. Vinicius Chicurra. Rio de Janeiro: Vozes, 2022, p. 39.

285 TUMA, Eduardo. *Tributação, mercado e mínimo existencial*: leitura da obra lei, legislação e liberdade de Friedrich August von Hayek. São Paulo: Max Limonad, 2021, p. 69.

286 BROWN, Wendy. *Nas ruínas do neoliberalismo*: a ascensão da política antidemocrática no ocidente. São Paulo: Politeia, 2019, p. 38.

Hayek considerava a justiça social uma miragem e a preocupação com o social uma tentativa de controle da existência coletiva.

A razão neoliberal, com seu forte ataque ao social, à sua própria existência e à sua adequação enquanto imperativo de justiça, edifica o poder corporativo, legitima e naturaliza uma desigualdade abissal e desencadeia um ataque cada vez mais desinibido aos grupos mais vulneráveis da sociedade.[287] A noção de liberdade apartada do social descontextualiza a problemática e torna invisíveis ou visíveis, porém indiferentes, as desigualdades estruturais e estruturantes do capitalismo, o que acaba por legitimar a perene privação de direitos.

O discurso de liberdade no âmbito do neoliberalismo serve para validar uma suposta liberdade negocial que, dadas as condições materiais desiguais, acaba por ser um grande engodo que oculta dois níveis de sujeitos: o que domina e o que se submete à dominação. Esse ataque enseja uma cultura antidemocrática em todos os estratos sociais e legitima formas antidemocráticas de poder estatal.

Além do aspecto social, a crítica neoliberal também ocorre no sentido político. Friedman e Hayek consideram o político como um domínio perigosamente expansivo, que deveria ser atacado com firmeza e conformado aos propósitos neoliberais.[288] Busca-se conter os poderes políticos por meio de coordenadas e métricas econômicas.

Visto o domínio político com desconfiança, ele passa a ser afastado de seu verniz democrático, com a consequente implementação de modelos de governança baseados em lógica de mercado.[289]

---

287 BROWN, Wendy. *Nas ruínas do neoliberalismo*: a ascensão da política antidemocrática no ocidente. São Paulo: Politeia, 2019, p. 54.

288 BROWN, Wendy. *Nas ruínas do neoliberalismo*: a ascensão da política antidemocrática no ocidente. São Paulo: Politeia, 2019, p. 74.

289 BROWN, Wendy. *Nas ruínas do neoliberalismo*: a ascensão da política antidemocrática no ocidente. São Paulo: Politeia, 2019, p. 71.

O ataque neoliberal às políticas sociais gera uma cultura antidemocrática. Wendy Brown afirma que a racionalidade neoliberal tem êxito em fazer desaparecer os poderes sociais e as reivindicações críticas, com a consequente despolitização da vida pública. Para Brown, a perspectiva economizante do neoliberalismo acelera o niilismo da nossa era, com a degradação acentuada da importância dos valores, tornando-os cada vez mais "fungíveis, triviais, superficiais e instrumentalizáveis".[290] Na era do empreendedorismo, monetização e financeirização do neoliberalismo, todos os aspectos da vida humana condicionam-se à economização em um amálgama entre conservadorismo, moralismo e razões econômicas.[291]

Tais alterações levam a uma desorientação generalizada quanto ao valor da democracia, que, como se tem notado, passa a alimentar populismos de extrema-direita e hordas de neofascistas.

Não somente a prática neoliberal, mas a sua teoria desde sempre flertou com ideais antidemocráticos, eis que fascistas.

Von Mises, em *Liberalismo*, visivelmente relaciona o fascismo ao liberalismo ao apontar que os pontos de vista tradicionais do liberalismo exercem influência inconsciente sobre os fascistas.[292] Ainda pontua Von Mises que o fascismo, ao estabelecer ditaduras, estava com as melhores intenções, salvando a civilização europeia, sendo seu mérito escrito na história.[293] Hayek, por outro lado, em *O caminho da servidão*, assevera que o apoio ao fascismo veio

---

290 BROWN, Wendy. *Nas ruínas do neoliberalismo*: a ascensão da política antidemocrática no ocidente. São Paulo: Politeia, 2019, p. 54.

291 VERBICARO, Loiane Prado. "Reflexões acerca das contradições entre Democracia e Neoliberalismo". *RDP*, Brasília, vol. 18, nº 97, 2021, p. 54. Disponível em: https://www.portaldeperiodicos.idp.edu.br/direitopublico/article/view/5115/2739. Acessado em: 27.02.2023.

292 MISES, Ludwig von. *Liberalismo*. 2ª ed. São Paulo: Instituto Ludwig von Mises Brasil, 2010, p. 74.

293 MISES, Ludwig von. *Liberalismo*. 2ª ed. São Paulo: Instituto Ludwig von Mises Brasil, 2010, p. 77.

precisamente do socialismo e que sua ascensão foi possível justamente por não haver burguesia forte.[294]

As estratégias usadas por Von Mises e Hayek são desmascaradas por Mascaro, ao pontuar que estabelecer conexões entre o fascismo e o socialismo representa há longa data um modelo reiterado de legitimação do capitalismo ao apontar um pretenso inimigo maior: qual seja, o socialismo. Esse apoio aos regimes fascistas por parte dos neoliberais consiste, segundo o professor do Largo de São Francisco, em um padrão reiterado que se nota também em Friedman, na Escola de Chicago e na ditadura de Pinochet. Ratifica tal raciocínio o fato de Friedman ter argumentado a favor de um neoliberalismo radical, de choque, sem gradualismos e que pudesse se aproveitar da repressão política, de modo a legitimar ou ao menos aceitar um modelo fascista que ainda teria a "vantagem" de impor sem maiores dificuldades as reformas neoliberais.[295]

2.4 "Neobacharelismo" e estabelecimento educacional como empresa

O escopo do presente tópico é descrever um fenômeno que aqui se denomina "neobacharelismo", resultante da racionalidade neoliberal na educação com enfoque na educação jurídica originada no bacharelismo. Tal expediente enseja uma nova formatação no ensino jurídico, o qual, aliado ao tecnicismo já estudado, acarreta consequências devastadoras para o estudo e a aplicação do Direito Penal pelos bacharéis.

Antes, contudo, são necessárias algumas digressões acerca do fenômeno do bacharelismo. Trata-se de forma expressiva de

---

294 HAYEK, F. A. O *caminho da servidão*. 1ª ed. São Paulo: LVM, 2010, p. 163.

295 MASCARO, Alysson Leandro. *Crítica do fascismo*. São Paulo: Boitempo, 2022, p. 22.

manifestação de poder que legitima seus detentores ao exercício da autoridade política em detrimento daqueles que não possuem titulação acadêmica.[296]

A cultura do bacharelismo relacionada ao movimento da Ilustração (tendo se iniciado em Portugal com a reforma da Universidade de Coimbra em 1772) e do Estado Moderno estruturou a formatação social, política e jurídica do Brasil a partir do século XIX.[297] A criação dos cursos jurídicos no Brasil ocorreu com o escopo de formar uma elite política coesa, disciplinada, devotada às razões do Estado e em substituição à elite herdada da administração joanina.

Como preceitua Sérgio Buarque de Holanda, nesse modelo bacharelista observa-se a tendência de se exaltar a personalidade individual como valor próprio superior às contingências. A dignidade e a importância conferidas ao título de doutor facilita a busca aos bens materiais sem uma necessidade de busca incessante por eles,[298] notadamente porque os bacharéis à época já eram oriundos das elites e certamente teriam as facilidades inerentes a tal origem, além do que serviriam a elas.

Nesse cenário forma-se o que Pierre Bourdieu chama de capital social, conceituado como um conjunto de recursos atuais ou potenciais ligados à posse de uma rede durável de relações mais ou menos institucionalizadas de interconhecimento e de inter-reconhecimento, ou, em outras palavras, um conjunto de agentes não somente dotados de propriedades comuns, mas também unidos por ligações permanentes e úteis e por trocas inseparavelmente

---

296 MENDES, Francilda Alcantara. *Da tradição coimbrã ao bacharelismo liberal*: como os bacharéis em Direito inventaram a nação no Brasil. Jundiaí: Paco Editorial, 2021, p. 92.

297 MENDES, Francilda Alcantara. *Da tradição coimbrã ao bacharelismo liberal*: como os bacharéis em Direito inventaram a nação no Brasil. Jundiaí: Paco Editorial, 2021, p. 91.

298 HOLANDA, Sérgio Buarque de. *Raízes do Brasil*. Edição crítica. São Paulo: Companhia das Letras, 2016, p. 276.

materiais e simbólicas, cuja instauração e perpetuação supõem o reconhecimento dessa proximidade.[299]

Evidentemente que, formado esse nicho e nesse contexto, as camadas populares não estiveram presentes na vida acadêmica,[300] já que o intuito era educar uma elite econômica para que conduzisse o país a partir dos interesses de tais grupos e que acabou por dominar o espaço político brasileiro.

A título de exemplo, logo após a independência mais de 50% dos ministros tinha formação jurídica. De 1840 em diante o domínio dos bacharéis em Direito foi substancial, vez que mais de 80% dos ministros ostentavam formação jurídica, o mesmo ocorrendo com os senadores.[301]

Diante desses números, a Academia de Direito de São Paulo teve condições de monopolizar todas as oportunidades possíveis de dispersão que se apresentavam às elites políticas, evitando que a diversidade de sua composição social promovesse inconvenientes fissuras. O objetivo concretizou-se de modo eficaz, pois impediu que esses segmentos se separassem e dessem maior guarida a movimentos sociais e populares.[302] Esses sujeitos ricos e instruídos foram

---

299 BOURDIEU, Pierre. *Escritos de educação*. 16ª ed. Petrópolis: Vozes, p. 75.

300 ADORNO, Sérgio. *Os aprendizes do Poder*: o Bacharelismo Liberal na Política Brasileira. 2ª ed. São Paulo: Editora da Universidade de São Paulo, 2019, p. 273.

301 MENDES, Renat Nureyev; REIS, Jair Teixeira. "Entre a formação humanista e a tecnicista: perspectivas do ensino jurídico e do bacharelismo no Brasil: do auge ao declínio". *Revista da Faculdade de Direito-RFD-UERJ*, Rio de Janeiro, nº 30, 2016, p. 300. Disponível em: https://www.e-publicacoes.uerj.br/index.php/rfduerj/article/view/16711. Acessado em: 25.03.2024.

302 ADORNO, Sérgio. *Os aprendizes do Poder*: o Bacharelismo Liberal na Política Brasileira. 2ª ed. São Paulo: Editora da Universidade de São Paulo, 2019, p. 274.

os responsáveis por manejar as regras do estamento burocrático e da administração da sociedade ainda escravocrata.[303]

Mesmo a "militância" acadêmica, por óbvio, não pode ser estudada desvinculada de suas vertentes ideológicas. Os princípios liberais se sobrepuseram aos democráticos e o ambiente acadêmico se caracterizou como importante instrumento do pensamento liberal, de modo a representar os interesses do homem branco, proprietário e livre e que não esteve de fato preocupado com uma emancipação democrática da sociedade brasileira.[304]

A lógica liberal engendrou um tipo de bacharel que encontrava no contrato os fundamentos da obediência política, com enfoque na autonomia individual e não na ação coletiva, conferindo-se primazia a um ideal de liberdade em detrimento da igualdade. Forjou-se um político apto a privatizar conflitos sociais, mas não a submetê-los à representação coletiva. Um político liberal, mas não um democrata. O modo específico de lidar com as relações sociais envolvia tratá-las de modo individualizado, nascidas do mercado.[305]

Ademais, ao se cultuar a figura do esteta no uso da palavra escrita e falada, criou-se uma espécie de elitismo academicista que favoreceu o raciocínio de que os analfabetos deveriam ser excluídos dos processos eleitorais, em nome de um imperativo maior, a razão iluminadora dos povos que somente essa elite teria.

---

303 MENDES, Francilda Alcantara. *Da tradição coimbrã ao bacharelismo liberal*: como os bacharéis em Direito inventaram a nação no Brasil. Jundiaí: Paco, 2021, p. 91.

304 ADORNO, Sérgio. *Os aprendizes do Poder*: o Bacharelismo Liberal na Política Brasileira. 2ª ed. São Paulo: Editora da Universidade de São Paulo, 2019, p. 275.

305 ADORNO, Sérgio. *Os aprendizes do Poder*: o Bacharelismo Liberal na Política Brasileira. 2ª ed. São Paulo: Editora da Universidade de São Paulo, 2019, p. 276.

Dessa forma, ao privilegiar o uso da palavra escrita e falada, essa elite se consolida como a única parcela "legítima" a ditar os rumos do país, o que faz ao lado dos interesses da classe rural, sendo o político liberal uma espécie de identidade "típico-ideal" ao qual se ajustou (e ainda se ajusta) parcela expressiva dos acadêmicos da Universidade de São Paulo.[306]

Estabeleceu-se, dessa forma, um modelo singular de cidadania que, centrado na figura do pai-patrão-patriarca-proprietário-protetor, se sustentou em uma forma de individualismo, baseado na moralidade do mercado e na concepção do indivíduo como proprietário de sua pessoa e de suas capacidades e liberto da vontade alheia, conforme explica Sérgio Adorno.[307]

Contudo, essa base liberal não destruiu o patrimonialismo brasileiro, ambiguidade que se faz presente tal como aquela entre liberalismo e democracia, pois enquanto aquele foca no indivíduo, esta centra-se no coletivo. Referida ambiguidade acabou por dificultar um projeto efetivamente democrático, devendo-se em parte por ser o modelo do bacharelismo liberal oriundo de uma elite branca, proprietária de terras, escravocrata e agora letrada.[308]

Ademais, essa forma de liberalismo dos bacharéis adquiriu, na sociedade brasileira, uma forma acentuadamente conservadora, centrada na salvaguarda dos direitos de propriedade, desprezando

---

306 ADORNO, Sérgio. *Os aprendizes do Poder*: o Bacharelismo Liberal na Política Brasileira. 2ª ed. São Paulo: Editora da Universidade de São Paulo, 2019, p. 277.

307 ADORNO, Sérgio. *Os aprendizes do Poder*: o Bacharelismo Liberal na Política Brasileira. 2ª ed. São Paulo: Editora da Universidade de São Paulo, 2019, p. 281.

308 ADORNO, Sérgio. *Os aprendizes do Poder*: o Bacharelismo Liberal na Política Brasileira. 2ª ed. São Paulo: Editora da Universidade de São Paulo, 2019, p. 282.

suas ligações com algum tipo de pensamento radical que tomou a Europa nos séculos XVIII e XIX.[309]

De todo modo, ainda que houvesse esse viés conservador ou por vezes reacionário na formação jurídica, ela ainda ocorria de forma relacional, ou seja, trazia consigo outros campos do saber, tais como a filosofia, a sociologia e a antropologia, o que sempre permitia a possibilidade do diálogo com algum tipo de saber crítico e emancipador.

No entanto, com o alvorecer da década de 1960 surge o modelo profissional tecnicista (reforma universitária trazida pela Lei n. 5.540/68), pautado em parte pelos interesses da ditadura cívico-empresarial-militar, que se chocaria com qualquer pensamento minimamente crítico. Neste contexto é implantado o modelo tecnicista, menos reflexivo e de mais simples controle social. Passa-se a valorizar a formação profissional em detrimento da formação humanística.[310] Essa formação de cunho tecnicista reduz o direito ao ensino formalista do conteúdo das normas. Mesmo o bacharelismo, com seus vícios apontados, ainda permitiria certa abertura epistemológica no estudo do Direito, abertura que se torna inviável com a formação tecnicista.

Nessa reforma, como explica Celso Fernandes Campilongo, às instituições financeiras caberia um papel pragmático e utilitarista. Dessa forma, elas deveriam concentrar sua atenção em formar técnicos para sustentar o sistema então vigente. Deveria ser substituído o modelo humanista pela racionalização e especialização do ensino superior, sob os requisitos da eficácia, da melhor gestão e do avanço tecnológico.

309 ADORNO, Sérgio. *Os aprendizes do Poder*: o Bacharelismo Liberal na Política Brasileira. 2ª ed. São Paulo: Editora da Universidade de São Paulo, 2019, p. 283.

310 MENDES, Renat Nureyev; REIS, Jair Teixeira. "Entre a formação humanista e a tecnicista: perspectivas do ensino jurídico e do bacharelismo no Brasil: do auge ao declínio". *Revista da Faculdade de Direito-RFD-UERJ*, Rio de Janeiro, nº 30, 2016, p. 308. Disponível em: https://www.e-publicacoes.uerj.br/index.php/rfduerj/article/view/16711. Acessado em: 25.03.2024.

Referida reforma foi controlada por setores mais conservadores do nicho acadêmico, os quais agiram em consonância com os interesses da ditadura empresarial-cívico-militar para instrumentalizar uma formação profissionalizante. Neste jaez a educação universitária se converteu em banal e descompromissa atividade burocrática sem qualquer reflexão crítica. O escopo de "rentabilidade" educacional anulou por completo a função formativa da universidade brasileira. Internamente, as universidades se verticalizaram e os departamentos se fecharam em suas rotinas burocráticas, que apenas buscam criar um contingente de diplomados cada vez maior. Transforma-se a universidade brasileira em uma agência profissionalizante de retroalimentação incapaz de fornecer qualquer compreensão um pouco mais complexa dos fenômenos que estuda.[311]

Referindo-se às reformas ocorridas durante a década de 1960 Aurélio Wander Bastos apontou que as faculdades de Direito foram esvaziadas não apenas em sua autonomia epistemológica, mas também na convivência harmônica com as disciplinas que nasceram com o ensino do Direito. Os conhecimentos básicos, relacionados às ciências sociais necessárias para a melhor compreensão do Direito, eram inutilizados e não tinham aptidão para ensejar uma força interdisciplinar que permitisse uma análise crítica das normas substantivas e processuais.[312]

Há muito as universidades de Direito não formam seres pensantes, mas somente, nas palavras de J. J. Gomes Canotilho, "meros oficiais de diligências jurídicas".[313] Há, deste modo, um mero laboratório profissionalizante que, ao alienar o sujeito por meio do tecnicismo e do engodo discursivo da "pureza científica", o torna completamente

---

311 FARIA, José Eduardo; CAMPILONGO, Celso Fernandes. *A sociologia jurídica no Brasil*. Porto Alegre: Sergio Antonio Fabris Editor, 1991, p. 76.

312 BASTOS, Aurélio Wander. *O ensino jurídico no Brasil*. Rio de Janeiro: Lumen Juris, 1998.

313 CANOTILHO, J. J. Gomes. *Direito Constitucional e Teoria da Constituição*. 7ª ed. Coimbra: Almedina, 2003, p. 17.

incapaz de ponderar a tessitura social em toda a sua complexidade e de exercer qualquer juízo crítico de modo emancipatório.

A dogmática jurídica sujeita à lógica tecnicista se transmuda em ordinário dogmatismo, o qual é incapaz de exercer um saber crítico necessário para que sejam questionadas as bases materiais da sociedade e da aplicação do Direito. No entanto, não há efetivamente equívoco ou incompetência nessa gestão do ensino jurídico, mas um modelo de operar premeditado. Seu escopo é servir à mantença do *status quo* e legitimar as estruturas sociais existentes.

Não há a possibilidade, salvo exceções que não se devem certamente ao modo de funcionar do sistema mas a movimentos acidentais, de fatores de mobilidade e emancipação decorrerem dessa educação jurídica. Neste contexto, a educação, inclusive a jurídica, é um método bastante eficaz de conservação social, pois, como esclarece Bourdieu, ela fornece aparência de legitimidade às desigualdades sociais e sanciona a herança cultural e o dom social tratado como dom natural.[314]

Essa forma de pensar o Direito em realidade serve, conforme aclara Euvguiéni Pachukanis, para assegurar o domínio sobre a classe explorada e mantê-la obediente. As teorias desenvolvidas, aplicadas e ensinadas, sob o manto de seu aspecto "técnico", praticam, consciente ou inconscientemente, uma deformação da realidade, já que a "sociedade como um todo" existe somente na imaginação desses tecnicistas, pois na verdade há interesses contraditórios. Em suma, qualquer sistema historicamente construído de política trará consigo os interesses da classe que o realizou e será um instrumento de defesa da classe dominante[315] e neste aspecto a análise tecnicista, ao escamotear as contradições e conflitos inerentes à sociedade, propicia a continuidade das relações de domínio e submissão.

---

314 BOURDIEU, Pierre. *Escritos de educação*. 16ª ed. Petrópolis: Vozes, p. 45.

315 PACHUKANIS, Euvguiéni. *Teoria Geral do Direito e marxismo*. São Paulo: Boitempo, 2017, p. 173.

Esse modelo tecnicista de ensino jurídico, ao sofrer o influxo do neoliberalismo, assume uma nova feição, com características próprias e diferentes quantitativa e qualitativamente, que são a partir de agora analisadas.

Nesse contexto de capitalismo financeirizado, a educação e – no Brasil especialmente – a educação superior assumiram de um modo nunca visto o *status* de mercadoria, um produto altamente lucrativo que ensejou a expansão do setor privado-mercantil no Brasil, mas sempre atrelado ao sistema financeiro. Esta financeirização, por se manifestar com a lógica especulativa, envolve a compra de ativos com a expectativa de revenda com lucros em mercados secundários de ações, imóveis, moedas, créditos, *commodities* e vários outros ativos, o que acaba por favorecer a oligopolização do setor e certamente gera consequências no modo de gerir o processo educativo.[316]

Essa ingerência do capital especulativo no ensino superior ocorreu de duas formas: 1) pela inclusão de grupos educacionais no mercado de ações na bolsa de valores; e 2) por meio do ingresso de grupos estrangeiros de capitais fechados e abertos. A abertura dessas empresas no mercado de ações permite que tais papeis sejam valorizados, o que aumenta seu capital, facilita a aquisição de instituições menores e, por fim, acelera a formação de grandes grupos empresariais. Nesse processo criam-se os grandes conglomerados, as chamadas *holdings*, e se forma uma oligopolização do setor. A partir de 2007 esse processo foi tão intenso que o setor educacional ocupou as primeiras colocações no *ranking* de fusões e aquisições do mercado nacional.[317]

Christian Laval, referindo-se especificamente à realidade brasileira, explica que tal sistema já é demasiadamente mais "neoliberalizado"

---

316 CÁSSIO, Fernando. *Educação contra a barbárie*: por escolas democráticas e pela liberdade de ensinar. São Paulo: Boitempo, 2019, p. 82.

317 CÁSSIO, Fernando. *Educação contra a barbárie*: por escolas democráticas e pela liberdade de ensinar. São Paulo: Boitempo, 2019, p. 83.

que o sistema francês, havendo uma intervenção direta e maciça do capital no ensino, a exemplo da Kroton que, na época do escrito, possuía mais de 1,5 milhão de estudantes e quase 40 mil assalariados. Dessa forma, o crescimento dos oligopólios faz do Brasil um caso único no mundo,[318] o que pode ainda assumir uma dimensão mais temerária caso seja autorizada (talvez seja questão de tempo) a abertura de cursos de Direito na modalidade *online*.

A expansão desses grupos ocorre, ao contrário do que enuncia o discurso neoliberal de mínima intervenção, com forte intervenção estatal, por meio de isenções fiscais, imunidades diversas, programas como PROUni, isenções de contribuição previdenciária, fundos de financiamento estudantil e empréstimos a juros baixos pelo Banco Nacional de Desenvolvimento Econômico e Social (BNDES).

O Fies, por exemplo, criado em 1999, a permitir dispensa das taxas de juros e dispensa de fiador na celebração dos contratos, contribui para o aumento exponencial dos recursos destinados aos grupos particulares. Para o *lobby* das universidades privadas o Fies atua como importante ferramenta de lucro, de captação de alunos e de ocupação de vagas ociosas. De 2003 a 2017, os gastos da União com a educação foram ampliados em 167,9%. Com as universidades federais, os gastos cresceram 155,6%. Entretanto, a União ampliou em 1.255,8% os recursos para o setor privado por meio do Fies e do ProUni. Em 2003, foram destinados R$ 1,6 bilhão para esses dois programas e, em 2017, foram liberados R$ 21,8 bilhões. Tais despesas passaram a representar 16,7% do gasto federal total em educação, e representaram, em 2017, 42,3% das despesas da União com as universidades federais. Constata-se, desse modo, que o governo federal ampliou significativamente

---

318 LAVAL, Christian. *A escola não é uma empresa*: o neoliberalismo em ataque ao ensino público. São Paulo: Boitempo, 2018, p. 11.

o financiamento público para esse setor, o que contribuiu para aumentar os lucros dos grupos financeiros/educacionais.[319]

Em suma, tanto o ProUni quanto o Fies são mecanismos estatais voltados ao fortalecimento do ensino privado em detrimento do público e potencializam a financeirização do ensino superior brasileiro ao patrocinarem o aumento do patrimônio dos maiores grupos educacionais. Isso se corrobora pelo desempenho dos principais grupos, tais como Kroton, Estácio e Ânima, que têm tido valorização no mercado financeiro acima da média das empresas brasileiras.[320]

Em 2015, o Fies representou 70,5% da receita líquida da graduação presencial do grupo Kroton, o que equivale a aproximadamente R$ 4,2 bilhões. O grupo Estácio obteve 55,17% de sua receita líquida com o Fies. No grupo Ser Educacional, o Fies representou 46,4% do rendimento líquido, e, no grupo Ânima, 45,2%.[321]

Paralelamente a isso, as medidas de "ajuste fiscal" mantidas protegem os interesses dos detentores do capital e dos que detêm títulos da dívida pública. Além disso, a Emenda Constitucional n. 95/2016, ao vedar os gastos sociais por vinte anos, impacta negativamente o orçamento das universidades públicas. Dessa forma, ao se fortalecer somente o montante destinado ao pagamento da dívida pública, incrementa-se o setor financeiro, incluindo o educacional, já imensamente estimulado pelos programas governamentais, precarizando-se cada vez mais o ensino público.

---

319 CÁSSIO, Fernando. *Educação contra a barbárie*: por escolas democráticas e pela liberdade de ensinar. São Paulo: Boitempo, 2019, p. 86.

320 MALVESSI, Oscar. "Análise econômico-financeira de empresas do setor da educação". *In*: MARINGONI, Gilberto (Coord.). *O Negócio da Educação*: a aventura das universidades privadas na terra do capitalismo sem risco. 1ª ed. vol. 1. São Paulo: Olho d'água, 2017, pp. 75-104.

321 CÁSSIO, Fernando. *Educação contra a barbárie*: por escolas democráticas e pela liberdade de ensinar. São Paulo: Boitempo, 2019, p. 87.

Diagnosticada a guinada neoliberal na educação superior brasileira, bem como suas vicissitudes, relevante analisar quais características essa nova racionalidade impõe ao ensino superior.

Em um contexto maior, mas que se aplica aqui, a "escola" passa a ser vista como uma empresa que deve obedecer à lógica do mercado. Tudo aquilo que enfraquece o poder do capital, ainda que represente uma expansão cultural ou social, deve ser aniquilado pela racionalidade neoliberal. Destarte, o ensino se submete à lógica de gestão empresarial, da concorrência, de racionalização dos custos, em detrimento de qualquer preocupação com qualidade.

Evidentemente que o discurso oficial anuncia haver maior eficiência, desburocratização e, principalmente, democratização do ensino superior, o que se consubstancia em ideologia voltada a ocultar o real escopo de tal projeto, qual seja, a completa espoliação e precarização do ensino superior e sua sucção para o mercado financeiro.

Laval, ciente dessa problemática, atribui à introdução do neoliberalismo uma grande responsabilidade na degradação mundial das condições de vida e de trabalho, bem como na deterioração das instituições educacionais, universitárias e científicas.[322]

A formação, nesse sentido, profissionalizante, deixa de ser vista, mesmo no nível discursivo, como direito social e passa a ser visualizada como mercadoria a ser consumida individualmente, com escopo de propiciar um melhor posicionamento no mercado de trabalho. Cria-se a ilusão de que uma maior capacitação (nos moldes neoliberais) torna o sujeito mais apto para o mercado de trabalho e o afasta do grupo dos excluídos. Trata-se de situação que conduz a relevantes consequências ilusórias perpetradas pela ideologia neoliberal.

---

322 LAVAL, Christian. *A escola não é uma empresa*: o neoliberalismo em ataque ao ensino público. São Paulo: Boitempo, 2018, p. 11.

A primeira ilusão, de que basta uma capacitação minimamente satisfatória para que o indivíduo seja inserido no mercado de trabalho, é um discurso que oculta a existência perene de um exército de reserva. A mencionada reserva de mercado cumpre ao menos três funções relevantes, conforme aponta Juliane Furno: rebaixa o custo da força de trabalho, disciplina os trabalhadores que estão na ativa a produzirem mais e melhor e inibe a luta sindical por medo de uma demissão.[323] A segunda ilusão, já alimentada ostensivamente pela ideologia neoliberal, é a de que qualquer fracasso em sua inserção no mercado de trabalho se deve unicamente a aspectos individuais e jamais a aspectos estruturais.

Conforme Laval expõe:

> A escola, que tinha como centro de gravidade não só o valor profissional, mas também o valor social, cultural e político do saber – valor, aliás, que era interpretado de forma muito diferente, conforme as correntes políticas e ideológicas –, hoje é orientada, pelas reformas em curso, para os propósitos de competitividade prevalecentes na economia globalizada.[324]

Em suma, o ensino superior nos moldes da racionalidade neoliberal e, em particular no ensino jurídico, de matriz tradicionalmente tecnicista, precariza a formação, já limitada epistemologicamente.

Tais reflexões educacionais permitem compreender que, no âmbito penal, o discurso tecnocrata, aliado à ideologia de mérito e individualista, enseja fatalmente uma análise opaca do evento criminoso e seu autor, desconsiderando-se qualquer fator que extrapole do seu âmbito estritamente individual. A alienação inerente a esse raciocínio não é percebida, vez que o manto ideológico da

---

323 FURNO, Juliane. *Imperialismo*: uma introdução econômica. Rio de Janeiro: Da Vinci, 2022, p. 17.

324 LAVAL, Christian. *A escola não é uma empresa*: o neoliberalismo em ataque ao ensino público. São Paulo: Boitempo, 2018, p. 24.

pseudocientificidade e tecnicidade impede qualquer outra análise que leve em consideração fatores reais de interferência no fenômeno criminal. A busca de uma pretensa racionalidade no fenômeno criminal em realidade se transborda em uma análise alienada que se afasta da realidade dos fatos. Essa percepção permeia todo o sistema penal em todas as instancias, justamente por ser a visão hegemônica.

CAPÍTULO III

NEOLIBERALISMO E ECONOMIA POLÍTICA DA PENA

Neste capítulo são analisados os pensamentos de autores que tecem o liame entre neoliberalismo e sistema punitivo.

Verificado o impacto que a ideologia neoliberal enseja, principalmente o de escamotear as relações materiais de dominação, deve-se verificar justamente como ele interfere no âmbito desta materialidade. Como dito, não se trata de análise separada da que decorre da ideologia, já que há uma conexão entre ambas.

A conexão entre a materialidade das relações econômicas e a punição se cristaliza na temática da "economia política da punição", disciplina que tem seu nascedouro em 1939 com o clássico *Punição e estrutura social* de Georg Rusche e Otto Kirschheimer.

Referido trabalho demonstra um vínculo entre os sistemas de punição e as relações produtivas presentes em todo sistema de produção,[325] de maneira que o modo de produção da vida material

325 RUSCHE, Georg; KIRCHHEIMER, Otto. *Punição e estrutura social*. 2ª ed. Rio de Janeiro: Revan, 2004, p. 17.

condiciona o desenvolvimento da vida social, política e intelectual em geral.[326] Na sociedade capitalista, a pena e a prisão, segundo a tese de Rusche e Kirschheimer, dependem do desenvolvimento do mercado de trabalho:[327] a população carcerária e a forma como esta é tratada decorrem do aumento ou diminuição da mão de obra disponível no mercado de trabalho e das necessidades que o capital tiver dela. Em tempos de abundância de mão de obra, a política criminal apresenta formas inflexíveis e impiedosas, já nas épocas de crescimento da demanda de mão de obra essa política se preocupa em preservar a vida e a força dos infratores. Dessa forma, o castigo desempenha uma função positiva, qual seja, criar nos presos atitudes e comportamentos propícios ao trabalho e à disciplina fabril.[328]

Dado o recorte deste trabalho, com enfoque no neoliberalismo enquanto estágio específico do capitalismo, o estudo se limita aos autores que trabalham sob tal manto.

3.1 Alessandro De Giorgi: excedente e controle das multidões

Ao realizar análise empírica, Alessandro De Giorgi aponta a relação entre as estratégias de regulação punitiva e os limites materiais e simbólicos da democracia, pois aquelas definem formas de exclusão e consolidam novos critérios para acesso à cidadania. Passou-se, ao menos na Europa e nos Estados Unidos, de uma democracia social – potencialmente universal – para uma democracia punitiva. Tal alteração aconteceu a partir de 1970 e ocorreu nesses

326 SANTOS, Juarez Cirino dos. *Criminologia*: contribuição para crítica da economia da punição. São Paulo: Tirant le Blanch, 2021, p. 417.

327 Na dissertação de mestrado Punição e estrutura social brasileira, Fernando Russano Alemany realiza uma releitura e análise crítica da mencionada obra com escopo de elaborar uma compreensão materialista da realidade punitiva brasileira.

328 ANITUA, Gabriel Ignacio. *Histórias dos pensamentos criminológicos*: Instituto Carioca de Criminologia. Rio de Janeiro: Revan, 2008, p. 620.

locais a partir do que o autor chama de marginalidade social, que envolve alguns grupos: minorias étnicas, imigrantes, novos pobres, desocupados e toxicodependentes. Trata-se de um processo de "criminalização em massa".[329]

Feito o diagnóstico, o autor passa a identificar os motivos dessa onda repressiva, não havendo, segundo ele, relação entre os processos de criminalização e a forma de obrar da criminalidade. A lógica, portanto, é diversa da do fenômeno desviante. Neste ponto específico sua análise se centra nos Estados Unidos e na Europa Ocidental.

A análise se concentra nos Estados Unidos por duas razões; inicialmente, porque o encarceramento nesse país atingiu níveis bastante elevados e, em segundo lugar, porque referido país acaba por ser um laboratório que influencia outros territórios, a exemplo da "Tolerância zero" e da "Guerra às drogas".

Até a década de 1960 se constatou uma redução na população carcerária do país. Porém, a partir de 1970 houve uma inversão nessa tendência, superando os números da África do Sul durante o *apartheid* e da União Soviética. Contudo, referido incremento não se efetivou em razão do aumento da criminalidade, como explica De Giorgi. Portanto, descartada essa hipótese, resta somente a possibilidade de uma mudança na política penal e nas estratégias de controle urbano, o que se verifica também com a análise racial e da classe da população encarcerada. Aqui já há um dado significativo: para cada cem mil habitantes, a proporção de presos brancos é de novecentos, enquanto a proporção de negros é de sete mil. Em

329 DE GIORGI, Alessandro. "Neoliberalismo e controle penal na Europa e nos Estados Unidos: A caminho de uma democracia punitiva?" *Veredas do Direito*, 2004, p. 30. Disponível em: http://revista.domhelder.edu.br/index.php/veredas/article/view/128. Acessado em: 10.04.2023.

suma, a cada três afro-americanos, um está preso ou submetido a alguma medida alternativa à prisão.[330]

O fator determinante que ensejou o encarceramento foi especialmente a guerra contra as drogas. Esta prisão em expansão substituiu o gueto urbano enquanto instituição, mas traz em si uma desvantagem para os grupos afetados. Ainda que o gueto funcionasse como um âmbito de isolamento racial, ele consistia em espaço simbólico apto a despertar uma consciência racial e de classe, ou seja, tinha potencial para ser um espaço de resistência. Ao contrário, a prisão neoliberal, segundo o autor, não produz nenhuma subjetividade capaz de resistência, mas apenas administra a marginalidade social, neutralizando-a e controlando os efeitos colaterais do excedente neoliberal.[331]

Como consequência dessas condenações, tais sujeitos foram privados de assistência médica, habitações populares, auxílio-desemprego e, ademais, foram excluídos da possibilidade de voto. Há, dessa forma, uma relação entre a expansão do sistema penal e a desestruturação do Estado social. Estudos inclusive indicam que nas unidades federativas nas quais o Estado de Bem-Estar Social foi mais afetado, o aumento do rigor penal se manifestou de modo mais acentuado.[332]

---

330 DE GIORGI, Alessandro. "Neoliberalismo e controle penal na Europa e nos Estados Unidos: A caminho de uma democracia punitiva?" *Veredas do Direito*, 2004, p. 31. Disponível em: http://revista.domhelder.edu.br/index.php/veredas/article/view/128. Acessado em: 10.04.2023.

331 DE GIORGI, Alessandro. "Neoliberalismo e controle penal na Europa e nos Estados Unidos: A caminho de uma democracia punitiva?" *Veredas do Direito*, 2004, p. 32. Disponível em: http://revista.domhelder.edu.br/index.php/veredas/article/view/128. Acessado em: 10.03.2023.

332 DE GIORGI, Alessandro. "Neoliberalismo e controle penal na Europa e nos Estados Unidos: A caminho de uma democracia punitiva?" *Veredas do Direito*, 2004, p. 33. Disponível em: http://revista.domhelder.edu.br/index.php/veredas/article/view/128. Acessado em: 10.04.2023.

Os efeitos da desregulação neoliberal e o ataque às políticas de Bem-Estar social iniciadas por Reagan e implementadas por Clinton repercutiram no campo penal norte-americano. Formulou-se a hipótese de que o aumento simultâneo do desemprego e das taxas de encarceramento explanavam de modo mais satisfatório a nova gestão da marginalidade social por meio de uma regulação punitiva do excedente da massa de trabalho. Tem-se que o sistema penal, nesse estágio do capitalismo, substituiu o sistema social.[333]

Diagnostica-se, destarte, que, mesmo sendo uma constante o fato de essas populações serem historicamente mais submetidas à prisão, o ponto nevrálgico é exatamente a relação entre as instituições sociais e as instituições penais. O excedente da força de trabalho gerado pela restruturação pós-fordista passa a ser menos regulado pela gestão social da pobreza e gerido pela repressão penal. Nesse ponto, De Giorgi se vale da expressão estabelecida por Wacquant consistente na "transição de Estado social para Estado penal".[334]

Outro aspecto trazido por De Giorgi para justificar a expansão prisional dos Estados Unidos e que está ligado umbilicalmente ao neoliberalismo e à financeirização da economia é o aumento de lucros corporativos com o encarceramento. Os custos da expansão do sistema prisional causaram um efeito magnético nos setores privados relacionados ao cárcere e aos serviços prisionais. Corporações multinacionais, tais como a Corrections Corporation of America (criada em 1983) e a GEO Group (fundada em 1984), têm se aproximado de empresários relacionados ao encarceramento para integrar o mercado rentável de serviços correcionais.

---

333 DE GIORGI, Alessandro. "Estruturas Sociais e Reformas Penais: críticas marxistas à punição no capitalismo tardio". *RDU*, Porto Alegre, vol. 16, nº 89, set./out. 2019. Disponível em: https://www.portaldeperiodicos.idp.edu.br/direitopublico/article/view/3645/pdf. Acessado em:10.04.2023.

334 DE GIORGI, Alessandro. "Neoliberalismo e controle penal na Europa e nos Estados Unidos: A caminho de uma democracia punitiva?" *Veredas do Direito*, 2004, p. 34. Disponível em: http://revista.domhelder.edu.br/index.php/veredas/article/view/128. Acessado em: 10.04.2023.

A ideologia neoliberal de "privatização", redução de gastos públicos e aumento da "eficiência" torna o discurso por tais medidas atrativo.[335] Ainda que proporcionalmente não envolva a maioria dos encarcerados, como explica De Giorgi, referido fenômeno não pode ser desprezado.

Por último, imputa-se à chamada contrainsurgência carcerária desencadeada pelas elites norte-americanas contra os movimentos sociais da década de 1960 outro fator de expansão do sistema carcerário. Houve um fenômeno, chamado por De Giorgi de "*backlash*" político e econômico, que serviu para reforçar as hierarquias de classe e de raça ameaçadas pelos movimentos sociais contra o racismo, o capitalismo e o imperialismo. Esse modelo foi iniciado por Barry Goldwater em 1964, continuado por Richard Nixon no início dos anos de 1970 e mantido nas décadas seguintes. Implementou-se, destarte, uma nova racionalidade governamental com escopo de neutralizar a "subclasse".[336]

Essa transformação é tratada por David Garland como uma reação contra o que este autor chama de "reformismo penal", marcado pela premissa correcionalista. Investiu-se contra as fontes que compunham o chamado Estado de Bem-Estar e as políticas de social-democracia. Referidas críticas ao que ele chama de campo penal-previdenciário foram lançadas de dentro das estruturas, mas foram apropriadas por outros campos.[337]

---

335 DE GIORGI, Alessandro. "Estruturas Sociais e Reformas Penais: críticas marxistas à punição no capitalismo tardio". *RDU*, Porto Alegre, vol. 16, nº 89, set./-out. 2019, p. 46. Disponível em: https://www.portaldeperiodicos.idp.edu.br/direitopublico/article/view/3645/pdf. Acessado em: 10.04 2023.

336 DE GIORGI, Alessandro. "Estruturas Sociais e Reformas Penais: críticas marxistas à punição no capitalismo tardio". *RDU*, Porto Alegre, vol. 16, nº 89, set./out 2019, p. 47. Disponível em: https://www.portaldeperiodicos.idp.edu.br/direitopublico/article/view/3645/pdf. Acessado em: 10.04.2023.

337 GARLAND, David. *A Cultura do Controle*: crime e ordem social na sociedade contemporânea. Rio de Janeiro: Revan, 2008, p. 145.

Houve, dessa forma, o aumento do que De Giorgi chama de "populismo penal racializado" a demonizar jovens negros como perigosos e "superpredadores" que não se redimem. Diante disso passaram a ser aplicadas medidas tais como o encarceramento de jovens negros julgados como adultos, as legislações aplicando o "*three strikes you are out*", a prisão imediata de pequenos agressores reincidentes e leis destinadas a agressores sexuais impondo afastamento de cidades inteiras por toda a vida. Em 1996, o "*Personal Responsibility and Work Opportunity Reconciliation Act*" de Clinton passou a proibir o acesso a comida, bolsas educacionais e benefícios para desempregados voltados a categorias que envolviam em sua maioria usuários de drogas negros.[338]

Aplicou-se também uma medida chamada "*One Strike and you are out*" implementada em áreas urbanas nos anos 1990, a qual permitia que autoridades despejassem famílias inteiras e as banissem de obter subsídio federal para moradia por três anos por delito relacionado a drogas, ainda que somente um membro da família estivesse envolvido com referido crime.[339]

Esse processo de exclusão social estado-unidense abrangeu também os direitos políticos. A partir de 2017, quatorze Estados impuseram a proibição de votação para pessoas já condenadas por um crime, enquanto oito Estados impuseram esse banimento para a vida toda. Dos condenados negros, 13% foram impedidos de votar.[340]

---

338 DE GIORGI, Alessandro. "Estruturas Sociais e Reformas Penais: críticas marxistas à punição no capitalismo tardio". *RDU*, Porto Alegre, vol. 16, nº 89, set./out. 2019, p. 48. Disponível em: https://www.portaldeperiodicos.idp.edu.br/direitopublico/article/view/3645/pdf. Acessado em: 10.04.2023.

339 DE GIORGI, Alessandro. "Estruturas Sociais e Reformas Penais: críticas marxistas à punição no capitalismo tardio". *RDU*, Porto Alegre, vol. 16, nº 89, set./out. 2019, p. 48. Disponível em: https://www.portaldeperiodicos.idp.edu.br/direitopublico/article/view/3645/pdf. Acessado em: 10.04.2023.

340 DE GIORGI, Alessandro. "Estruturas sociais e reformas penais: críticas marxistas à punição no capitalismo tardio". *RDU*, Porto Alegre, vol. 16, nº

Na Europa, da mesma forma, a tendência de aumento do encarceramento destinada especialmente às pessoas mais pobres e aos imigrantes também se confirma. Na Itália, por exemplo, um imigrante originariamente irregular se torna regular enquanto está trabalhando. No momento em que perde o trabalho passa a ser irregular novamente e perde qualquer direito à permanência caso não encontre um emprego em um curto período. Cria-se, destarte, um paradigma neo-escravocrata, na expressão usada por De Giorgi, que resulta na condição de imigrante regular à sua submissão ao poder econômico dos empresários.[341]

Diagnosticado esse fenômeno nos Estados Unidos e na Europa, De Giorgi o relaciona à transição do modelo fordista/keynesiano para o modelo pós-fordista/neoliberal. Aquele buscava o pleno emprego, trazia uma dinâmica entre crescimento econômico e bem-estar social, propunha uma generalização do trabalho assalariado como canal comum de acesso à cidadania e almejava uma expansão dos direitos sociais. Neste contexto a criminalidade estaria inserida em um problema social mais amplo e o tratamento reinante nas prisões seguiria essa lógica. Já a guinada neoliberal é marcada por insegurança social generalizada, flexibilidade, ou melhor, precarização ocupacional, e incremento do subemprego.[342]

Tanto nos Estados Unidos quanto na Europa a transição para um novo regime de acumulação assumiu a forma de uma ofensiva transnacional contra a força de trabalho, em uma tentativa

---

89, set./-out. 2019, p. 48 Disponível em: https://www.portaldeperiodicos.idp.edu.br/direitopublico/article/view/3645/pdf. Acessado em: 10.04.2023.

341 DE GIORGI, Alessandro. "Neoliberalismo e controle penal na Europa e nos Estados Unidos: a caminho de uma democracia punitiva?" *Veredas do Direito*, 2004, p. 35. Disponível em: http://revista.domhelder.edu.br/index.php/veredas/article/view/128. Acessado em: 10.04.2023.

342 DE GIORGI, Alessandro. "Neoliberalismo e controle penal na Europa e nos Estados Unidos: a caminho de uma democracia punitiva?" *Veredas do Direito*, 2004, p. 37. Disponível em: http://revista.domhelder.edu.br/index.php/veredas/article/view/128. Acessado em: 10.04.2023.

de restabelecerem-se condições adequadas aos lucros capitalistas em uma economia globalizada: níveis mais altos de flexibilização nos contratos de trabalho, maior insegurança nessas condições, proteções sociais mais baixas e um aumento na competição por trabalhos informais.[343] Tal reconfiguração do modelo capitalista é, evidentemente, permeada pelas disparidades econômico-raciais.

O modelo neoliberal gera, segundo De Giorgi, um esgotamento daquele *status* mínimo de cidadania existente em alguma medida no modelo anterior. O excedente decorrente da precarização do trabalho e do desemprego estrutural, aliado a um esvaziamento de políticas sociais, enseja o que o autor chama de políticas "neoautoritárias" de neutralização da marginalidade social. Isso corrobora o fato de o controle penal exercer uma função de apoio aos diferentes estágios do capitalismo.[344]

Desde o processo de acumulação primitiva, Marx já demonstrara como a repressão está umbilicalmente atrelada ao capitalismo, qualquer que seja seu estágio. Após a expropriação violenta dos camponeses de suas terras, eles não foram absorvidos facilmente pela manufatura emergente e também não se ajustaram à nova disciplina. Deste modo, converteram-se massivamente em mendigos, assaltantes.[345] Tal fato explica o surgimento, na Europa desse período, de uma legislação bastante rigorosa contra o que se considerava "vagabundagem". Dessa forma, a população rural,

---

343 DE GIORGI, Alessandro. "Estruturas sociais e reformas penais: críticas marxistas à punição no capitalismo tardio". *RDU*: Porto Alegre, vol. 16, nº 89, set./out. 2019, p. 49. Disponível em: https://www.portaldeperiodicos.idp.edu.br/direitopublico/article/view/3645/pdf. Acessado em: 10.04.2023.

344 DE GIORGI, Alessandro. "Neoliberalismo e controle penal na Europa e nos Estados Unidos: A caminho de uma democracia punitiva?" *Veredas do Direito*, 2004, p. 38. Disponível em: http://revista.domhelder.edu.br/index.php/veredas/article/view/128. Acessado em: 10.04.2023.

345 MARX, Karl. *O capital*: crítica da economia política. Livro 1: O processo de produção do capital. São Paulo: Boitempo, 2015, p. 805.

após ser expropriada e expulsa de suas terras, teve que se submeter a uma disciplina necessária ao sistema de trabalho assalariado.[346]

Segundo De Giorgi, atualmente o fenômeno é análogo, havendo o escopo de regular a força de trabalho no pós-fordismo e isso se faz ao se mostrar que a condição daqueles sujeitos ao controle penal necessariamente é pior que a condição do estrato mais marginalizado da sociedade. Funda-se referido raciocínio no princípio denominado *less eligibility*, explicado por Rusche e Kirchheimer, segundo o qual nos períodos de transição entre modelos econômicos, quando é necessário imporem-se novos modos de exploração, as práticas penais atuam justamente para que qualquer condição seja preferível à submissão ao sistema punitivo.[347]

Dessa forma, tanto nos Estados Unidos quanto na Inglaterra subsídios e auxílios desapareceram, o que faz com que sujeitos aceitem empregos precários e mal remunerados. Na Europa a cidadania dos imigrantes é atrelada ao despotismo econômico dos empregados. Em suma, o paradigma hegemônico se mostra incapaz de propiciar uma existência social digna à maioria das pessoas[348] e o sistema penal se encarrega destes seres considerados supérfluos ou indesejáveis.

Exposto o panorama trazido por De Giorgi, analisam-se a seguir as categorias de excesso e multidão às quais se refere o autor.

Segundo De Giorgi, dá-se a passagem de um regime de pleno emprego (fordista) para uma condição em que o desemprego passa

---

346 MARX, Karl. *O capital*: crítica da economia política. Livro 1: O processo de produção do capital. São Paulo: Boitempo, 2015, p. 808.

347 CACICEDO, Patrick. "O Princípio da *Less Eligibility*, a Legalidade na Execução Penal e os Tribunais Superiores". *R. EMERJ*, Rio de Janeiro, vol. 18, nº 67, jan./fev. 2015, p. 306. Disponível em: https://www.emerj.tjrj.jus.br/revistaemerj_online/edicoes/revista67/revista67_306.pdf. Acessado em: 11.04.2022.

348 DE GIORGI, Alessandro. "Neoliberalismo e controle penal na Europa e nos Estados Unidos: A caminho de uma democracia punitiva?" *Veredas do Direito*, 2004, p. 40. Disponível em: http://revista.domhelder.edu.br/index.php/veredas/article/view/128. Acessado em: 10.04.2023.

a ser estrutural. Acerca das dinâmicas entre produção e formas de controle, há dois aspectos em curso: o primeiro, denominado quantitativo, envolve a progressiva redução do nível de emprego da força de trabalho e, consequentemente, a redução de demanda de trabalho. Já no aspecto qualitativo apontam-se as mudanças ocorridas nas formas de produção, na composição da força de trabalho, nos processos de constituição das subjetividades e nas dinâmicas de valorização capitalista. Passa-se a um regime definido não mais pela carência e sim pelo excesso e, consequentemente, deve-se adotar estratégias para controle do excesso.[349]

Identifica De Giorgi duas facetas desse fenômeno, os excessos negativo e positivo.

Pelo excesso negativo o pós-fordismo depende cada vez menos da quantidade de força de trabalho diretamente empregada no processo produtivo. A introdução de novas tecnologias diminui progressivamente a quantidade de trabalho necessário para a valorização do capital. Referido movimento vem, dentre outros fatores, como resposta aos movimentos revolucionários dos anos 1960 e como reação à superprodução e à saturação do mercado de bens duráveis.[350] Contemporaneamente, o assalto ao Estado de Bem-Estar Social impõe novas formas de escravidão, que passam a compor a face estrutural da força de trabalho, sendo dominante o trabalho intermitente, temporário e flexível às exigências contingentes de empresas.

Embora exista trabalho, perdeu-se o conceito fordista de emprego. Ou seja, esvazia-se a possibilidade do "emprego" enquanto plexo de direitos que reforça ou contribui com a consolidação de uma mínima cidadania. Tal negação exclui da cidadania massas

---

349 DE GIORGI, Alessandro. *A miséria governada através do sistema penal.* Rio de Janeiro: Revan, 2013, p. 66.

350 DE GIORGI, Alessandro. *A miséria governada através do sistema penal.* Rio de Janeiro: Revan, 2013, p. 67.

crescentes de sujeitos cujo agir propriamente enquanto trabalhador, seja ele material ou imaterial, não é socialmente reconhecido como condição suficiente para propiciar acesso a uma existência social plena. A dinâmica relacionada ao direito ao trabalho que envolvia o ciclo trabalho-salário-consumo-cidadania não é mais imaginável.[351]

Há, dessa forma, um excesso da produtividade social para com os dispositivos institucionais destinados a regulá-la e inseri-la em um projeto abrangente de governo da sociedade. O excesso é negativo, na medida em que gera efeitos de exclusão, violência, poder e controle e que nega os direitos atinentes à cidadania como decorrência do aspecto disfuncional entre trabalho e emprego.[352]

A outra faceta dessa relação dialética é a do excesso positivo.

A informatização da produção incide sobre as formas de trabalho, o que o torna cada vez mais "imaterial", isto porque se fundamenta na elaboração de símbolos,[353] na construção de linguagens, em suma, na gestão de signos. O trabalho tende a se desmaterializar no sentido de que se desvincula da sua relação histórica como um produto determinado para se tornar performance comunicativa.

Não há mais uma separação entre criação, direção do trabalho e execução da tarefa e a própria comunicação se torna mercadoria, o que torna problemática a separação entre tempo de trabalho e tempo de não-trabalho, mormente porque a empresa pós-fordista

---

351 DE GIORGI, Alessandro. *A miséria governada através do sistema penal*. Rio de Janeiro: Revan, 2013, p. 69.

352 DE GIORGI, Alessandro. *A miséria governada através do sistema penal*. Rio de Janeiro: Revan, 2013, p. 71.

353 Conforme exemplifica De Giorgi com a figura do logo, que não é apenas uma marca que distingue um produto de outro, mas é um veículo que proporciona uma experiencia relacional e produz subjetividades (DE GIORGI, Alessandro. *A miséria governada através do sistema penal*. Rio de Janeiro: Revan, 2013, p. 73).

confere valor a competências, habilidades e atitudes que se desenvolvem durante o tempo do "não-trabalho".[354]

Resulta disso que a vida inteira é submetida ao trabalho e a produtividade depende cada vez mais daquilo que no passado seria definido de modo claro como o universo do "não-trabalho". Destarte, as potencialidades a serem aferidas dependem de capacidades e afetos exteriores e anteriores ao espectro empresarial. Surgem, dessa maneira, formas de controle que se exercem a partir de um comando externo e materializam um poder mais político que econômico do capital. Esse excesso envolve, portanto, laços de poder e formas de comunicação a partir de uma racionalidade capitalista reduzida a domínio. O capital passa a exercer um controle enquanto limite externo em relação a uma cooperação produtiva.[355]

Nesse contexto emerge a categoria, denominada multidão, a envolver uma força de trabalho abrangente, cujas determinações escapam a qualquer capacidade de individualização por parte do comando capitalista. Nenhum sujeito hegemônico, nenhuma "vontade individual" ou ação individual tem condições de exprimir ou representar completamente a complexidade dessa força de trabalho. A multidão, nesse sentido, supera o conceito de classe, por não ser possível definir um lugar determinado de constituição da subjetividade do trabalho.[356]

Disso se extrai que as estratégias orientadas para o controle da nova força de trabalho, da multidão, convergem na formação de um regime de "governo de excesso", a ser controlado pelo sistema penal.

---

354 DE GIORGI, Alessandro. *A miséria governada através do sistema penal.* Rio de Janeiro: Revan, 2013, p. 73.

355 DE GIORGI, Alessandro. *A miséria governada através do sistema penal.* Rio de Janeiro: Revan, 2013, p. 76.

356 DE GIORGI, Alessandro. *A miséria governada através do sistema penal.* Rio de Janeiro: Revan, 2013, p. 79.

3.2 Loïc Wacquant: do Estado social ao Estado penal

Loïc Wacquant, em sua obra principal *Punir os pobres: a nova gestão da miséria nos Estados Unidos*, enfoca seus estudos neste país e no último capítulo analisa o problema europeu, notadamente na França.

Dada a complexidade de seus estudos, o foco se concentra em dois aspectos de maior relevância: a passagem do Estado social para o Estado penal e a substituição do gueto pela prisão.

Conforme ilustra Wacquant, nas três últimas décadas do século XX, o Estado caritativo estado-unidense reduziu substancialmente seu campo de intervenção para satisfazer o aumento com despesas militares e a redistribuição de riquezas dos assalariados em direção às empresas e a frações afluentes das classes privilegiadas. A "guerra contra a pobreza" foi substituída por uma guerra "contra os pobres" apontando-os como bodes expiatórios de todos os males do país.[357]

Guinado ao poder em 1980, Reagan[358] imediatamente se voltou contra os programas direcionados aos pobres. Referida ofensiva se operava de três formas. O primeiro ataque era o mais óbvio, de cunho orçamentário, reduzindo-se o espaço para tais gastos. O segundo ataque, que pode ser chamado de burocrático, envolvia multiplicar os obstáculos e requisitos para quem solicitasse os benefícios, de modo a desencorajá-los ou eliminá-los da lista de beneficiários. Por fim, a terceira técnica, que é chamada aqui de "aporofóbica",[359] envolve a eliminação pura e simples de tais

---

357 WACQUANT, Loïc. *Punir os pobres*: a nova gestão da miséria nos Estados Unidos. 3ª ed. Rio de Janeiro: Revan, 2019, p. 96.

358 WACQUANT, Loïc. *As prisões da miséria*. 2ª ed. Rio de Janeiro: Zahar, 2011, p. 30.

359 A expressão não é usada por Wacquant em sua obra e nem poderia fazê-lo, mormente porque tal neologismo surgiu em 2017 em *Aporofobia* de Adela

programas por gerarem uma dependência patológica dos pobres oriunda de sua cultura do "não labor", que teria aptidão para dar cabo dos pilares da civilização ocidental.[360]

Tais reduções tiveram como consequência o aumento do número de pessoas pobres, em que pese o crescimento econômico. A título de exemplo, uma família branca em dez e um lar afro-americano em três viviam abaixo da linha da pobreza.[361] Referido resultado ainda poderia se mostrar mais perverso, pois, como explica Wacquant, essa linha de pobreza segue uma fórmula datada de 1963 e que não leva em consideração o custo de vida efetivo, tampouco as mudanças ocorridas na cesta básica e equivale, portanto, a metade da renda familiar média de 1965.[362]

A degradação das condições de emprego, a diminuição dos contratos de trabalho, a queda nos salários reais e o estreitamento das proteções coletivas oferecidas à classe trabalhadora estadunidense no decorrer do último quarto do século XX foram acompanhados pelo avanço irresistível do assalariamento precário. Esta alteração relacionada à expansão do emprego contingente não é um fenômeno cíclico ou conjuntural que poderia estar especificamente vinculado a um contexto de crise, pois se observou tanto em momentos de crescimento quanto em momentos de recessão econômica. Trata-se em realidade de uma nova estratégia patronal de externalização da mão de obra e de seus custos a partir do dissimulado discurso da "flexibilização"

Cortina, professora da Universidade de Valência, e se caracteriza como o discurso e a prática de aversão aos pobres.

360 WACQUANT, Loïc. *Punir os pobres*: a nova gestão da miséria nos Estados Unidos. 3ª ed. Rio de Janeiro: Revan, 2019, p. 99.

361 Em *As prisões da miséria*, Wacquant chama tal situação de "política de ação afirmativa carcerária" (WACQUANT, Loïc. *As prisões da miséria*. 2ª ed. Rio de Janeiro: Zahar, 2011, p. 101).

362 WACQUANT, Loïc. *Punir os pobres*: a nova gestão da miséria nos Estados Unidos. 3ª ed. Rio de Janeiro: Revan, 2019, p. 104.

da força de trabalho, mediante a compressão do custo unitário do trabalho e da eliminação dos direitos dos trabalhadores.[363]

Durante as décadas de 1980 e 1990 as demissões em massa se transformaram em instrumento privilegiado de gestão financeira a curto prazo das empresas estadunidenses, de tal forma que as classes médias e gerenciais do país fizeram a amarga descoberta da insegurança do emprego em plena retomada do crescimento.[364]

Enfraquecido o Estado social, surge a necessidade de se conter o fluxo de famílias desamparadas a partir da hipertrofia de suas funções repressivas. Na medida em que a rede do Estado caritativo se desfaz, a malha punitiva passa a substituí-la, com o lançamento da estrutura disciplinar nas regiões inferiores do espaço social como forma de conter o tumulto causado pela insegurança e marginalidade sociais.[365]

Referida política relacionada ao avanço do Estado penal se desdobra de duas formas, segundo Wacquant.

Em uma primeira vertente são reorganizados os serviços sociais em instrumentos de vigilância e controle das categorias supérfluas. Exemplifica-se com o *Family Support Act*, que restringia o acesso à ajuda pública e o condicionava à adoção de certas normas de conduta e ao cumprimento de obrigações burocráticas onerosas e humilhantes, de modo que o beneficiário deveria aceitar[366] qualquer emprego ou atividade semelhante que lhe fosse proposta,

363 WACQUANT, Loïc. *Punir os pobres*: a nova gestão da miséria nos Estados Unidos. 3ª ed. Rio de Janeiro: Revan, 2019, p. 106.

364 WACQUANT, Loïc. *Punir os pobres*: a nova gestão da miséria nos Estados Unidos. 3ª ed. Rio de Janeiro: Revan, 2019, p. 108.

365 WACQUANT, Loïc. *Punir os pobres*: a nova gestão da miséria nos Estados Unidos. 3ª ed. Rio de Janeiro: Revan, 2019, p. 110.

366 Nesse ponto se exemplifica novamente a já explanada construção relativa à *less eligibility* trazida por Rusche e Kirchheimer em 1939.

quaisquer que fossem as condições.[367] Referida política não visava propriamente reduzir a pobreza de modo estrutural, mas diminuir a visibilidade dos pobres na paisagem cívica e estabelecer formas de controle sobre seus corpos.[368]

O segundo componente da política de contenção envolve o recurso maciço e sistemático à prisão. Depois de ter diminuído em 12% durante a década de 1960, a população condenada à reclusão alcançou um aumento de 442% até 1995. Caso sejam contabilizados os sujeitos colocados em liberdade vigiada (*probation*) e em liberdade condicional (*parole*), a população atinge mais de cinco milhões de pessoas.[369]

Instrumento relevante dessa nova gestão neoliberal foi a denominada "teoria das janelas quebradas"[370] (*broken windows theory*), formulada em 1982 por James Q. Wilson (expoente da criminologia conservadora) e George Kelling em artigo publicado na revista *Atlantic Monthly*. Segundo referida teoria, haveria uma relação entre desordem e criminalidade e o "combate" ao crime deveria começar pelo enfrentamento a pequenos desvios, pois assim seriam automaticamente inibidos crimes mais gravosos.[371] A aplicação de referida teoria, ao propiciar a política denominada "Tolerância zero", contribuiu para o aumento exponencial dos níveis de encarceramento.

---

367 WACQUANT, Loïc. *Punir os pobres*: a nova gestão da miséria nos Estados Unidos. 3ª ed. Rio de Janeiro: Revan, 2019, p. 111.

368 Referida forma de controle é abordada em tópico posterior a partir da visão de Deleuze.

369 WACQUANT, Loïc. *Punir os pobres*: a nova gestão da miséria nos Estados Unidos. 3ª ed. Rio de Janeiro: Revan, 2019, p. 117.

370 Costuma-se dizer que referido artigo foi inspirado na experiência de Philip Zimbardo no artigo "The human choice: Individuation, Reason and order versus Deindividuation, Impulse, and Chaos".

371 WACQUANT, Loïc. *As prisões da miséria*. 2ª ed. Rio de Janeiro: Zahar, 2011, p. 34.

Essa política de encarceramento em massa, aliada à nova gestão neoliberal, também estimulou o ressurgimento e a expansão de prisões operadas por operadores privados, como já tratado.

O aparato penal foi transformado, destarte, em um modelo de gestão de corpos destinado a conter a desordem social e que se valeu de quatro suportes fundamentais elencados por Wacquant.

Em primeiro lugar instituiu-se o "sentenciamento indeterminado", pelo qual não se estabelecia de pronto o tempo de pena, que podia variar e era estipulado posteriormente por uma junta. A segunda medida adotada foi a relacionada à necessidade de uma parcela mínima para que possa se conceder a liberdade vigiada, a qual variava entre 75%, 85% e 100%. Em terceiro lugar ampliou-se a quantidade de sanções obrigatórias para um rol cada vez maior de crimes considerados abstratamente, sem qualquer vinculação ao caso concreto. Por fim, intensificou-se a política do *three strikes and you are out*, pela qual se impunha prisão perpétua caso houvesse a prática de três delitos graves. A título de exemplo, na Califórnia mais de quinhentas infrações são consideradas graves, dentre as quais o furto em loja de estabelecimento, e na Geórgia implementou-se o *two strikes and you are out* para sete crimes violentos.[372]

Em suma, o aumento da população carcerária, a retração dos programas vocacionais e educacionais nas prisões, o recurso maciço às diversas formas de controle custodial e a multiplicação dos instrumentos de vigilância evidenciam que a nova penologia implementada não tem por finalidade "reabilitar" criminosos, mas sim "gerenciar custos e controlar" tais populações.[373]

---

372 WACQUANT, Loïc. *Punir os pobres*: a nova gestão da miséria nos Estados Unidos. 3ª ed. Rio de Janeiro: Revan, 2019, p. 123.

373 WACQUANT, Loïc. *Punir os pobres*: a nova gestão da miséria nos Estados Unidos. 3ª ed. Rio de Janeiro: Revan, 2019, p. 124.

Evidentemente, a partir do exposto, que não há como analisar esse fenômeno sem levar em consideração o aspecto racial nele envolto. Criou-se ideologicamente a percepção coletiva de que a "clientela" dos benefícios do Estado de Bem-Estar Social e os frequentadores da prisão eram primordialmente negros de classe baixa, problemáticos e imprestáveis,[374] o que permitiu forjar na opinião pública a percepção de que os mecanismos materiais (tanto no sentido de redução do Estado assistencial, quanto na ampliação do Estado penal) do modelo neoliberal eram adequados e pertinentes para o momento.

Em seu histórico, os Estados Unidos forjaram diversas "instituições peculiares" para controlar os afro-americanos. A primeira foi a escravidão enquanto base da economia de *plantation*. Posteriormente, deu-se o sistema de *Jim Crow*, relacionado à discriminação e segregação do berço ao túmulo. Em terceiro lugar, construiu-se o dispositivo do gueto,[375] produto do cruzamento da urbanização e da proletarização dos afro-americanos. Por volta de 1960, a transformação conjunta da economia e do Estado e a mobilização coletiva dos negros contra a permanente exclusão de casta tornou essa figura parcialmente obsoleta. Neste contexto surge, segundo a tese de Wacquant, a quarta instituição peculiar, formada por remanescentes do gueto negro e pelo aparelho carcerário.[376]

É realizada uma análise não de substituição entre as instituições ou de sucessão, mas uma comparação histórico-analítica, de cunho eclético, vez que ambos – o gueto e a prisão – pertencem a um mesmo tipo de organização, a saber, instituições de confinamento forçado: o gueto é uma forma de prisão social, ao passo que a prisão funciona como um gueto judiciário. Ambos

---

374 WACQUANT, Loïc. *Punir os pobres*: a nova gestão da miséria nos Estados Unidos. 3ª ed. Rio de Janeiro: Revan, 2019, p. 331.

375 WACQUANT, Loïc. *Os condenados da cidade*. Rio de Janeiro: Revan, 2001, p. 45.

376 WACQUANT, Loïc. *Punir os pobres*: a nova gestão da miséria nos Estados Unidos. 3ª ed. Rio de Janeiro: Revan, 2019, p. 332.

têm por missão confinar uma população estigmatizada de modo a neutralizar a ameaça material e/ou simbólica que ela faz pesar sobre a sociedade mais ampla, da qual ela foi extirpada. Gueto e prisão desenvolvem, nesse contexto, padrões relacionais e formas culturais que ostentam semelhanças e paralelismos.[377]

As três primeiras instituições mencionadas, a escravidão,[378] o sistema de *Jim Crow* e o gueto, têm em comum a condição de serem instrumentos relacionados à exploração da força de trabalho e à ostracização social de um grupo considerado inassimilável dado o estigma que carrega. Consequência relevante do regime de escravidão e da desumanização dos negros e seus descendentes foi a criação de uma barreira de casta com uma marca racial que separava aqueles que seriam rotulados de brancos e negros. A ideologia relacionada à raça, partindo de uma suposta cientificidade biológica, buscava dar um ar de racionalidade ao preconceito e resolver a contradição patente entre escravidão e "democracia". Referida divisão desvinculou-se de sua origem escravista e assumiu uma configuração social própria.[379]

Abolida a escravidão, surgiu o dilema relacionado à necessidade de controle da força de trabalho de ex-escravos, sob pena de se colapsar a economia e manter a distinção e segregação racial.

Com referido escopo é que se estabeleceu o sistema do *Jim Crow* como solução. Ele consistia em um programa de códigos sociais e legais que prescreviam a completa separação de raças e limitavam de maneira drástica as oportunidades dos negros,

---

377 WACQUANT, Loïc. *Punir os pobres*: a nova gestão da miséria nos Estados Unidos. 3ª ed. Rio de Janeiro: Revan, 2019, p. 335.

378 Em Casta: As origens de nosso mal estar, Isabel Wilkerson demonstra como a escravidão norte-americana foi bancada pelo Estado e por uma rede de agentes, tendo sido criada uma forma de escravidão que não existia em nenhum outro lugar.

379 WACQUANT, Loïc. *Punir os pobres*: a nova gestão da miséria nos Estados Unidos. 3ª ed. Rio de Janeiro: Revan, 2019, p. 337.

ligando-os aos brancos por uma relação de submissão difusa, apoiada na coerção jurídica e na violência terrorista.[380]

Referido regime impunha a viagem em vagões de trens e bondes separados, além da ocupação de salas de espera reservadas apenas a negros. Também era forçoso residir nos pardieiros da cidade negra e estudar em escolas separadas, rezar em igrejas separadas, bem como receber cuidados médicos em hospitais separados. Condenou-se o chamado casamento "inter-racial" para se evitar uma degeneração que decorreria da miscigenação, dada a superioridade dos brancos. Nesse contexto, os ex-escravos se tornaram um campesinato dependente, sem propriedade, nominalmente livre, porém tomado pela miséria, pela ignorância e pela nova servidão decorrente do arrendamento.[381]

Violada essa "fronteira" pautada na cor, desenvolvia-se um plexo de atos violentos por meio de ataques da Ku Klux Klan ou de milicianos armados, sessões públicas de flagelação, assassinatos coletivos e linchamentos. O escopo de tais medidas era colocar tais populações "em seu devido lugar".[382]

Na década de 1960, o modelo do gueto tornou-se obsoleto, em parte em razão das manifestações dessa década e de atos provocados pelo assassinato de Martin Luther King. Ademais, tendo obtido o direito ao voto, os negros passaram a adquirir formalmente cidadania e não toleraram na mesma intensidade a segregação espacial imposta nos guetos.[383]

---

380 WACQUANT, Loïc. *Punir os pobres*: a nova gestão da miséria nos Estados Unidos. 3ª ed. Rio de Janeiro: Revan, 2019, p. 338.

381 WACQUANT, Loïc. *Punir os pobres*: a nova gestão da miséria nos Estados Unidos. 3ª ed. Rio de Janeiro: Revan, 2019, p. 339.

382 WACQUANT, Loïc. *Punir os pobres*: a nova gestão da miséria nos Estados Unidos. 3ª ed. Rio de Janeiro: Revan, 2019, p. 339.

383 WACQUANT, Loïc. *Punir os pobres*: a nova gestão da miséria nos Estados Unidos. 3ª ed. Rio de Janeiro: Revan, 2019, p. 342.

Surge, como dito, uma sincronicidade entre o declínio estrutural do gueto e sua obsolescência e a ascensão da prisão. O gueto, conceituado por Wacquant como um dispositivo socioespacial que permite a um grupo estatutário, dominante em um quadro urbano, levar ao ostracismo e a explorar um grupo subordinado detentor de um capital simbólico negativo,[384] ou seja, de uma propriedade corporal percebida como algo que torna todo o contato com ele degradante, em virtude de uma avaliação social negativa de sua honra.[385]

Essa relação de controle comporta, segundo Wacquant, quatro elementos: estigma, coação, confinamento territorial e segregação institucional.[386]

Desenvolve-se uma trama institucional que oferece ao grupo subordinado certo grau de proteção, autonomia e dignidade (limitada àquele espaço), mas atrelada a uma relação de subordinação e dependência estruturais. Em suma, trata-se de uma prisão etno-racial que reduz severamente as possibilidades de emancipação de seus membros. Por outro lado, a prisão é concebida como um gueto judicial, pois serve para confinar à força uma população estigmatizada no interior da qual são desenvolvidas instituições e códigos próprios. Destarte, os mesmos quatro elementos mencionados também estão presentes na prisão.[387]

Enquanto os guetos se desestruturavam, as prisões se estendiam e se ampliavam. O gueto, convertido em instrumento de pura exclusão pela contração do trabalho assalariado e da proteção

---

384 WACQUANT, Loïc. *Os condenados da cidade*. Rio de Janeiro: Revan, 2001, p. 93.

385 WACQUANT, Loïc. *Punir os pobres*: a nova gestão da miséria nos Estados Unidos. 3ª ed. Rio de Janeiro: Revan, 2019, p. 344.

386 WACQUANT, Loïc. *Punir os pobres*: a nova gestão da miséria nos Estados Unidos. 3ª ed. Rio de Janeiro: Revan, 2019, p. 345.

387 WACQUANT, Loïc. *Punir os pobres*: a nova gestão da miséria nos Estados Unidos. 3ª ed. Rio de Janeiro: Revan, 2019, p. 345.

social, se ligou ao Estado penal. Atualmente, esses espaços caracterizam um circuito entre dois polos em um ciclo devastador de marginalidade social e legal.[388]

A peculiaridade do sistema carcerário atual é que ele não desempenha nenhuma missão econômica positiva de recrutamento e disciplina de mão de obra, servindo somente para armazenar as frações precarizadas da raça negra, de modo a servir como instrumento de gestão de populações supérfluas.[389]

Embora os estudos de Wacquant não tenham por foco a realidade brasileira, em *As prisões da miséria* há uma nota aos leitores brasileiros. Esta é iniciada por um paradoxo neoliberal, qual seja, o de se "remediar" com um Estado cada vez mais "policial" a redução estatal social, que é uma das causas do incremento da marginalidade e da criminalidade de rua.

Pontua Wacquant que a penalidade neoliberal é mais funesta ao ser aplicada em países já tomados por uma desigualdade intensa, desprovidos de uma tradição democrática e que sequer tiveram uma implementação adequada do denominado Estado de Bem-Estar Social. Destarte, em países periféricos tal guinada traz um efeito mais agudo e perverso.[390]

A desigualdade social, bastante acentuada na sociedade brasileira, aliada ao desmonte da rede de proteção social, favorece o que Wacquant chama de "capitalismo de pilhagem"[391] como forma de sobreviver e de realizar os valores do código de honra masculino como forma de escapar da miséria cotidiana.

---

388 WACQUANT, Loïc. *Punir os pobres*: a nova gestão da miséria nos Estados Unidos. 3ª ed. Rio de Janeiro: Revan, 2019, p. 347.

389 WACQUANT, Loïc. *Punir os pobres*: a nova gestão da miséria nos Estados Unidos. 3ª ed. Rio de Janeiro: Revan, 2019, p. 349.

390 WACQUANT, Loïc. *As prisões da miséria*. 2ª ed. Rio de Janeiro: Zahar, 2011, p. 10.

391 Expressão criada por Max Weber.

Ademais, a violência e a insegurança são agravadas pela atuação das forças responsáveis pela segurança pública, que, à sombra de um regime autoritário recente, valem-se da letalidade e de formas escusas da persecução. Referida forma de controle sobre tais corpos, seletivamente escolhidos, está envolta em uma tradição secular atinente a um modo de lidar com miseráveis, decorrente da escravidão e dos conflitos agrários. Outro fator agravante e que decorre da conjuntura histórica, segundo Wacquant, é a discriminação amparada na hierarquia de classes e na estratificação etnoracial, algo endêmico nos órgãos encarregados da persecução penal.[392]

Em que pese em 1988 o Brasil ter se tornado formalmente uma democracia, a rigor, ainda não é, segundo Wacquant, um Estado Democrático de Direito de fato.[393] Tanto o funcionamento do Estado quanto a mentalidade hegemônica coletiva identificam a defesa dos direitos humanos como uma tolerância à bandidagem. A violência institucional presente no país é herança direta (embora não exclusiva) dos tempos de regime abertamente autoritário.[394]

O fortalecimento do aparato penal necessariamente implica em um desenvolvimento do autoritarismo sobre os mais marginalizados. Neste ponto, Wacquant exemplifica, ao se referir às prisões como "campos de concentração para pobres" ou como "empresas públicas de depósito industrial dos dejetos sociais", tendo o sistema

---

392 WACQUANT, Loïc. *As prisões da miséria*. 2ª ed. Rio de Janeiro: Zahar, 2011, p. 11.

393 Wendy Brown, em *Nas ruínas do neoliberalismo*, inspirada em Rousseau, esclarece que a igualdade é importante para a própria existência da democracia, de modo que a sistematização da violência ou da miséria, relacionadas à desigualdade, levam ao fim da democracia (BROWN, Wendy. *Nas ruínas do neoliberalismo*: a ascensão da política antidemocrática no ocidente. São Paulo: Politeia, 2019, p. 34).

394 WACQUANT, Loïc. *As prisões da miséria*. 2ª ed. Rio de Janeiro: Zahar, 2011, p. 12.

brasileiro acumulado o que há de mais funesto nas "piores jaulas do Terceiro Mundo".[395]

Em suma, a adoção das medidas norte-americanas de limpeza policial nas ruas e aprisionamento somente deve agravar os males já estruturalmente sofridos pela população marginalizada brasileira e a construção de uma democracia ainda meramente formal.[396]

3.3 Jock Young: sociedade excludente

Em *A sociedade excludente: exclusão social, criminalidade e diferença na modernidade recente*, Jock Young analisa os aspectos envolvendo a transição de uma sociedade inclusiva para uma sociedade excludente.

O período estaria relacionado, segundo Young, ao período pós Segunda Guerra Mundial, na busca de pleno emprego, havendo o escopo de se atingir universalmente a cidadania social plena. Em relação ao processo de criminalização, enxergava-se o "outro" como alguém que deveria ser reabilitado, socializado.[397]

Contudo, nas décadas de 1980 e 1990 esse discurso foi abandonado, existindo um real processo de exclusão, a partir para a modernidade recente. A crise econômica ensejou a redução do mercado de trabalho primário e a ampliação de uma subclasse de desempregados estruturais,[398] além de contratos curtos e sem estabilidade, a propiciar uma massificação da precariedade.

---

395 WACQUANT, Loïc. *As prisões da miséria*. 2ª ed. Rio de Janeiro: Zahar, 2011, p. 13.

396 WACQUANT, Loïc. *As prisões da miséria*. 2ª ed. Rio de Janeiro: Zahar, 2011, p. 14.

397 YOUNG, Jock. *A sociedade excludente*: exclusão social, criminalidade e diferença na modernidade recente. Rio de Janeiro: Revan, 2015, p. 21.

398 YOUNG, Jock. *A sociedade excludente*: exclusão social, criminalidade e diferença na modernidade recente. Rio de Janeiro: Revan, 2015, p. 24.

As frustrações oriundas disso levam a uma privação relativa. Há aqui, segundo Young, um paradoxo relacionado ao individualismo, já que não obstante o âmbito discursivo coloque todos em patamar semelhante, a igualdade efetiva no mercado é recusada, o que dá azo a uma variedade de respostas políticas, religiosas e culturais, além de criminais.[399]

Desse paradoxo entre privação relativa e individualismo emerge uma nova modulação da criminalidade a ensejar uma resposta dos órgãos responsáveis pela persecução penal, por meio de novos aparatos já relacionados a essa nova forma de sociabilidade.

Essa modernidade recente ou sociedade excludente traz uma linha a demarcar aqueles que são excluídos. No núcleo cada vez diminuto apresentam-se os que pertencem ao mercado de trabalho primário, os que trabalham em tempo integral, com carreiras sólidas, para os quais se aplica o discurso da "meritocracia". Já, no âmbito dos excluídos, apresenta-se um mercado secundário com segurança menor, estruturas de carreira ausentes e precariedade.[400]

Cria-se uma fronteira entre ambos os grupos, alimentada por medidas de planejamento urbano e pelo dinheiro, na qual os sujeitos excluídos sempre são potenciais e efetivos bodes expiatórios para os problemas estruturais da sociedade.[401]

Essa transformação traz em si uma relação entre a crise da criminologia e da modernidade. As certezas antes existentes sobre

---

399 YOUNG, Jock. *A sociedade excludente*: exclusão social, criminalidade e diferença na modernidade recente. Rio de Janeiro: Revan, 2015, p. 30.

400 YOUNG, Jock. *A sociedade excludente*: exclusão social, criminalidade e diferença na modernidade recente. Rio de Janeiro: Revan, 2015, p. 40.

401 PREUSSLER, Gustavo de Souza; CORDAZZO, Karine. "A sociedade excludente: exclusão social, criminalidade e diferença na modernidade recente". *Revista Direito e Práxis*, vol. 9, nº 1, 2018, p. 566. Disponível em: https://www.scielo.br/j/rdp/a/9kPh7HkHs9Gx4QtM8gFKpBL/?format=pdf&lang=pt. Acessado em: 25.03.2024.

a natureza óbvia do crime e o papel central do sistema de justiça criminal não se dão como antes. Cinco fatores, na visão de Young, contribuíram para que a modernidade fosse repensada.

O primeiro fator se relaciona ao aumento das taxas de criminalidade. Tendo sido pautada a premissa de que a criminalidade decorre de más condições sociais, esta passou a ser questionada na medida em que referido incremento se manifestou inclusive em locais nos quais houve enriquecimento.[402]

O segundo fator se relaciona à cifra oculta, o que impede que sejam identificados os crimes realmente existentes, tornando as cifras oficiais naturalmente viciadas.[403]

O terceiro fator está relacionado à problematização do crime, vez que as categorias forjadas para descrever e explicar os atos desviantes derivam de construções sociais a serem manipuladas temporalmente e espacialmente. Emergem, em realidade, de pura discricionariedade e conveniência.[404]

Já o quarto fator está relacionado à universalidade do crime e à seletividade da justiça. Tradicionalmente a criminologia verificava os fenômenos desviantes a partir de um particular estereótipo, até que, a partir do trabalho de Edwin Sutherland sobre os crimes de colarinho branco, essa premissa passa a ser desconstruída e o crime passa a ser visto como um fenômeno endêmico, universal, mas cujo sistema de justiça teria necessariamente um viés seletivo.[405] Desse

---

402 YOUNG, Jock. *A sociedade excludente*: exclusão social, criminalidade e diferença na modernidade recente. Rio de Janeiro: Revan, 2015, p. 61.

403 YOUNG, Jock. *A sociedade excludente*: exclusão social, criminalidade e diferença na modernidade recente. Rio de Janeiro: Revan, 2015, p. 65.

404 YOUNG, Jock. *A sociedade excludente*: exclusão social, criminalidade e diferença na modernidade recente. Rio de Janeiro: Revan, 2015, p. 67.

405 YOUNG, Jock. *A sociedade excludente*: exclusão social, criminalidade e diferença na modernidade recente. Rio de Janeiro: Revan, 2015, p. 72.

modo, as certezas relacionadas às causas da criminalidade tais como pobreza e desemprego como justificativas únicas caíram por terra.

Por fim, o quinto fator está relacionado à problematização da punição e da culpabilidade. Aumentando-se os crimes surge a questão de como lidar com tal processo em um sistema com recursos humanos e estruturais limitados. A reação envolve, na expressão de Young, “pegar atalhos”,[406] o que gera a persecução não a indivíduos, mas a categorias sociais, o que certamente ocorre de modo seletivo.[407]

Esse processo que envolve não somente a seletividade, mas também a corrupção e os acordos no âmbito processual, geram uma problematização da própria justiça, pois esta se apresenta como decorrente de um processo negociado, resultado de pressões políticas e critérios burocráticos.[408]

Ao retomar a análise da privação relativa, Young a relaciona ao individualismo, que fez com que os descontentes gerassem as chamadas “selvas hobbesianas”, nas quais os seres humanos vivem lado a lado espacialmente, mas não como seres sociais.[409] A sociedade comercial liberal, comprometida com a autoexpressão pessoal ao atingir determinadas pessoas, sem paciência para a espera da

---

406 Forma de o Estado instrumentalizar estruturalmente esses atalhos é por meio de política criminal (ou criminologia) atuarial relacionada à técnica contábil e a uma retórica de riscos a ser implementada em grande parte pela securitização privada a favorecer a acumulação e a financeirização do capital. Neste sentido é a tese de doutorado de Maurício Stegemann Dieter.

407 YOUNG, Jock. *A sociedade excludente*: exclusão social, criminalidade e diferença na modernidade recente. Rio de Janeiro: Revan, 2015, p. 74.

408 YOUNG, Jock. *A sociedade excludente*: exclusão social, criminalidade e diferença na modernidade recente. Rio de Janeiro: Revan, 2015, p. 75.

409 YOUNG, Jock. *A sociedade excludente*: exclusão social, criminalidade e diferença na modernidade recente. Rio de Janeiro: Revan, 2015, p. 80.

gratificação (que por vezes jamais chegará), gera um *ethos* que é acionado como uma licença para a prática de crimes.[410]

Posteriormente, a partir da classificação de Claude Lévi-Strauss, Young diferencia as sociedades primitivas,[411] que engolem os seres desviantes e adquirem sua força de trabalho, e por isso antropofágicas, das sociedades modernas, que conservam os desviantes fora da sociedade, inserindo-os em espaços determinados, porém sob constante supervisão.[412] Contudo, o autor realiza uma análise crítica da construção do antropólogo francês sob o argumento de que uma mesma sociedade pode ter ambos os mecanismos, podendo haver instituições capazes de absorver e ejetar partes diversas da população.[413]

Nesse contexto surgem dois termos usados por Young: a dificuldade e a diferença. Aquela relacionada a crime, desordem e incivilidades e esta relacionada a diversidade. O aumento de ambas enseja uma mudança qualitativa da sociedade e do sistema de controle, por meio do incremento de uma lógica atuarial que, a longo prazo, causa um declínio na tolerância, já que as sociedades modernas consomem diversidade, reciclando-a e a vendendo, mas não suportam a dificuldade.[414]

---

410 YOUNG, Jock. *A sociedade excludente*: exclusão social, criminalidade e diferença na modernidade recente. Rio de Janeiro: Revan, 2015, p. 81.

411 LÉVI-STRAUSS, Claude. *Tristes trópicos*. Barcelona: Liberaloslibros, 1988, p. 441.

412 PREUSSLER, Gustavo de Souza; CORDAZZO, Karine. "A sociedade excludente: exclusão social, criminalidade e diferença na modernidade recente". *Revista Direito e Práxis*, vol. 9, nº 1, 2018, p. 568. Disponível em: https://www.scielo.br/j/rdp/a/9kPh7HkHs9Gx4QtM8gFKpBL/?format=pdf&lang=pt. Acessado em: 25.03.2024.

413 YOUNG, Jock. *A sociedade excludente*: exclusão social, criminalidade e diferença na modernidade recente. Rio de Janeiro: Revan, 2015, p. 92.

414 YOUNG, Jock. *A sociedade excludente*: exclusão social, criminalidade e diferença na modernidade recente. Rio de Janeiro: Revan, 2015, p. 95.

Na modernidade a ênfase era antropofágica (discurso de reabilitação dos criminosos) e o que a ameaçava não era a dificuldade, mas a diversidade. Ao contrário, a modernidade recente altera isso de modo que a diferença adquire valor supremo, sendo a dificuldade mais problemática.[415] Disto emerge a já mencionada política criminal atuarial (ou criminologia atuarial), a partir da qual a criminalidade é tratada como parte normalizada da vida cotidiana a gerar perene sentimento de desconforto e insegurança.[416]

No que tange à insegurança, Young se vale do conceito de *Umwelt*, atribuído a Erving Goffman, que tem duas dimensões: a área em que o sujeito se sente seguro e a área na qual ele está em guarda, a área de apreensão. Trata-se de uma bolha a envolver essas duas facetas e que se altera a depender do local em que se encontra o indivíduo, como nas situações em que está em sua casa ou na rua de uma cidade urbana.[417]

Esse conceito sofre modulações a partir da questão racial, de gênero e de classe social. A classe média, por exemplo, busca se separar das classes "perigosas", dos indesejáveis. Essas situações não envolvem necessariamente crime, mas percepções sutis de risco possível ou escalada de perigo, de modo que a área representativa da segurança encolheu no último terço do século XX.[418] Trata-se, portanto, de fenômeno pelo qual as classes dominantes enxergam e se comportam em relação aos grupos marginalizados.

---

415 YOUNG, Jock. *A sociedade excludente*: exclusão social, criminalidade e diferença na modernidade recente. Rio de Janeiro: Revan, 2015, p. 103.

416 PREUSSLER, Gustavo de Souza; CORDAZZO, Karine. "A sociedade excludente: exclusão social, criminalidade e diferença na modernidade recente". *Revista Direito e Práxis*, vol. 9, nº 1, 2018, p. 569. Disponível em: https://www.scielo.br/j/rdp/a/9kPh7HkHs9Gx4QtM8gFKpBL/?format=pdf&lang=pt. Acessado em: 25.03.2024.

417 YOUNG, Jock. *A sociedade excludente*: exclusão social, criminalidade e diferença na modernidade recente. Rio de Janeiro: Revan, 2015, p. 112.

418 YOUNG, Jock. *A sociedade excludente*: exclusão social, criminalidade e diferença na modernidade recente. Rio de Janeiro: Revan, 2015, p. 115.

Contudo, não há uma simples relação de exclusão, mas uma dialeticidade na qual esta se combina com a inclusão. Há um processo bulímico de inclusão e exclusão em que mídia e educação, dentre outros, transmitem a ideia de que determinadas formas de consumo são associadas ao sucesso, irradiando noções de recompensa e de mérito. Contudo, diante da impossibilidade de se adentrar nesses ciclos, indivíduos são excluídos e estigmatizados.[419]

Encerrada a questão atinente à dificuldade, que Young relaciona com a resposta atuarial ao risco do crime, o pesquisador passa a tratar do problema relativo à diferença, ou seja, da reação a uma ordem social mais diversificada. O multiculturalismo propiciaria a diversidade, já que cada sujeito poderia agir com autenticidade. Essas diferenças deveriam ser reconhecidas e respeitadas por meio da igualdade de tratamento. Contudo, a retórica de igualdade entre os diversos grupos trouxe uma forma de essencialismo pela qual as diferenças seriam baseadas em aspectos fixos e atemporais.[420]

Nesse ponto reside a crítica de Young, para que a noção de cultura não envolve aspectos atemporais, já que tal pode sofrer alterações, o que se torna mais evidente no atual cenário de globalização. Esse essencialismo representaria, segundo Young, uma forma extremada de exclusão, requisito para a demonização de parte da sociedade, pois permite que os problemas sejam colocados nos ombros dos outros, percebidos como integrantes "à margem" da coletividade.[421]

---

419 PREUSSLER, Gustavo de Souza; CORDAZZO, Karine. "A sociedade excludente: exclusão social, criminalidade e diferença na modernidade recente". *Revista Direito e Práxis*, vol. 9, nº 1, 2018, p. 570. Disponível em: https://www.scielo.br/j/rdp/a/9kPh7HkHs9Gx4QtM8gFKpBL/?format=pdf&lang=pt. Acessado em: 25.03.2024.

420 YOUNG, Jock. *A sociedade excludente*: exclusão social, criminalidade e diferença na modernidade recente. Rio de Janeiro: Revan, 2015, p. 154.

421 YOUNG, Jock. *A sociedade excludente*: exclusão social, criminalidade e diferença na modernidade recente. Rio de Janeiro: Revan, 2015, p. 165.

A partir desse panorama, Young demonstra que tanto a sociedade inclusiva dos anos 1960 quanto a sociedade excludente da modernidade recente fracassaram, sendo necessário, segundo ele, um novo inclusivismo, envolvendo reunião de pessoas, distribuição de riqueza de maneira justa e nivelada, garantindo-se liberdade e diversidade.[422] Não é o sistema de justiça criminal capaz de manter a coesão social, mas a sociedade civil que deve permitir localizar as fontes da coesão e da ruptura social.[423] Deve também ocorrer a distribuição meritocrática das recompensas e a sociedade deve ver a si própria como uma unidade, respeitando ao mesmo tempo a diversidade.[424]

Outra relação dialética enfatizada por Young envolve o binômio "diferença-indiferença". Trata-se da visão da cidade como lugar em que as pessoas se preocupam tão pouco umas com as outras que não há motivo para proibir a diversidade. Destarte, diferença e indiferença estão intimamente inter-relacionadas, vez que a diferença resulta em uma indiferença protetora, ao passo que a indiferença permite a diferença. Contudo, esta indiferença pode, a depender de peculiaridades contextuais, se tingir de hostilidade e transbordar para uma hostilidade aberta, a ensejar a demonização dos outros fatores culturais.[425]

Ao analisar a meritocracia como uma das ideologias mais persuasivas das sociedades industriais avançadas, principalmente

---

422 PREUSSLER, Gustavo de Souza; CORDAZZO, Karine. "A sociedade excludente: exclusão social, criminalidade e diferença na modernidade recente". *Revista Direito e Práxis*, vol. 9, nº 1, 2018, p. 570. Disponível em: https://www.scielo.br/j/rdp/a/9kPh7HkHs9Gx4QtM8gFKpBL/?format=pdf&lang=pt. Acessado em: 25.03.2024.

423 YOUNG, Jock. *A sociedade excludente*: exclusão social, criminalidade e diferença na modernidade recente. Rio de Janeiro: Revan, 2015, p. 217.

424 YOUNG, Jock. *A sociedade excludente*: exclusão social, criminalidade e diferença na modernidade recente. Rio de Janeiro: Revan, 2015, p. 218.

425 YOUNG, Jock. *A sociedade excludente*: exclusão social, criminalidade e diferença na modernidade recente. Rio de Janeiro: Revan, 2015, p. 247.

por haver uma grande distância entre o objetivo cultural e as oportunidades reais que se apresentam às pessoas (o que Young extrai de Robert Merton), surge um sentimento de frustração que não ocorre de modo generalizado, mas como privação relativa, ou seja, comparação com o sujeito que se encontra "ao lado", com o qual se esperaria ter salários parecidos e estilos de vida semelhantes.[426]

No mais, Young se refere ao sistema de justiça criminal nos Estados Unidos como um *gulag* penal que conduz a democracia liberal a seus limites e demonstra a crise da modernidade recente, estendendo-se o arquipélago carcerário a toda a população estadunidense.

O conflito entre o discurso meritocrático e as reais oportunidades, ponto que Young novamente se inspira em Merton, aliado à globalização que enseja associações e intercâmbios cada vez maiores, permite comparações quanto a recompensas distributivas. Contudo, como dito, o desejo de realização pessoal é obstruído pela real natureza do trabalho e das possibilidades de realização.[427]

Ao final, em tom propositivo, Young sustenta a necessidade de um novo contrato social que não deve somente prover empregos, mas insistir na meritocracia e propiciar trabalho e lazer gratificantes que deem à pessoa um sentido de propósito e identidade. Ademais, deve-se enfatizar a diversidade, ao invés de valores absolutos, sendo ela encarada como um plexo de culturas cambiantes que se alteram e alteram uma as outras.[428] Young relaciona também criminalidade e intolerância com o obstar da cidadania, cujas causas estão na

---

426 YOUNG, Jock. *A sociedade excludente*: exclusão social, criminalidade e diferença na modernidade recente. Rio de Janeiro: Revan, 2015, p. 270.

427 YOUNG, Jock. *A sociedade excludente*: exclusão social, criminalidade e diferença na modernidade recente. Rio de Janeiro: Revan, 2015, p. 284.

428 YOUNG, Jock. *A sociedade excludente*: exclusão social, criminalidade e diferença na modernidade recente. Rio de Janeiro: Revan, 2015, p. 289.

injustiça, mas que tem seus efeitos em novos patamares de injustiça e violação da cidadania.[429]

3.4 David Garland: cultura do controle

David Garland realiza suas análises por meio do estudo sociológico do castigo e do controle penal, em um campo usualmente conhecido como "sociologia do castigo" ou "castigo e sociedade".[430] Tem como obra mais conhecida *Cultura do controle: crime e ordem social na sociedade contemporânea.*

Garland se vale criticamente da construção de Foucault estabelecida em *Vigiar e punir*, com o escopo de transcender a perspectiva de poder trazida pelo autor francês. De acordo com Garland, Foucault teria uma concepção por demais instrumental e funcionalista da punição, segundo a qual as práticas penais seriam mostradas somente como formas de controle social e, ao realizar essa limitação, seriam perdidas outras dimensões das práticas penais.[431]

Seu estudo foca nos Estados Unidos e na Inglaterra e na chamada "cultura do controle" em tais locais. O escopo é evidenciar como o âmbito de controle do sistema punitivo sofreu interferência das mudanças na organização das mencionadas sociedades. Neste ponto se situa sua relação para com o neoliberalismo.

Garland reflete acerca do que denomina sobredeterminação – *overdetermination* – das práticas penais, cujo objetivo é obter uma amostra mais pluralista e multidimensional da punição. Formula

---

429 YOUNG, Jock. *A sociedade excludente*: exclusão social, criminalidade e diferença na modernidade recente. Rio de Janeiro: Revan, 2015, p. 290.

430 GARLAND, David. "Penalidad y Estado Penal". *Delito y Sociedad*, vol. 25, nº 42, 2016, p. 2.

431 SALLA, Fernando; GAUTO, Maitê; ALVAREZ, Marcos César. "A contribuição de David Garland: a sociologia da punição". *Tempo Social, Revista de Sociologia da USP*, vol. 18, 2006, p. 339.

uma teoria para pensar a punição levando em consideração diversos aspectos, tais como a economia, a política e, sobretudo, a cultura.[432]

Segundo Garland, sobredeterminação não envolve somente uma gama de forças que migram para a mesma direção com escopo de obter um mesmo resultado. Há em realidade um constante conflito, tensão e comprometimento que ensejam resultados mais exclusivos em sua particularidade do que uniformemente desenhados por um modelo predefinido.[433] Destarte, a partir da relevância da cultura com seus símbolos, pensa-se na punição como mais uma instituição social que alia varáveis para que funcione.

As práticas penais, segundo Garland, não são vistas como um evento singular, específico, mas como uma instituição social completa e densa em significados e significantes, a envolver principalmente seu significado cultural.

Nesse diálogo envolvendo as práticas e discursos penais e a cultura, Garland parte dos raciocínios de Norbert Elias e Pieter Spierenburg, os quais estabelecem a trajetória das alterações ao longo das épocas. Há, por exemplo, um processo pelo qual são retiradas da cena pública posturas corpóreas antes consideradas bárbaras. Por meio desse processo se diferencia o aceitável daquilo não mais aceitável.[434]

A violência, por exemplo, passa a não ser mais aceita na esfera pública, oficial. O processo de privatização de aspectos existenciais torna-se escondido por meio dos costumes sociais. Desta forma, deixa de ser aplicado o castigo corporal em praça pública,

---

432 SALLA, Fernando; GAUTO, Maitê; ALVAREZ, Marcos César. "A contribuição de David Garland: a sociologia da punição". *Tempo Social, Revista de Sociologia da USP*, vol. 18, 2006, p. 339.

433 GARLAND, David. *A Cultura do Controle*: crime e ordem social na sociedade contemporânea. Rio de Janeiro: Revan, 2008, p. 284.

434 GARLAND, David. *A Cultura do Controle*: crime e ordem social na sociedade contemporânea. Rio de Janeiro: Revan, 2008, p. 219.

com a pena sendo realizada de modo mais "científico", distante dos olhos da população e sem exibir o sofrimento dos corpos. Contudo, este refinamento e de certa forma maior "etiqueta" não decorrem necessariamente de uma evolução na forma de pensar, mas de um discurso pelo qual tais seriam atributos de sociedades mais educadas, utilizando-se esse padrão para desprezar sujeitos em pior posição social e que não seriam considerados civilizados.[435]

A alteração da prática da punição deixa de ter por escopo oficial o suplício físico e passa a se concretizar por outras formas de sofrimento, como a privação de liberdade, a cassação de recursos financeiros ou, em alguns países, a injeção letal para se aplicar a pena de morte. Referida alteração abarca também a linguagem, pois passam a ser usados eufemismos para designar os mesmos fenômenos. Teoriza-se para se escamotear a percepção do sofrimento, o qual continua, mas se mostra mais lento e sutil. Sofrimento que não chega ao conhecimento da sociedade, já que disfarçado em uma "singela" pena privativa de liberdade.[436]

Conforme expõe Garland, não se escuta a angústia dos prisioneiros e das famílias, porque o discurso midiático e da criminologia popularesca apresenta os criminosos como "diferentes" e porque a violência das penas não tem praticamente visibilidade. Deste modo, o conflito entre as sensibilidades civilizadas e a bruta rotina punitiva é minimizado e tolerado. A punição moderna, portanto, é ordenada institucionalmente e representada em um discurso que nega a violência inerente às suas práticas.[437]

---

435 SALLA, Fernando; GAUTO, Maitê; ALVAREZ, Marcos César. "A contribuição de David Garland: a sociologia da punição". *Tempo Social, Revista de Sociologia da USP*, vol. 18, 2006, p. 341.

436 SALLA, Fernando; GAUTO, Maitê; ALVAREZ, Marcos César. "A contribuição de David Garland: a sociologia da punição". *Tempo Social, Revista de Sociologia da USP*, vol. 18, 2006, p. 342.

437 GARLAND, David. *A Cultura do Controle*: crime e ordem social na sociedade contemporânea. Rio de Janeiro: Revan, 2008, p. 243.

Essa marginalização decorrente da privatização e da institucionalização do sistema impede a formação de laços sociais e interrompe um processo que permitiria algum grau de solidariedade para com o restante da sociedade. Ocultando-se as informações são inibidas a solidariedade e a identidade entre os grupos. Ademais, incrementa-se o conflito entre a amenização das práticas penais e a preocupação com a garantia da segurança, por meio de um discurso relacionado à necessidade de prevenção e de incremento da hostilidade para com os criminosos.[438] Se, por um lado, instituições sociais podem aflorar ou amplificar a sensibilidade em relação à violação de direitos e sofrimento, uma política reacionária desfaz um processo civilizador e libera agressões, hostilidades e egoísmo. Essas sensibilidades relacionadas às práticas penais podem ser aumentadas gradualmente ou erodidas por meio do exemplo governamental e da persuasão política.[439]

A punição, na obra de Garland, é pensada a partir de seus efeitos provocados por sua ação social, tanto para os considerados criminosos quanto para os demais cidadãos não selecionados. Entende ele que as práticas penais estabelecem uma armação cultural estruturante que servem como uma grade interpretativa a partir da qual são valoradas certas condutas. Atua a punição, portanto, como mecanismo social regulador em dois distintos aspectos: regula a conduta diretamente por meio da ação social física, além de regular significados e pensamentos.[440]

Inegável que a prática simbólica se expressa também por documentos oficiais, tais como as decisões prolatadas. No entanto, as

---

438 SALLA, Fernando; GAUTO, Maitê; ALVAREZ, Marcos César. "A contribuição de David Garland: a sociologia da punição". *Tempo Social, Revista de Sociologia da USP*, vol. 18, 2006, p. 342.

439 GARLAND, David. *A Cultura do Controle*: crime e ordem social na sociedade contemporânea. Rio de Janeiro: Revan, 2008, p. 246.

440 GARLAND, David. *A Cultura do Controle*: crime e ordem social na sociedade contemporânea. Rio de Janeiro: Revan, 2008, p. 252.

práticas rotineiras da instituição penal têm muito mais a dizer sobre os valores e significados do que aqueles. De todo modo, qualquer procedimento adotado comunica um padrão de significados e de formas simbólicas.[441]

Mesmo uma sentença, ao se valer de uma linguagem específica, serve para classificar os indivíduos e as ações no debate público. Neste contexto, fundamental é o papel da mídia, que atua para intermediar os valores e significados entre Estado e cidadãos ao apresentar os eventos penais para a sociedade e que certamente é cerceada por interesses econômicos.[442] Neste ponto é relevante que a retórica gere reconhecimento naqueles que a acessam, reconhecendo-se e se identificando com as preocupações.[443]

Em relação aos interlocutores do discurso penal, Garland nomeia três: os criminosos condenados, os agentes do sistema penal e o público em geral. Os primeiros, caso recebam uma pena injusta, brutal e arbitrária, são tomados pelo ressentimento e agem em oposição. Já o segundo grupo, que lida com as burocracias do sistema, está envolvido visando que a prática funcione e para que os termos usados sejam adequados para não haver um efeito negativo sobre a forma da obra. Por fim, em relação à sociedade em geral, Garland vislumbra nesse público o interlocutor definitivo de todo o simbolismo da punição. De todo modo, essa plateia é dividida, não sendo homogênea quanto à receptividade desse simbolismo, e políticos habilidosos conseguem manipulá-lo a partir do discurso

441 SALLA, Fernando; GAUTO, Maitê; ALVAREZ, Marcos César. "A contribuição de David Garland: a sociologia da punição". *Tempo Social, Revista de Sociologia da USP*, vol. 18, 2006, p. 344.

442 SALLA, Fernando; GAUTO, Maitê; ALVAREZ, Marcos César. "A contribuição de David Garland: a sociologia da punição". *Tempo Social, Revista de Sociologia da USP*, vol. 18, 2006, p. 344.

443 GARLAND, David. *A Cultura do Controle*: crime e ordem social na sociedade contemporânea. Rio de Janeiro: Revan, 2008, p. 260.

da "lei e ordem" para se conectar aos medos, inseguranças, preconceitos e ressentimentos das pessoas.[444]

Desse modo, a punição oferece um modelo básico para o nosso entendimento sobre as outras pessoas e sobre nós mesmos. Da mesma forma, as práticas penais estabelecem os limites e os tipos de conduta individual que são tolerados nas relações sociais e dão sentido e definição aos laços que conectam os indivíduos entre si e com as instituições centrais da sociedade. Além disso, sugerem as reações emocionais esperadas em relação a comportamentos desviantes, como raiva indignação, compaixão e indiferença.[445]

3.5 Massimo Pavarini: cárcere e fábrica

Cárcere e fábrica, escrita por Massimo Pavarini e Dario Melossi, é composta por dois ensaios e dialoga com a mencionada obra de Rusche e Kirchheimer na medida em que analisa as formas de punição em uma perspectiva histórica atrelada aos modos de produção. No entanto, não trata especificamente do pós-fordismo, principalmente pelo fato de que foi publicada em 1977. Deste modo, as premissas relativas a essa obra são abordadas somente na medida em que auxiliem para que se compreenda a relação entre pós-fordismo e o sistema punitivo.

No referido trabalho de Rusche e Kirchheimer, influenciado não somente por *Punição e estrutura social*, mas também pelos pensamentos de Pachukanis e de Foucault, adota-se a tese

---

444 GARLAND, David. *A Cultura do Controle*: crime e ordem social na sociedade contemporânea. Rio de Janeiro: Revan, 2008, p. 264.

445 SALLA, Fernando; GAUTO, Maitê; ALVAREZ, Marcos César. "A contribuição de David Garland: a sociologia da punição". *Tempo Social, Revista de Sociologia da USP*, vol. 18, 2006, p. 346.

contratualista sinalagmática da pena carcerária, a qual, segundo Pavarini, alcança sua máxima elaboração teórica.[446]

Especificamente em relação à pena privativa de liberdade, a ideia de privação da liberdade por um período somente pode se realizar com o modo de produção capitalista, na medida em que a riqueza social é devolvida à forma mais abstrata do trabalho medido no tempo.[447]

A pena do cárcere, a se tornar a sanção por excelência, representa a forma mais simples e absoluta de "valor de troca", de modo a mostrar-se evidente a matriz contratual subjacente. Segundo Pachukanis, a ideia de equivalente, como puramente jurídica, tem sua fonte na forma da mercadoria e o delito é uma variante dessa circulação, no qual a relação contratual é estabelecida *post factum*. O princípio da retribuição equivalente se realiza por meio da imposição da pena privativa de liberdade por um prazo determinado. Refere-se não somente ao homem abstrato, mas também à abstração do trabalho humano mensurável pelo tempo.[448]

O contrato, dessa forma, enquanto fundamento ideal do poder político burguês, permite a relação de troca atinente à pena privativa de liberdade, a qual é moldada com base na hipótese de "manufatura", "fábrica". O modelo relacionado à pena tem íntimo vínculo com o modelo de "relação de trabalho", de "subordinação operária".[449] A subordinação do trabalho é exercício de um poder

---

446 MELOSSI, Dario; PAVARINI, Massimo. *Cárcere e fábrica*: as origens do sistema penitenciário (séculos XVI-XIX). 2ª ed. Rio de Janeiro: Revan, 2014, p. 262.

447 MELOSSI, Dario; PAVARINI, Massimo. *Cárcere e fábrica*: as origens do sistema penitenciário (séculos XVI-XIX). 2ª ed. Rio de Janeiro: Revan, 2014, p. 263.

448 PACHUKANIS, Euvguiéni. *Teoria Geral do Direito e marxismo*. São Paulo: Boitempo, 2017, p. 177.

449 MELOSSI, Dario; PAVARINI, Massimo. *Cárcere e fábrica*: as origens do sistema penitenciário (séculos XVI-XIX). 2ª ed. Rio de Janeiro: Revan, 2014, p. 264.

conferido pelo contrato. Já a subordinação pelo cárcere envolve exercício de poder conferido pela "pena-retribuição".

Na relação de trabalho a subordinação do prestador de trabalho é uma alienação pelos/dos meios de produção. Já na relação penitenciária a subordinação do preso é expropriação pelo/do próprio corpo. Também a liberdade contratual do proletário encontra seu próprio objeto na "prestação como conteúdo inativo" (perda de liberdade por uma quantidade de tempo) e na pena carcerária o objeto da pena é a "privação de um tempo" que se apresenta na pena como sujeição. Ademais, o trabalho subordinado como prestação é esforço penoso, é sofrimento, é "pena". Já a pena carcerária é essencialmente "trabalho". Por fim, na relação traçada por Pavarini, a fábrica é para o operário como um cárcere (perda da liberdade e subordinação) e o cárcere é para o interno como uma fábrica (trabalho e disciplina).[450]

É esse o panorama, de modo conclusivo e sucinto, exposto na obra mencionada. Contudo, no cenário pós-fordista a alteração do modelo se processa de modo substancial, como ilustra o próprio Pavarini.

A fase atual, segundo o autor, envolve a passagem do *welfare state* para o que ele denomina *prison-fare*, com o crescimento de uma multidão de excluídos. Não há mais "cárcere e fábrica", mas "cárcere sem fábrica como metáfora do modelo social excludente".[451]

---

450 MELOSSI, Dario; PAVARINI, Massimo. *Cárcere e fábrica*: as origens do sistema penitenciário (séculos XVI-XIX). 2ª ed. Rio de Janeiro: Revan, 2014, p. 266.

451 PAVARINI, Massimo. "Governar ela penalità: strutura sociale, processi decisionali e discorsi pubblici sulla pena". Ano VI, nº 3. Bologna: Bonomia University Press, 2013, pp. 10 e 103, citado por GIAMBERARDINO, André; ROIG, Rodrigo Duque Estrada; CARVALHO, Salo de. *Cárcere sem fábrica*: escritos em homenagem a Massimo Pavarini. Rio de Janeiro: Revan, 2019, p. 46.

Houve um declínio da ideologia reeducativa e o triunfo das políticas de controle social, que se fundam sobre a premissa de neutralização seletiva, coerentes com o discurso do inimigo interno.[452]

Essa ideia de neutralização seletiva é obtida a partir de uma cultura tecnocrata e de gestão administrativa da penalidade que relaciona o sistema penal com um modelo ligado ao ideal de "eficiência". Há uma ênfase sobre a racionalidade sistêmica e formal e que atende a uma lógica interna, desvinculada da finalidade extrassistêmica, de modo que o discurso jurídico-dogmático não passa de um grande arranjo idealista metafórico.[453]

Implementa-se, segundo Pavarini, um novo discurso sobre o crime que não mais está preocupado em "derrotá-lo" e sim gerir a criminalidade a partir de avaliações de tipo estatístico e atuarial. Tem-se o crime como atividade rotineira que pode ser controlada e nada tem de excepcional ou patológica. Ademais, passa-se de um discurso de segurança dos direitos ao direito à segurança, decorrente da privatização dos direitos.[454] Há, de acordo com o autor, uma espécie de refeudalização das relações sociais.[455]

---

452 GIAMBERARDINO, André; ROIG, Rodrigo Duque Estrada; CARVALHO, Salo de. *Cárcere sem fábrica*: escritos em homenagem a Massimo Pavarini. Rio de Janeiro: Revan, 2019, p. 13.

453 GIAMBERARDINO, André; ROIG, Rodrigo Duque Estrada; CARVALHO, Salo de. *Cárcere sem fábrica*: escritos em homenagem a Massimo Pavarini. Rio de Janeiro: Revan, 2019, p. 14.

454 GIAMBERARDINO, André; ROIG, Rodrigo Duque Estrada; CARVALHO, Salo de. *Cárcere sem fábrica*: escritos em homenagem a Massimo Pavarini. Rio de Janeiro: Revan, 2019, p. 15.

455 A denominação "neofeudalismo" tem sido trazida por autores como Yanis Varoufakis, Mariana Mazzucato, Jodi Dean, Robert Kuttner, Michael Hudson e Wolfgang Streeck. Contudo, já tem sido também objeto de crítica, como a presente no texto de Evgeny Morozov Crítica da razão tecnofeudal. (MOROZOV, Evgeny. "Uma crítica do tecno-feudalismo". *A Terra é Redonda*, mai. 2022. Disponível em: https://aterraeredonda.com.br/uma-critica-do-tecno-feudalismo/. Acessado em: 25.03.2024).

A criminalidade, em especial a de massa, passa a ter uma dimensão estatística, sendo comum que os novos criminólogos tenham formação predominantemente estatística. A criminalidade como realidade nociva é gerida a partir da neutralização seletiva do outro.

Nesse ponto Pavarini aborda a temática da ideologia da neutralização seletiva, que enxerga o criminoso como "outro", como um ser "absolutamente diverso". Desta forma, ao lado de uma criminologia "da vida cotidiana" há também a criminologia "do outro", que, dada sua periculosidade, não pode ser gerida por outro meio que não sua neutralização. Dá-se como exemplo aqui a mencionada política do *three strikes and you are out*.

Essa abordagem, que divide a criminologia entre a relacionada à vida cotidiana e a criminologia "do outro", comporta consigo uma análise tipicamente bélica. Trata-se de uma simulação de estado de guerra em que, diante da ameaça de um inimigo, busca-se a neutralização do ofensor. Contudo, ao contrário da guerra convencional, não se combate para vencer, mas somente para que se mantenha uma posição sempre precária de "vantagem tática" no confronto com o inimigo.[456] Fala-se, portanto, em "cárcere e guerra".

Há, dessa forma, para Pavarini, a transição de um modelo inclusivo para um modelo excludente na política criminal, em que se nega à criminalidade a dimensão de uma "questão" que precise ser compreendida e estudada. Não há alteridade possível à normalidade da presente desordem social, sendo a criminalidade um inevitável custo social a ser combatida "militarmente". Justamente por isso é que a eficácia da política criminal passa a ser mensurada como um boletim de guerra ao trazer a quantidade de inimigos "neutralizados" (muitas vezes usado como eufemismo para mortos), os custos, quantos "soldados" devem estar em campo etc.

---

456 GIAMBERARDINO, André; ROIG, Rodrigo Duque Estrada; CARVALHO, Salo de. *Cárcere sem fábrica*: escritos em homenagem a Massimo Pavarini. Rio de Janeiro: Revan, 2019, p. 17.

Trata-se de um critério de administração contábil de um estado permanentemente beligerante.[457]

Constata-se como decorrência disso uma hegemonização da questão criminal por operadores relacionados à segurança pública, o que, aliado ao denominado "estado de guerra", dá à classe militar peso político e visibilidade pública.[458] Faz-se necessário que a questão criminal seja devolvida aos estudiosos das ciências sociais, mas antes se mostra necessário reduzir o estado de beligerância.

Esse estado de guerra, que se fomenta especialmente contra os excluídos, excedentes e descartáveis, incrementa-se na medida em que o discurso bélico se torna progressivamente hegemônico, principalmente pelo fato de a inclusão por meio do trabalho não ser acessível a todos e o Estado não ter mais a pretensão de distribuir a riqueza de modo menos socialmente injusto.[459]

A partir dessa narrativa hegemônica pós-moderna, defender-se dos excluídos passa a ser uma necessidade. O contingente elevado de imigrantes nos países do norte global busca uma oferta de trabalho que jamais pode ser equivalente à demanda. Em suma, aquela massa de pessoas ali não serve e não tem lugar ali.

Quando era dominante o paradigma da integração por meio da disciplina, relacionado ao cárcere como fábrica, os proletariados eram domesticados. Posteriormente, com o Estado social se cogitou (ao menos na Europa) prescindir do cárcere, pois se acreditava que

---

457 GIAMBERARDINO, André; ROIG, Rodrigo Duque Estrada; CARVALHO, Salo de. *Cárcere sem fábrica*: escritos em homenagem a Massimo Pavarini. Rio de Janeiro: Revan, 2019, p. 17.

458 Trata-se de descrição correspondente, embora não exaustiva, do movimento de extrema-direita recente no Brasil que, dentre outros termos, tem sido chamado de "bolsonarismo".

459 GIAMBERARDINO, André; ROIG, Rodrigo Duque Estrada; CARVALHO, Salo de. *Cárcere sem fábrica*: escritos em homenagem a Massimo Pavarini. Rio de Janeiro: Revan, 2019, p. 18.

o plexo de serviços sociais e o pleno emprego conseguiriam incluir os cidadãos de modo adequado. Contudo, a inclusão não ocorreu pelo cárcere e tampouco pela "sociedade civil" – e certamente não ocorrerá pela "guerra contra a criminalidade".[460]

3.6 Da necessidade de uma construção a partir da realidade periférica

Aspecto comum a todos os autores mencionados é que não partem da análise de países periféricos como o Brasil. Deste modo, partem da realidade estadunidense ou de alguns países da Europa Ocidental. Diagnostica-se nestes países que até antes da guinada neoliberal havia uma tendência e expectativa de redução do sistema carcerário que sofreu um ponto de inflexão a partir da implementação da agenda neoliberal.

Nesses países objeto de estudo houve em alguma medida um Estado de Bem-Estar Social, o que não existiu no Brasil, no qual se observa a partir do final do século XX, de modo tímido, uma política que pode ser chamada de "social-liberal", vez que, mantidas as premissas liberais, foram introduzidas tacanhas medidas de cunho assistencial. Diante dessa diferença essencial, questiona-se, destarte, em que medida a guinada neoliberal contribuiu para o fenômeno de maior encarceramento no Brasil.

De todo modo, a guinada pós-fordista brasileira, ao contrário do que ocorreu principalmente na Europa, não vem depois de um Estado intervencionista e provedor, mas apenas tornou mais agudo diversos fenômenos de marginalização já sedimentados longamente na sociedade brasileira.

---

460 GIAMBERARDINO, André; ROIG, Rodrigo Duque Estrada; CARVALHO, Salo de. *Cárcere sem fábrica*: escritos em homenagem a Massimo Pavarini. Rio de Janeiro: Revan, 2019, p. 19.

Parte-se da premissa, enquanto marco temporal, de que o projeto neoliberal no Brasil passou a ser implementado em 1989 com a eleição de Fernando Collor de Mello,[461] sob a batuta do Consenso de Washington e do Fundo Monetário Internacional e foi intensificado com o governo de Fernando Henrique Cardoso.

Paralelamente a isso, a partir de 1990 verifica-se um aumento na proporção de pessoas encarceradas. Nesse ano havia aproximadamente 61 presos para cada 100 mil habitantes, sendo que em 2020 aponta-se em um relatório do Conselho Nacional de Justiça 357 presos por 100 mil habitantes.[462] Curioso observar que até o final da década de 1980 o Brasil tinha uma proporção de encarcerados comparável à de países nórdicos.[463]

Há uma coincidência temporal entre a guinada neoliberal e o aumento do encerramento.[464] Contudo, tal fator não significa necessariamente que tenha havido uma relação de causalidade.

O primeiro ponto já esboçado é o de que o Brasil não viveu um Estado de Bem-Estar Social. Pelo contrário, antes da guinada neoliberal o país passou por uma ditadura cívico-empresarial, midiático-militar com ideologia bastante distante de qualquer escopo de inclusão social, solidariedade e efetivação de direitos sociais.

---

461 SANTO, Luiz Phelipe Dal. "Reconsiderando a tese da penalidade neoliberal: inclusão social e encarceramento em massa no Brasil". *Revista Faculdade de Direito*, vol. 44, 2020, p. 15.

462 CONSELHO NACIONAL DE JUSTIÇA. "O sistema prisional brasileiro fora da Constituição: 5 anos depois". *Conselho Nacional de Justiça*, jun. 2021. Disponível em: https://www.cnj.jus.br/wp-content/uploads/2021/06/Relato%CC%81rio_ECI_1406.pdf. Acessado em: 25.03.2024.

463 SANTO, Luiz Phelipe Dal. "Mass incarceration in times of economic growth and inclusion? Three steps to understand contemporary imprisonment in Brazil". *Theoretical Criminology*, 2023, p. 3.

464 SANTO, Luiz Phelipe Dal. "Cumprindo pena no Brasil: encarceramento em massa, prisão-depósito e os limites das teorias sobre giro punitivo na realidade periférica". *Revista Brasileira de Ciências Criminais*, vol. 151, jan. 2019, p. 5.

Observa-se, inclusive, que a desigualdade de renda durante esse período aumentou mais de 20%.[465]

Exatamente a partir de 1990 Luiz Phelipe Dal Santo aponta como uma peculiaridade brasileira o surgimento de legislações draconianas,[466] tais como a Lei dos Crimes Hediondos, que inicialmente tornara obrigatório o regime fechado de modo integral para tais delitos, além de ensejar um regime jurídico mais rigoroso no que tange a liberdade provisória, fiança e indulto. Ademais, em 2006 a Lei de Drogas estabeleceu uma pena mais gravosa para o tráfico de drogas, o que, aliado ao discurso de guerra às drogas, também teria contribuído decisivamente para o encarceramento em massa, mormente pela forma de atuação judicial que vê com resistência medidas que reduzam a imposição de cárcere nesse tipo de criminalidade.[467]

Importante ainda observar que mesmo posteriormente, com governos ditos de "esquerda", não houve uma ruptura profunda com o sistema neoliberal, embora tenha havido redução da extrema pobreza, diminuição do desemprego[468] com criação de postos de trabalhos formais e minoração do índice GINI de desigualdade. Contudo, mesmo nesse período o aumento do encarceramento se manteve constante, não tendo oscilado em razão de tais medidas, já que em 2002 a quantidade de presos por 100 mil habitantes era de 137 e em 2014 se encontrava em

---

465 POCHMANN, Marcio. *Nova Classe média?* O trabalho na base da pirâmide social brasileira. São Paulo: Boitempo, 2012, p. 14.

466 SANTO, Luiz Phelipe Dal. "Reconsiderando a tese da penalidade neoliberal: inclusão social e encarceramento em massa no Brasil". *Revista Faculdade de Direito*, vol. 44, 2020, p. 19.

467 SEMER, Marcelo. *Sentenciando tráfico*: o papel dos juízes no grande encarceramento. 2ª ed. São Paulo: Tirant le Blanch, 2020, p. 308.

468 SANTO, Luiz Phelipe Dal. "Mass incarceration in times of economic growth and inclusion? Three steps to understand contemporary imprisonment in Brazil". *Theoretical Criminology*, 2023, p. 9.

306 para 100 mil habitantes.[469] O mesmo se diz em relação às más condições de cárcere, cujo relato se mostra presente de modo endêmico desde a fundação de tais instalações, não tendo relação com a guinada pós-fordista e não apresentando melhora sequer nos momentos de tímido avanço social.[470]

Inclusive se verifica ter havido nesse período de governos mais à esquerda redução do desemprego com criação de empregos formais, o que enfraquece a causalidade segundo a qual o controle penal incide sobre o excedente, como inferido por De Giorgi. De todo modo, o argumento não é de todo descartado, na medida em que o perfil majoritário do preso no Brasil é de homem (94,2%), jovem (30% de 18 a 24 anos e 25% de 25 a 29 anos), negro (64%) e com baixo nível de escolaridade (96% dos presos sequer possuem ensino superior completo).[471] Trata-se de um grupo cuja raça e escolaridade apresentam maior propensão a sofrerem diversas formas de exclusão socioeconômicas.

Ademais, verifica-se que não obstante a criação de postos de trabalho na primeira década do século XXI, com as vagas ocupadas majoritariamente por população não branca (77,2%) e homens, há uma reduzida introdução da população de até 24 anos nesse mercado, sendo este justamente o perfil da população carcerária e da maioria das vítimas de letalidade policial.[472] Portanto, verifica-se que estes sujeitos com baixo nível de educação formal e não absorvidos pelo

---

469 SANTO, Luiz Phelipe Dal. "Reconsiderando a tese da penalidade neoliberal: inclusão social e encarceramento em massa no Brasil". *Revista Faculdade de Direito*, vol. 44, 2020, p. 22.

470 SANTO, Luiz Phelipe Dal. "Cumprindo pena no Brasil: encarceramento em massa, prisão-depósito e os limites das teorias sobre giro punitivo na realidade periférica". *Revista Brasileira de Ciências Criminais*, vol. 151, jan. 2019, p. 11.

471 SANTO, Luiz Phelipe Dal. "Reconsiderando a tese da penalidade neoliberal: inclusão social e encarceramento em massa no Brasil". *Revista Faculdade de Direito*, vol. 44, 2020, p. 28.

472 SANTO, Luiz Phelipe Dal. "Reconsiderando a tese da penalidade neoliberal: inclusão social e encarceramento em massa no Brasil". *Revista Faculdade de Direito*, vol. 44, 2020, p. 33.

mercado de trabalho foram os mais atingidos pelo sistema carcerário. Dessa forma, não há contradição entre a redução do desemprego em linhas gerais e o aumento de encarceramento.

Após analisar diversos indicadores sociais decorrentes de programas de transferência de renda, investimento voltados à inclusão de pessoas em cursos de ensino superior e programas habitacionais, medidas que tiveram expansão considerável[473] nas duas primeiras décadas deste século, Dal Santo observa que, embora as pessoas mais atingidas pelo sistema penal não tenham sido absorvidas pelo aumento dos postos de trabalho, esse perfil foi em grande parte o atingido pelos programas sociais criados ou aprimorados,[474] o que vai de encontro à tese que relaciona o encolhimento das medidas sociais decorrentes do neoliberalismo com o maior encarceramento.

Desse modo, a teoria da penalidade neoliberal encontra uma conjuntura distinta no Brasil[475] em que houve algum grau de desenvolvimento social na primeira e em parte da segunda década do século XXI. A análise no país demanda a relação de todas as suas particularidades econômicas, sem se descuidar do contexto global, mas que considere as diversas peculiaridades apresentadas.

Não se deve negar a relevância da tese da penalidade neoliberal que contribuiu para o encarceramento. Em realidade a simples importação de tal teoria, embora relevante para a discussão, deve ser contextualizada com a realidade brasileira que tem vicissitudes sem paralelo nos países analisados.

---

473 SANTO, Luiz Phelipe Dal. "Mass incarceration in times of economic growth and inclusion? Three steps to understand contemporary imprisonment in Brazil". *Theoretical Criminology*, 2023, p. 9.

474 SANTO, Luiz Phelipe Dal. "Reconsiderando a tese da penalidade neoliberal: inclusão social e encarceramento em massa no Brasil". *Revista Faculdade de Direito*, vol. 44, 2020, p. 33.

475 SANTO, Luiz Phelipe Dal. "Cumprindo pena no Brasil: encarceramento em massa, prisão-depósito e os limites das teorias sobre giro punitivo na realidade periférica". *Revista Brasileira de Ciências Criminais*, vol. 151, jan. 2019, p. 13.

CAPÍTULO IV

SISTEMA PUNITIVO E IDEOLOGIA NEOLIBERAL

Analisada a conformação neoliberal e como ela atua na sociedade em geral, verifica-se agora como contribui enquanto ideologia que legitima o sistema punitivo. Em que pese ter se verificado que ela estruturalmente não contribuiu, na realidade brasileira, para o incremento no encarceramento, certamente é relevante vetor no nível discursivo a legitimar o sistema punitivo e a alimentá-lo diuturnamente. Estes elementos são analisados de modo detalhado neste capítulo.

4.1 Ideologia reprodutora do discurso técnico-jurídico e a dialética da racionalidade

O projeto político burguês ensejou uma nova modalidade de conhecimento sobre o mundo exterior, não sendo mais a visão em que o mundo era moldado por forças mágicas, mas por um processo que pode ser entendido, explicado e reproduzido por sujeitos racionais, conscientes de si mesmos. A forma de pensar o sistema penal assume no Ocidente uma determinada organização sistêmica, o que se dá aproximadamente na segunda metade do século XVIII. Referido sistema produziria um modelo que se justifica e se legitima de modo inteiramente racional. Trata-se do que se pode chamar de racionalidade penal moderna.[476] Paralelamente a isso, a ciência, ao representar novas possibilidades de dominação da natureza, contribui com as forças de produção e é integrada às relações capitalistas.[477] Contudo, a relação entre ciência e interesse econômico na área de um capitalismo altamente financeirizado (fase pós-fordista) passa a se caracterizar, ao menos no aspecto quantitativo, de modo inédito, como uma relação de submissão da ciência aos interesses do mercado. Tal acoplamento de forças certamente contribui para institucionalizar e internalizar as injustiças sociais, as quais são normalizadas pelo discurso neoliberal.

Nesse contexto, o tecnicismo jurídico, já estudado no presente livro, disseminado desde o bacharelismo e fortalecido durante o regime militar, traz consigo o dissimulado discurso da neutralidade, que já se verificou ser falso. Contudo, por ser ideologicamente construído serve a pelo menos dois objetivos: obter uma autolegitimação, decorrente da relação entre neutralidade e pureza científica, e escamotear as concretas relações de poder estruturalmente existentes. Destarte, o tecnicismo obtém adesão como a única forma de saber possível no âmbito jurídico-penal.

Não se está aqui a dizer que o tecnicismo jurídico é a única faceta atrelada ao modelo neoliberal. Trata-se uma análise relacional pela qual ambos se interpenetram.

Nessa dupla função se observa a dialética da racionalidade inerente ao tecnicismo jurídico. Ao mesmo tempo em que a racionalidade traz consigo o discurso de suposta neutralidade que

---

476 PIRES, Álvaro. "A racionalidade penal moderna, o público e os direitos humanos". *Revista Novos Estudos*, nº 68, mar. 2004, p. 40.

477 BOLDT, Raphael. *Processo Penal e catástrofe*: entre as ilusões da razão punitiva e as imagens utópicas abolicionistas. 2ª ed. Rio de Janeiro: Lumen Juris Direito, 2022, p. 24.

funciona como manto ideológico a ocultar as concretas relações de dominação, a irracionalidade decorre do controle deliberado da população excedente sobre a qual não há perspectiva de inserção social. A relação é de mútua dependência e de retroalimentação, sendo ambas as faces formas de violência. O discurso como violência simbólica torna a violência efetiva possível e legítima e esta permite que aquele se perpetue de modo hegemônico ao controlar corporalmente os seres considerados supérfluos.

O neoliberalismo se aproveita desse discurso e dele se alimenta. A visão tecnocrática, aliada a uma visão gerencial e de política criminal atuarial, exige que seja obedecida a lógica do mercado, não obstante o sofrimento social que a medida cause. A total mercantilização da vida, mesmo a íntima, não significa necessariamente que tudo de fato está à venda, mas que tudo se encontra submetido às exigências de eficiência e de ganhos de tempo, de desempenho e de garantia de resultados.[478] O fator "sofrimento", dado o tecnicismo que funciona, dentre outros fatores, como ideologia, é tratado como "algo estranho" que não pode estar no âmbito epistemológico, sob pena de se perder a "neutralidade". Destarte, impede-se a incursão de algum elemento por se considerá-lo impuro cientificamente.

O paradigma tecnicista imerso na racionalidade neoliberal se vende como natural e descamba em um simplismo unilateral que se distancia da realidade e, além do mais, impõe-se como uma ideologia única, de modo a esconder uma pulsão totalitária, como explica Zaffaroni.[479]

Inventa-se um ser humano cujo comportamento é determinado pelo cálculo do custo e benefício (no amor, no crime etc.).

---

478 JAPPE, Anselm. *A sociedade autofágica*: capitalismo, desmesura e autodestruição. Lisboa: Antígona, 2019, p. 296.

479 ZAFFARONI, Eugenio Raul; SANTOS, Ílison Dias dos. *A nova crítica criminológica*: criminologia em tempos de totalitarismo financeiro. São Paulo: Tirant le Blanch, 2020, p. 48.

Deste modo, a suposta racionalidade do mercado explicaria os comportamentos das pessoas e a economia usurparia as demais ciências do comportamento.[480] Há um paralelo aqui com os passos de Von Mises, para quem o propósito natural do ser humano é o enriquecimento e qualquer crítica aos privilégios obtidos na competição capitalista deve ser atribuída à inveja daqueles que não alcançam o sucesso econômico.[481]

Referidos disparates filosóficos são produtos da exagerada fragmentação disciplinar do saber em detrimento das convergências temáticas, que encontra no tecnicismo seu ponto de encontro. A ideologia única com metodologias unidimensionais facilita a manipulação e torna as pessoas mais domesticáveis.[482]

Naturaliza-se o discurso econômico a partir de leis consideradas imutáveis e que, portanto, independem da vontade dos sujeitos. Tenta-se desacoplar discursivamente o Direito Penal da política, de modo que as vítimas desse "progresso" na lógica neoliberal são vistas como produto de um evento natural e não de uma decisão política sistematicamente orientada.

Sob a ótica neoliberal se agrega mais uma justificativa, que assume função primordial, relacionada ao exacerbado individualismo:[483] a de que o fracasso é produto unicamente de um

---

480 ZAFFARONI, Eugenio Raul; SANTOS, Ílison Dias dos. *A nova crítica criminológica*: criminologia em tempos de totalitarismo financeiro. São Paulo: Tirant le Blanch, 2020, p. 48.

481 MISES, Ludwig von. *A mentalidade anticapitalista*. 3ª ed. São Paulo: LVM, 2017, p. 40.

482 ZAFFARONI, Eugenio Raul; SANTOS, Ílison Dias dos. *A nova crítica criminológica*: criminologia em tempos de totalitarismo financeiro. São Paulo: Tirant le Blanch, 2020, p. 49.

483 O próprio individualismo meritocrático radical não é liberal, vez que no liberalismo político o princípio da liberdade estava ligado ao princípio da fraternidade. Para Franklin Delano Roosevelt, seguidor desta linha, não estar em situação de necessidade era uma das quatro liberdades básicas

indivíduo com mentalidade limitante ou deturpada, atomizado, inexistindo ou sendo pouco relevante qualquer aspecto conjuntural que tenha contribuído com isso. A meritocracia, alimentada pelos meios hegemônicos, tem forte idoneidade para gerar ódio irracional contra tudo o que é popular e redistributivo. Envolve uma indução comunicacional que mascara qualquer elevação de padrão de vida ou sucesso pessoal ao exclusivo esforço individual. Trata-se de uma vulgarização do individualismo radical e extremo que ignora quaisquer fatores estruturais.[484] A contingente ascensão econômica de pessoas é utilizada como ferramenta ideológica para retroalimentar o discurso e a possibilidade fática de emancipação e inserção socioeconômica, o que, em outra faceta, se converte em ódio contra a classe de párias que "não se esforçou o suficiente" e quer obter "regalias ou privilégios".[485]

Desse modo, o discurso tecnocrata atua justamente para ocultar o fenômeno em sua concepção estrutural sob o manto da dissimulada neutralidade. Há aqui, como dito, uma dupla função: primeira, a de ocultação dos fatores reais de poder, tipicamente ideológica, e, segunda, a de legitimação de um processo contínuo de darwinismo social. Desconsidera-se que esse discurso é capaz de produzir a própria realidade e qualquer análise contra hegemônica é apresentada como "irracional" ou desprovida de objetividade.[486] Há, portanto, uma relação dialética, em que o mesmo fenômeno

---

articuladas como programa político, como declarado em mensagem sua ao Congresso em 1935.

484 ZAFFARONI, Eugenio Raul; SANTOS, Ílison Dias dos. *A nova crítica criminológica*: criminologia em tempos de totalitarismo financeiro. São Paulo: Tirant le Blanch, 2020, p. 109.

485 ZAFFARONI, Eugenio Raul; SANTOS, Ílison Dias dos. *A nova crítica criminológica*: criminologia em tempos de totalitarismo financeiro. São Paulo: Tirant le Blanch, 2020, p. 108.

486 BOLDT, Raphael. *Processo Penal e catástrofe*: entre as ilusões da razão punitiva e as imagens utópicas abolicionistas. 2ª ed. Rio de Janeiro: Lumen Juris Direito, 2022, p. 132.

se apresenta de modo racional e irracional concomitantemente e cada uma das funções é necessária para a manutenção e retroalimentação da outra. A irracionalidade que se revela ao se partir da materialidade histórica necessita da racionalidade discursiva para se manter e esta se mostra indispensável justamente para propiciar as condições de realização da primeira.

Nesse sentido é legitimada certa forma de controle social baseado na aberração do *homo economicus*, que apela para um reducionismo economista que, ao negar seu caráter social, enseja um simplismo monetarista. Chega-se ao que Zaffaroni chama de tecnicismo economicista e, com base em tais dogmas puramente monetaristas, se constrói uma "ciência pura", que possui um marcante paralelismo metodológico e epistemológico com o reducionismo normativista do saber jurídico. Referida pretensão de submeter todos os saberes a uma única ciência é comum a todo projeto totalitário. Recorda-se que o racismo evolucionista era baseado em uma falsa biologia e o nazismo em uma "ciência" da raça.[487]

A lógica do mercado, que o enxerga como uma entidade e o trata a partir de um raciocínio teísta, fomenta instituições que não se submetem a nenhum tipo de controle social e, portanto, apresentam um déficit epistemológico na medida em que não realizam autocrítica, tampouco permitem crítica exógena de sua visão social, econômica e política. Essa suposta ciência baseada na idolatria do mercado, que perverte o conceito de mão invisível de Adam Smith, atribui-lhe um papel análogo ao da Divina Providência, em que Deus guia o ser humano e há uma religião, embora sem teologia, como aponta Walter Benjamin.[488] Trata-se de um componente místico necessário a toda ideologia totalitária, a partir da promessa de um

487 ZAFFARONI, Eugenio Raul; SANTOS, Ílison Dias dos. *A nova crítica criminológica*: criminologia em tempos de totalitarismo financeiro. São Paulo: Tirant le Blanch, 2020, p. 50.

488 Nesse sentido, Walter Benjamin em *O capitalismo como religião*.

paraíso ou de um retorno a um passado glorioso.[489] Considera-se uma fase posterior do pensamento esclarecido, que termina por adentrar na consciência social universal, tornando-se igualmente, como um tipo inconsciente de sedimentação, uma maneira não reflexiva de pensar do senso comum burguês.[490]

Zaffaroni se refere a uma idolatria biteísta, ou uma espécie de Janus, com ambas as faces, vez que não é possível prescindir de uma fé cega na onipotência do poder punitivo, necessário para impor seu modo de exclusão social e planetária. Essa ferramenta ideológica se apresenta a partir da fé em dois seres supremos, o mercado e o poder punitivo, que se retroalimentam.[491]

Desse modo, a fé, aliada à razão punitiva, necessariamente produz efeitos perversos nas relações entre a emancipação humana e o Direito Penal. Do mesmo modo, o discurso de proteção ao bem jurídico não passa de mera ilusão, ficção racionalista, apta a conferir ao Direito Penal uma pretensa utilidade racional, quando em realidade se trata de mera crença.[492]

A precarização, a partir desse discurso que se blinda pseudo tecnicamente, é imputada como decorrente de um fracasso puramente individual, o que certamente contribui para a assimilação de que se trata de um grupo dispensável e, portanto, de existência supérflua.

---

489 ZAFFARONI, Eugenio Raul; SANTOS, Ílison Dias dos. *A nova crítica criminológica*: criminologia em tempos de totalitarismo financeiro. São Paulo: Tirant le Blanch, 2020, p. 50.

490 KURZ, Robert. *Razão sangrenta*: ensaios sobre a crítica emancipatória da modernidade capitalista e de seus valores ocidentais. São Paulo: Hedra, 2010, p. 41.

491 ZAFFARONI, Eugenio Raul; SANTOS, Ílison Dias dos. *A nova crítica criminológica*: criminologia em tempos de totalitarismo financeiro. São Paulo: Tirant le Blanch, 2020, p. 51.

492 TAVARES, Juarez. “Os objetos simbólicos da proibição: o que se desvenda a partir da presunção de evidência”. *In*: ______. *Racionalidad y derecho penal*. Lima: Idemsa, 2014, p. 5.

Ainda que já se tenha concluído que no Brasil não houve um Estado de Bem-Estar Social antecedente à guinada neoliberal, o que mitiga as diferenças que o neoliberalismo gera na realidade periférica e nos países centrais, a mudança discursiva é evidente. Conforme explana Raphael Boldt, o instrumental ideológico neoliberal amplia a fetichização do capital, degrada direitos sociais, precariza o mercado de trabalho e torna a precariedade objeto de tema penal. Essa estruturação social amparada na crença no sistema criminal como a única forma de resolução de conflitos contribui para o encarceramento em massa,[493] ainda que, como visto, na sociedade brasileira a problemática tenha contornos mais complexos.

O discurso técnico-jurídico, que no neoliberalismo ganha um componente essencial, a busca por eficiência a partir das demandas do mercado, ao invés de conter e regular o poder, conduz a mudanças legislativas com o escopo de obter maior eficiência,[494] substrato da razão tecnocrática moderna a nortear o poder punitivo. Eis a ilusão que o discurso tecnocrata busca implementar e, para tanto, precisa se idealizar a ponto de se alienar, qual seja, "garantir a paz social" apesar da desigualdade elevada, e se valer da violência institucionalizada[495] (ignorada no discurso tecnicista). Dessa forma, não se respeita a realidade do poder e o discurso se arvora como legitimador de um poder que não é jurídico, mas sim político, comunicacional e subterrâneo (ilícito).[496]

---

493 BOLDT, Raphael. *Processo Penal e catástrofe*: entre as ilusões da razão punitiva e as imagens utópicas abolicionistas. 2ª ed. Rio de Janeiro: Lumen Juris Direito, 2022, p. 132.

494 A Lei n. 13.964/19 explicita esse discurso ao ser denominada "Pacote Anticrime", como se alguma coletânea de leis penais pudesse ser favorável ao crime! Ademais, na ementa anuncia o escopo de "aperfeiçoar" a legislação penal e processual penal.

495 BOLDT, Raphael. *Processo Penal e catástrofe*: entre as ilusões da razão punitiva e as imagens utópicas abolicionistas. 2ª ed. Rio de Janeiro: Lumen Juris Direito, 2022, p. 132.

496 ZAFFARONI, E. Raúl; BATISTA, Nilo. *Direito Penal brasileiro*. vol. I. Rio de Janeiro: Revan, p. 71.

A retórica mencionada permite que sejam acionados mecanismos específicos do ferramental punitivo, tanto no âmbito material quanto no âmbito processual. Ela legitima também a utilização preponderante do sistema penal subterrâneo que ou é ocultado no discurso real ou, quando não o pode ser, é tratado como algo contingencial, acidental e não decorrente da própria estrutura e forma de obrar do Estado.

Ademais, o discurso tecnocrático, aliado à racionalidade neoliberal, com suas características já apontadas, bem como à ideia de eficiência, a primar pela diminuição do custo e do tempo, reduz ao máximo a significância de formas existenciais que já de antemão foram apresentadas como dispensáveis, quando não de existência incômoda e, portanto, indesejáveis, já que sua única função, a de servir de mão de obra barata, também não as torna úteis, dada a estrutural necessidade de se manter um exército de reserva.

Como dito, confere-se naturalidade à pena, no que se pode chamar de realismo punitivo, pelo qual se parte da premissa de que não há possibilidade de um mundo sem punição. Naturaliza-se a estrutura punitiva sobre a qual se assenta o sistema punitivo e aí reside a sua mais perversa ideologia. Atua o sistema penal como arquétipo estruturador de uma determinada visão de mundo fundada na generalização da pena e, neste caso, no Direito Penal como instrumento de resolução de conflitos ou de pacificação social. Ao naturalizar este enfoque, que na materialidade das relações não passa de mero discurso, é obstada a procura de qualquer outro modelo de resolução de conflitos.[497] Somente quando se tenta imaginar o sistema penal de outra forma é que se toma consciência da colonização que é exercida sobre a forma de enxergar as coisas.[498]

---

497 BOLDT, Raphael. *Processo Penal e catástrofe*: entre as ilusões da razão punitiva e as imagens utópicas abolicionistas. 2ª ed. Rio de Janeiro: Lumen Juris Direito, 2022, p. 31.

498 PIRES, Álvaro. "A racionalidade penal moderna, o público e os direitos humanos". *Revista Novos Estudos*, nº 68, mar. 2004, p. 41.

Em suma, as reformas prescritas pelos tecnocratas neoliberais produzem efeitos perversos que, mesmo em cenário de crise estrutural no capitalismo, têm a materialidade ocultada em grande parte pelo discurso técnico-jurídico. Nesse sentido, relevante entender e observar a realidade que a ideologia neoliberal (e seu reducionismo monetarista) quer ocultar para então concluir pela sua irracionalidade em toda a sua extensão.[499]

4.2 Ideologia como elemento docilizador de corpos na sociedade de controle

Foucault situa as sociedades disciplinares nos séculos XVIII e XIX, sendo seu ápice no século XX. A disciplina, segundo Foucault, fabrica corpos submissos, dóceis, aumentando suas forças (em termos econômicos de utilidade) e as diminuindo (ao gerar obediência), dissociando o poder do corpo. Dócil é o corpo que pode ser submetido, utilizado, transformado e aperfeiçoado.[500]

A sociedade disciplinar diz respeito também à organização dos meios de confinamento. Nessa forma de organização o indivíduo necessariamente migra de um espaço fechado para outro: família, escola, caserna, fábrica, por vezes o hospital e eventualmente a prisão. Estas sociedades sucederam as envoltas no modelo da soberania e foram sucedidas pelas denominadas sociedades de controle.

Gilles Deleuze se refere ao controle como uma fase em que a sociedade não é exatamente mais disciplinar, esta relativa ao confinamento por meio de instituições como hospital, prisão, escola, fábrica, caserna. Menciona Foucault, segundo o qual as sociedades disciplinares teriam ficado para trás, representando o

---

499 ZAFFARONI, Eugenio Raul; SANTOS, Ílison Dias dos. *A nova crítica criminológica*: criminologia em tempos de totalitarismo financeiro. São Paulo: Tirant le Blanch, 2020, p. 53.

500 FOUCAULT, Michel. *Vigiar e punir*. 32ª ed. Petrópolis: Vozes, 2006, p. 120.

que já não somos.[501] As denominadas sociedades de controle não funcionariam mais por meio do confinamento, mas do controle contínuo e da comunicação instantânea.

As instituições disciplinares, segundo Deleuze, estariam em crise, de modo que há a implantação de novos tipos de sanções, de educação, de tratamento. De acordo com ele, em um prazo mais ou menos longo, referidas instituições estariam condenadas e seriam substituídas pelas instituições pautadas na sociedade de controle.[502]

Deve haver, em realidade, um controle permanente sendo exercido sobre o operário-aluno, o executivo-universitário ou o detento. Enquanto nas sociedades disciplinares o paralelismo se faria com a máquina energética, nas sociedades de controle[503] o paralelismo se faz com as cibernéticas e os computadores,[504] a representar uma mutação do capitalismo que, no contexto trabalhado, se entrelaça com o pós-fordismo. Não se deve perguntar e não se sabe exatamente qual o regime mais duro, o do confinamento ou o do controle, sendo relevante somente trazer o diagnóstico.

Enquanto nas sociedades de disciplina não se parava de recomeçar (da escola à caserna, da caserna à fábrica), nas sociedades

---

501 DELEUZE, Gilles. *Conversações*. Trad. Peter Pál Pelbart. São Paulo: Editora 34, 2021, p. 220.

502 DELEUZE, Gilles. *Conversações*. Trad. Peter Pál Pelbart. São Paulo: Editora 34, 2021, p. 224.

503 De Giorgi, ao tratar do governo de excesso e controle da multidão, não realiza tal diferenciação, aduzindo que no processo de desenvolvimento do capitalismo industrial, desde a acumulação primitiva até o fordismo, os dispositivos de controle exerceram uma função fundamental de racionalização disciplinar. Desta forma, atribui as funções disciplinar e de controle ao mesmo processo e estabelece que a partir do pós-fordismo não há mais essa pretensão de controle e sim um governo de excesso, do excedente, conforme já visto no capítulo anterior (DE GIORGI, Alessandro. *A miséria governada através do sistema penal*. Rio de Janeiro: Revan, 2013, p. 83).

504 DELEUZE, Gilles. *Conversações*. Trad. Peter Pál Pelbart. São Paulo: Editora 34, 2021, p. 220.

de controle nunca se termina nada. Empresa, controle penal, formação, serviço, todos coexistem em uma mesma modulação. Os indivíduos se tornam "dividuais", divisíveis, e as massas se tornam amostras, dados, mercados ou "bancos".[505]

Nesse atual estágio da sociedade de controle, que corresponde a um estágio específico do capitalismo, Deleuze explana que não se trata de mais de um modelo dirigido precipuamente à produção,[506] sendo esta relegada em parte aos países periféricos. Trata-se de um capitalismo de sobreprodução voltado para o produto, isto é, para a venda ou para o mercado, de modo que a fábrica cede lugar à empresa. Tanto o Estado quanto a iniciativa privada dizem respeito a figuras deformáveis, transformáveis em diversos espaços empresariais.[507] Nesse ponto verifica-se o tangenciamento dessa lógica com a alteração da subjetividade relacionada a Foucault por meio do homem como "empresário de si mesmo".

Em tal contexto de economia financeirizada e não mais voltada à produção, o enfoque é na tomada de controle e na fixação de cotações. Esse controle é simultaneamente de curto prazo e de rotação rápida, mas também contínuo e ilimitado, ao contrário da disciplina, que era de longa duração e descontínua.[508]

Segundo Deleuze, meios antigos, relativos às sociedades de soberania ou disciplinares, podem continuar sendo utilizados,

505 DELEUZE, Gilles. *Conversações*. Trad. Peter Pál Pelbart. São Paulo: Editora 34, 2021, p. 226.

506 DOWBOR, Ladislau. *A era do capital improdutivo*: a nova arquitetura do poder, sob dominação financeira, sequestro da democracia e destruição do planeta. São Paulo: Autonomia Literária, 2018, p. 32.

507 DELEUZE, Gilles. *Conversações*. Trad. Peter Pál Pelbart. São Paulo: Editora 34, 2021, p. 228.

508 DELEUZE, Gilles. *Conversações*. Trad. Peter Pál Pelbart. São Paulo: Editora 34, 2021, p. 228.

embora devidamente adaptados.[509] A exemplo do regime de prisões temos, não obstante, o aumento dos casos de encarceramento, o aumento das penas substitutivas e do regime jurídico relativo aos negócios jurídicos processuais penais que de algum modo impõem obrigações ao investigado, processado ou condenado, tais como transação penal, acordo de não persecução penal, suspensão condicional do processo, dentre outros. Referidos instrumentos de persecução penal em realidade buscam conciliar a lógica atuarial de "melhor gestão" dos comportamentos desviantes e menor custo com a mantença de instrumentos perenes de controle social.

Desse modo, a partir do artigo em que Deleuze trata de sociedade de controle, escrito em 1990, passa-se a impressão de que há uma sucessão de modelos, do disciplinar ao modelo de controle. Contudo, pelo que se verifica, ao menos no sistema penal, o modelo disciplinar que tem por excelência a pena privativa de liberdade se expandiu, bem como todo o ferramental punitivo, e a ele foram agregados instrumentos penais pautados no controle. Neste ponto reside especial relevância da lógica da gestão neoliberal, pautada em redução de custos e em cálculos atuariais com escopo de se buscar maior "eficiência".[510] Há uma relação entre o modelo disciplinar agora permeado por formas de controle contínuo e que deste modo assume uma nova faceta (o que foi proposto por Deleuze) e novas formas de controle no âmbito penal.

Referidas formas de controle penal, que normalmente se processam de modo mais diluído e aparentemente mais sutis, não necessariamente substituem as formas de controle convencional, mas se somam as elas como diversas possibilidades de interferência penal sobre corpos que serão, ainda que de outro modo, docilizados.

---

509 DELEUZE, Gilles. *Conversações*. Trad. Peter Pál Pelbart. São Paulo: Editora 34, 2021, p. 229.

510 PEREIRA, Frederico Valdez. *Delação premiada*: legitimidade e procedimento. 3ª ed. Curitiba: Juruá, 2016, p. 53.

4.3 Ideologia como elemento canalizador de ressentimentos

A ideia de ressentimento, segundo Maria Rita Kehl, está entre a clínica e a política. Talvez por isso não seja um conceito que a psicanálise tomou para si. A atitude do ressentido consiste em atribuir ao outro a culpa pelo que o faz sofrer. O ressentido sempre está em uma posição de nobreza ética e moral e envolve uma constelação afetiva atrelada às configurações próprias do individualismo, de mecanismos de defesa do *eu* e a serviço do narcisismo. Ressentir-se é atribuir ao outro a responsabilidade pelo que o faz sofrer.[511]

O ressentimento não é exatamente um sintoma. A partícula "re" indica retorno, repetição, não necessariamente recalque, porque não é do recalcado que trata o ressentimento, mas envolve a reiteração de um sentimento. Max Scheler, filósofo alemão do século XX, sustenta que o ressentimento é uma espécie de constelação entre rancor, sentimento de vingança, inveja e malícia.[512]

Friedrich Nietzsche também se debruçou sobre o tema, tendo papel relevante em sua obra filosófica, mormente no que diz respeito à crítica aos valores morais da sociedade.[513] A partir de sua metodologia genealógica, compreende a moral como resultante de uma luta entre forças, sendo contrário à natureza metafísica dos valores humanos, os quais seriam criações determinadas por conflitos de força e poder. Deste modo, a premissa adotada em seu raciocínio é a vida enquanto potência, superação de obstáculos e fortificação.[514]

---

511 KEHL, Maria Rita. *Ressentimento*. 3ª ed. São Paulo: Boitempo, 2020, p. 9.

512 Fala de Maria Rita Kehl no curso *O Ressentimento* proferido em 17 de junho de 2023 no Espaço Cult. Disponível em: www.cultloja.com.br/produto/ressentimento.

513 NIETZSCHE, Friedrich. *Genealogia da moral*. Trad. Paulo César de Souza. São Paulo: Companhia das Letras, 2009, p. 12.

514 SPAREMBERGER, Cristian. "O ressentimento na filosofia de Nietzsche". *Cadernos de Ética e Filosofia Política*, nº 38 (1), 1º semestre de 2021, p. 201.

Partindo dessa premissa, o ressentimento para Nietzsche envolve a falta de forças de um organismo para reagir às intempéries da vida e que não consegue digerir as sensações ruins que produz. A partir desta percepção de fraqueza e frustração surge a vontade de ferir e produzir sofrimento naquele que entende tê-lo destratado.[515] Segundo ele, o ressentimento é acompanhado de má consciência, que não é necessariamente o remorso, mas algo que fisga, que prende e "tem algo a ver consigo". A culpa do outro pelo que o fez sofrer, fracassar, faz parte da consciência.

De acordo com o filósofo, o ressentimento também está ligado à moral e ao direito e se expressa como um imperativo dentro da moral. É na moral que o ressentido busca saciar sua necessidade de dar valor à sua decadência e à sua fraqueza, fomentando, destarte, a sua vingança imaginária. Este discurso, segundo Nietzsche, vai se dar por cantilenas de sabedoria, justiça, santidade e virtude.[516]

Na principal obra em que Nietzsche trata do tema, *Genealogia da moral*, o ressentimento aparece como a posição daqueles que foram cúmplices da própria derrota, de modo que a mencionada moral atua como vingança imaginária contra os fortes. Neste ponto o filósofo aponta uma dicotomia entre as duas morais, a escrava, oriunda do ressentimento, e a moral nobre, que deriva da confiança e da autoafirmação.[517]

Disponível em: https://www.revistas.usp.br/cefp/article/view/168645/174425. Acessado em: 25.03.2024.

515 PASCHOAL, Edmilson. *Nietzsche e o Ressentimento*. São Paulo: Humanitas, 2015, p. 33.

516 NIETZSCHE, Friedrich. *Gaia ciência*. Trad. Paulo César de Souza. São Paulo: Companhia das Letras, 2012, p. 233.

517 SPAREMBERGER, Cristian. "O ressentimento na filosofia de Nietzsche". *Cadernos de Ética e Filosofia Política*, nº 38 (1), 1º semestre de 2021, p. 204. Disponível em: https://www.revistas.usp.br/cefp/article/view/168645/174425. Acessado em: 25.03.2024.

Como mencionado, Nietzsche defende que o ressentimento é um traço dos escravos. Aqui ele não se refere à escravidão segundo o senso comum, mas segundo aquele que se coloca como servo do outro. Pontua Maria Rita Kehl que um dos destinos da pulsão é o retorno sobre o próprio sujeito, por exemplo, na pulsão erótica, quando ele se masturba. Contudo, por vezes a raiva que o sujeito não pode expressar retorna sobre ele. Assim, em situação de repressão política ou social, é necessário adiar a revolta para outro momento segundo um cálculo político. Há que se lembrar que na época da ditadura brasileira muitos jovens decidiram ser guerrilheiros.[518]

O ressentido passa a eleger inimigos e concebe a ideia do "inimigo mau", a partir do qual elabora o bom, ele mesmo. Essa criação conceitual atua como forma de mecanismo de defesa moral. Nietzsche se vale de uma metáfora para ilustrar referida situação envolvendo as ovelhas e as aves de rapina. Comum, segundo ele, que as ovelhas tenham ressentimento em relação às aves de rapina, contudo, tal não é motivo para censurar estas por caçarem as ovelhas. Ademais, enquanto as ovelhas vejam as aves como más e a si próprias como boas, as aves de rapina, ao olhar para as ovelhas, dirão nada ter contra elas, inclusive tendo apreço pelo fato de serem deliciosas as tenras ovelhas.[519]

Em suma, o ressentido classifica seus inimigos como maus, justamente por ser ovelha e não ave de rapina. A moral do ressentido promove o direito à crueldade como uma compensação. Sacraliza-se a vingança sob o nome de justiça[520] contra não somente os fortes, mas tudo que for diferente.

---

518 Fala de Maria Rita Kehl no curso *O Ressentimento* proferido em 17 de junho de 2023 no Espaço Cult.

519 SPAREMBERGER, Cristian. "O ressentimento na filosofia de Nietzsche". *Cadernos de Ética e Filosofia Política*, nº 38 (1), 1º semestre de 2021, p. 205. Disponível em: https://www.revistas.usp.br/cefp/article/view/168645/174425. Acessado em: 25.03.2024.

520 NIETZSCHE, Friedrich. *Genealogia da moral.* Trad. Paulo César de Souza. São Paulo: Companhia das Letras, 2009, p. 57.

O ressentimento decorre, segundo Nietzsche, das restrições dos instintos que emergem da vida em sociedade. Os fracos relacionam sua fraqueza à bondade e se afirmam negando o forte, ao qual não consegue se igualar. A moral do ressentido transforma em mérito sua fraqueza e sua impotência e se torna dominante por realizar uma operação mental nos sujeitos por meio da moral.[521]

Desse modo, interessante observar em Nietzsche como o ressentimento aparece não somente como um problema pessoal, mas no âmbito social, de modo que a sede de vingança recebe o nome de justiça.[522]

Ademais, sua teoria é indissociável de uma crítica ao papel do Estado moderno, o qual enfraqueceu e apassivou os sujeitos sob a proteção de suas instituições. Segundo Nietzsche, o ressentimento está relacionado a sujeitos enfraquecidos que perderam a vontade de lutar e delegaram toda a vontade de potência ao Estado ao qual submetem-se, servilmente. Embora Freud veja na transição da consciência externa para a consciência moral uma evolução, Nietzsche não vê tal fenômeno como positivo.[523]

Já, segundo Kehl, o ressentimento é uma forma de rebelião que tenta produzir culpa no outro. Trata-se de uma constelação afetiva que serve aos conflitos característicos dos sujeitos e dos grupos sociais.[524] O sujeito quando fracassa precisa aderir à acusação ao outro, porque aí ele preserva a sua pureza. Quanto mais o sujeito

---

521 SPAREMBERGER, Cristian. "O ressentimento na filosofia de Nietzsche". *Cadernos de Ética e Filosofia Política*, nº 38 (1), 1º semestre de 2021, p. 207. Disponível em: https://www.revistas.usp.br/cefp/article/view/168645/174425. Acessado em: 25.03.2024.

522 PASCHOAL, Edmilson. *Nietzsche e o Ressentimento*. São Paulo: Humanitas, 2015, p. 39.

523 KEHL, Maria Rita. *Ressentimento*. 3ª ed. São Paulo: Boitempo, 2020, p. 163.

524 KEHL, Maria Rita. *Ressentimento*. 3ª ed. São Paulo: Boitempo, 2020, p. 161.

insiste no "eu" ideal, mais se incrementa o seu ressentimento, pois ele não deve ter este reconhecimento.

Ao se valer da lição de Scheler, estabelece Kehl que o ressentimento deve ter sido raro em sociedades de castas, nas quais não havia possibilidade de ascensão social.[525] Neste ponto é possível discordar do pensamento da autora, na medida em que o ressentimento, como é apontado em sua obra, decorre do descompasso entre o discurso ideologizado e as relações materiais de poder. Destarte, não decorre da formatação social, mas da narrativa empregada que, ao não encontrar eco na realidade, enseja o ressentimento.

Como dito, o ressentimento social manifesta a insatisfação dos grupos ou das classes para quem as promessas de igualdade de direitos entre os sujeitos não se cumpriram conforme o esperado. Sente-se a desigualdade como injusta diante de uma ordem simbólica fundada sobre o pressuposto de igualdade e uma ordem neoliberal divulgadora de uma "fé meritocrática". A legitimidade da legalidade há de ser rompida, pois, como pontua Mascaro, não se trata mais do discurso da aparência de concórdia e da realidade universal, mas sim da realidade da exploração assentada em bases supraindividuais. A universalidade da legalidade é a máscara de sua parcialidade e privilégio.[526]

O sujeito que não é ressentido se empenha e pensa em chegar o mais perto possível do ideal. Já o futuro ressentido pensa que foi enganado. O ressentimento não decorre de uma revolta, mas da rendição, da servidão voluntária. O ressentimento brasileiro vem das elites e das classes médias que ideologicamente almejam ser elite. Trata-se da elite que não quer ver que seus privilégios foram conquistados à custa do massacre escravo e indígena. Acabam por responsabilizar o

---

525 KEHL, Maria Rita. *Ressentimento*. 3ª ed. São Paulo: Boitempo, 2020, p. 161.

526 MASCARO, Allyson Leandro. *Crítica da legalidade e do Direito brasileiro*. 3ª ed. São Paulo: Quartier Latin, 2019, p. 20.

país.[527] Diante dessas desigualdades e da não realização da promessa neoliberal relacionada à meritocracia e do triunfo fruto do esforço individual certamente devem surgir sujeitos ressentidos.

Nesse contexto, aliado à tessitura ideológica já trabalhada, o ressentimento, por estar desalinhado com uma consciência das condições reais de poder e exploração, enseja o que Bourdieu chama de revolta submissa, uma forma invertida de inveja que não tem nada a opor ao valor dominante a não ser um antivalor.[528] Este fenômeno, dada a carga ideológica, que em um modelo neoliberal atinge um novo patamar qualitativo e quantitativo, enseja um afeto puramente reativo que não visa à transformação das condições que produziram o prejuízo. Não se busca confronto com as causas da desigualdade, mas somente inverter a sua própria posição desvantajosa.[529]

A título de exemplo, apresentam-se algumas situações que podem demonstrar uma condição para o ressentimento. Antes de a PEC das Domésticas ser aprovada durante o governo Lula, elas não tinham limite de horário de trabalho e muitas moravam na casa dos patrões. Neste momento Danuza Leão escreveu uma crônica dizendo ser justo que a doméstica tenha horário de trabalho, mas disse que tem um casal de amigos mais velhos que gosta de tomar chá de noite e que também tem esse direito.[530] Igual fenômeno ocorreu em relação às cotas, quando surgiu uma pequena classe média negra.

A ideologia neoliberal, nesse ponto, atua de modo providencial para que os oprimidos se identifiquem com seus opressores por meio da adesão aos ideais comuns. Isto explica, dentre outros

---

527 Fala de Maria Rita Kehl no curso *O Ressentimento* proferido em 17 de junho de 2023 no Espaço Cult.

528 BOURDIEU, Pierre. *As regras da arte*. Trad. Maria Lúcia Machado. São Paulo: Companhia das Letras, 1996, p. 32.

529 KEHL, Maria Rita. *Ressentimento*. 3ª ed. São Paulo: Boitempo, 2020, p. 164.

530 Fala de Maria Rita Kehl no curso *O Ressentimento* proferido em 17 de junho de 2023 no Espaço Cult.

fatores, o motivo pelo qual os impulsos de revolta se transformam em ruminações ressentidas e não pulsão revolucionária.

A consciência social que gera a identificação com a autoridade representa uma realidade psíquica e constitui um exemplo do que Wilhelm Reich aborda como ideologia transformada em força material. O empregado e o funcionário começam por alimentar o ideal de ser idêntico ao seu superior, até que por efeito de sua dependência material crônica, o seu ser se transforma no sentido da classe dominante.[531]

Essa insatisfação se transforma em ressentimento coletivo contra aqueles que representam, ao mesmo tempo, os opressores quanto aos ideais com os quais se identificam. Neste contexto, a insatisfação se volta não contra os opressores, mas contra os da mesma classe ou contra os de classe subalterna. A perspectiva ideologicamente mais evidente e consentânea com o engodo neoliberal faz com que sejam considerados culpados ou que a hostilidade se dirija aos que têm a mesma condição, vistos como concorrentes, ao invés de serem questionadas as regras do jogo.[532]

Ademais, surge também uma percepção por parte dos grupos ressentidos de que não fazem parte do pacto social (o que o discurso democrático lhes havia comunicado). Neste contexto passam a se identificar com figuras protetoras da infância que devem amar e proteger seus filhos. Neste momento, os agentes políticos passam a ser tidos como figuras paternais da infância aos quais tais grupos se ligam por "vínculos libidinais".[533]

O neoliberalismo pressupõe que o sujeito deve se estabelecer sozinho, o que jamais ocorrerá. Esta ideia, contudo, é excessivamente narcísica. O ressentido almeja preservar sua identidade narcísica.

---

531 REICH, Wilhelm. *Psicologia de massas e fascismo*. 3ª ed. São Paulo: Martins Fontes, 2001, p. 46.

532 KEHL, Maria Rita. *Ressentimento*. 3ª ed. São Paulo: Boitempo, 2020, p. 167.

533 KEHL, Maria Rita. *Ressentimento*. 3ª ed. São Paulo: Boitempo, 2020, p. 169.

Talvez o sujeito não queira se deparar com a constatação de que a paz kantiana prometida é um grande embuste e de que ele na verdade não se constrói por si só. Caso se depare com isso, ele precisa aceitar variantes que derrubam toda a lógica neoliberal e podem ensejar impactos destrutivos em sua *persona*.

Desse modo, conforme apontado, o ressentimento no âmbito social surge a partir da impossibilidade de se resolver a contradição entre as configurações imaginárias do individualismo, da meritocracia e da igualdade legalista burguesa e a materialidade das relações de poder. Ao invés de valores coletivos, cada um deve atuar por si. Ao invés de um trabalho conjunto, há conflitos destrutivos.[534]

Esses conflitos, ao se depararem com as presunções narcisistas próprias da cultura do individualismo defenestradas pela dependência necessária de cada um em relação ao corpo social, contribuem para impedir laços de solidariedade. Tais fenômenos somam-se para formar o que Nietzsche chamou de má consciência, a maior parceira do ressentimento.[535]

Não se promete a felicidade, mas que o esforço para alcançá-la se daria por meio de relações assassinas de concorrência, o que a rigor impede a própria obtenção da felicidade. Segundo Robert Kurz, o conceito de felicidade jamais significou outra coisa senão o êxito junto à concorrência. Essa pressa de busca de felicidade nesses termos é em realidade uma forte ameaça, pois condiciona a felicidade a algum grau de sofrimento e ao abuso e ainda assim admite, mesmo após tais ocorrências, o fracasso e a perda da existência social, inclusive psíquica.[536]

---

534 YOUNG, Jock. *A sociedade excludente*: exclusão social, criminalidade e diferença na modernidade recente. Rio de Janeiro: Revan, 2015, p. 82.

535 KEHL, Maria Rita. *Ressentimento*. 3ª ed. São Paulo: Boitempo, 2020, p. 172.

536 KURZ, Robert. *Razão sangrenta*: ensaios sobre a crítica emancipatória da modernidade capitalista e de seus valores ocidentais. São Paulo: Hedra, 2010, p. 45.

O desamparo ensejado pelo descompasso entre as promessas do imaginário neoliberal e a concreta situação do sujeito se depara com um ressentimento que é captado pelos dispositivos ideológicos do Estado. Deste modo, há um cenário favorável para implementação e sedimentação dos ideais dominantes que não são outros que não os pertencentes aos grupos dominantes.

No âmbito da extrema direita, emergente no Brasil e em boa parte do mundo ocidental, o fascismo atua como forma de compensação narcísica pelo sentimento de insignificância. Alimentado por grupos que perderam ou que estão a perder seus privilégios históricos, bem como grupos que acreditavam estar mais próximos da elite e que precisam canalizar seu ressentimento para algum tipo de bode expiatório, emerge daí o cenário perfeito para o atual modelo neofascista, que nada mais é que um modo emergencial do capitalismo em sua vertente neoliberal. Servir (no sentido específico de servidão) ao totalitarismo é uma forma de participar do poder que antes o havia alijado. Colocam-se o mal extremo à disposição de todos, a possibilidade de vingança (sobre o mais fraco), a covardia transformada em força. Eis algumas compensações que o fascismo pode oferecer aos ressentidos.[537]

O neoliberalismo, com sua lógica de culto ao individualismo, de discurso meritocrático, de "*self made man*" ou de sujeito enquanto empresário de si mesmo, conforme Foucault, oculta a materialidade das relações que impedem ou dificultam substancialmente que o sujeito alcance o *status* social almejado. Em um segundo momento, já ocultada essa materialidade e uma vez não tendo o sujeito obtido o "sucesso" que a gramática neoliberal "prometeu" ser possível de modo universal, o ressentimento surge. O indivíduo não consegue, *a priori*, compreender a cilada envolvida no discurso neoliberal, eis que se trata da compreensão hegemônica. Por outro lado, não aceita a consequência perversa da premissa neoliberal

537 KEHL, Maria Rita. *Ressentimento*. 3ª ed. São Paulo: Boitempo, 2020, p. 175.

caracterizada pelo fato de que se não alcançou um determinado posto foi por não ter se esforçado o suficiente, já que tudo decorre única e exclusivamente do seu esforço e de seu "*mindset*". Agrega-se a isso a certeza de sua nulidade ou superfluidade.

Contrariamente à situação do explorado que sabia que seus exploradores precisavam dele e, portanto, eram obrigados a reconhecê-lo, a lógica neoliberal individualista e que naturaliza o exército de reserva causa a percepção de que o sujeito "não existe no mundo". A própria estrutura neoliberal de sociabilidade humana faz com que uma quantidade cada vez maior de pessoas se torne "não rentável" e, portanto, supérflua.

Nesse ponto emerge o elemento narcísico do ressentimento, na medida em que o sujeito passa a transferir a terceiros o "seu fracasso". Há um íntimo vínculo entre narcisismo e ressentimento, no qual este se dirige a objetos que não fizeram mal nenhum ao sujeito. O narcisismo nunca estabelece verdadeiras relações com o objeto. Há, neste ponto, segundo Anselm Jappe, o ressentimento como quintessência do narcisismo, característica específica da sociedade mercantil, por suscitar permanentes sentimentos de frustração e insuficiência que jamais podem ser satisfeitos, mas também porque o valor financeiro, elevado na sociedade pós-fordista a um patamar nunca visto, aniquila particularidades concretas em proveito de uma abstração quantificada que faz com que todos os objetos sejam ao final coisas que podem ser intercambiáveis.[538]

Aglutina-se o discurso de "cada um por si" fortalecido pelo dogma neoliberal. Tal elemento, atrelado à aversão às pessoas marginalizadas e ao ressentimento, propicia que o sujeito aceite e tenha inclusive um certo gozo ao observar um aumento da repressão penal contra os grupos considerados supérfluos. Este sentimento, devidamente manipulado, enseja adesão para medidas que tragam consigo

538 JAPPE, Anselm. *A sociedade autofágica*: capitalismo, desmesura e autodestruição. Lisboa: Antígona, 2019, p. 294.

um discurso oficial de maior rigor no sistema punitivo (as quais como cediço atingirão a coletividade de modo seletivo), como as relacionadas à "guerra às drogas", ao "combate à corrupção" ou ainda a operações em comunidades que se revelam verdadeira chacinas.

Os corpos desses sujeitos vulneráveis são inviabilizados, mormente por já serem supérfluos e não terem "utilidade". Destarte, não encontrarão o menor amparo na sociabilidade, dado o ressentimento fortalecido pelas nuances da racionalidade neoliberal, como já exposto. Tal invisibilidade destes corpos aliada ao desprezo pela própria existência deles (ocorrências otimizadas pelo ressentimento) enseja a aderência, mais ou menos dissimulada, de cada conduta que violente ou aniquile tais corpos.

Ademais, os sentimentos iniciais de impotência do narcisista desembocam em sentimento de omnipotência, tanto no âmbito individual, quanto no âmbito coletivo (e neste ponto a psicologia de massas dos fascismos prospera), com grande aptidão de conduzir a atos extremos.[539] Extremos estes que na realidade não decorrem de uma mudança da racionalidade, mas de uma perda da capacidade de se envergonhar e uma menor dissimulação do pensamento que anteriormente já se mostrava hegemônico.

Torna-se o ressentido, nesse instante, facilmente atingido por discursos simbólicos de expansão do sistema penal com escopo de "combater a corrupção" ou "moralizar a política". Há, destarte, um deslocamento que se exerce contra um objeto que atua em substituição, sendo a sensação verdadeira, embora o alvo seja errado, de modo que o sujeito atribui a um objeto as características de outro e descarrega sua raiva sobre o objeto de substituição. No ressentimento, as diferenças entre os objetos se apagam.[540]

---

539 JAPPE, Anselm. *A sociedade autofágica*: capitalismo, desmesura e autodestruição. Lisboa: Antígona, 2019, p. 295.

540 JAPPE, Anselm. *A sociedade autofágica*: capitalismo, desmesura e autodestruição. Lisboa: Antígona, 2019, p. 293.

Além disso, embora no discurso oficial essas propostas simbólicas penais se direcionem a uma aplicação isonômica da lei, cediço que sua aplicação deve ocorrer de modo seletivo, por decorrer tal *modus operandi* da seletividade do sistema. Além disso, esse ressentimento, é facilmente canalizado, podendo conduzir, assim como tem conduzido, a uma espécie de "fascistização" da sociedade.

O nazismo, dessa forma, eleva o ressentimento a uma paixão no âmbito da psicologia coletiva a graus nunca atingidos. Comprovou-se com tal fenômeno que a consequência derradeira do ressentimento não é a conquista do que tornaria o sujeito feliz, mas uma orgia destrutiva que somente termina quando o sujeito conclui a sua própria destruição.[541] O capitalismo nesta fase, de modo dialético, aniquila-se a si mesmo ao se fazer triunfante. Quão mais brutalmente essa forma de reprodução convertida em sociedade global devasta o mundo, tanto mais inflige ferimentos a si própria, soterrando a sua própria existência.[542]

Ademais, como já constatado historicamente, não há nenhuma incompatibilidade entre neoliberalismo e autoritarismo. Von Mises já reconheceu que foram justamente os fascismos que salvaram a civilização europeia por terem permitido a proteção da sociedade contra o bolchevismo. Ademais, salientou ele que "não pode ser negado que o fascismo e movimentos similares estão repletos das melhores intenções e que as suas intervenções têm, neste momento, salvado a civilização europeia".[543]

---

541 JAPPE, Anselm. *A sociedade autofágica*: capitalismo, desmesura e autodestruição. Lisboa: Antígona, 2019, p. 295.

542 KURZ, Robert. *Razão sangrenta*: ensaios sobre a crítica emancipatória da modernidade capitalista e de seus valores ocidentais. São Paulo: Hedra, 2010, p. 37.

543 MISES, Ludwig von. *Liberalism*: the classical tradition. Indianapolis: Liberty Fund, 2005, p. 30.

CONCLUSÕES

1. O positivismo criminológico, amparado em uma pseudo-cientificidade e absorvido no Brasil acoplado a um forte componente racista, como se nota, dentre outros, da obra de Nina Rodrigues, atuou como fator de legitimação do poder punitivo e de repressão dos grupos já marginalizados, servindo como instrumento de legitimação da violência estatal.

2. O modelo tecnicista que influenciou o Brasil serviu para fomentar um pretenso discurso de neutralidade axiológica cuja maior função foi a de dissimular a violência estatal, as contradições estruturais do país e as disfuncionalidades quando da aplicação do direito material.

3. O tecnicismo, embora não seja o único fator, atua desse modo justamente por se mostrar como uma das formas de ideologia, tratada no presente livro a partir da perspectiva de Ruy Fausto, como um bloqueio de significação que oculta a materialidade justamente para que ela continue a se realizar e se perpetuar. Nega-se, por exemplo, a desigualdade real com a igualdade para negociar ou com a igualdade perante a lei.

4. Nesse contexto a ideologia tem natureza bifronte, pois atua de modo ativo, como vetor irradiador de valores, e passivo, como supressão ou deturpação da realidade a partir de quem a

recebe. Sua fonte é a relação social distorcida, de modo que tal superação somente pode ocorrer pela mudança prática das relações contraditórias que as originam.

5. A percepção de que se trata de ideologia não é estanque, mas dinâmica, eis que marcada pela historicidade. O próprio pensamento burguês não era inicialmente ideológico quando apontava as contradições do Antigo Regime. Posteriormente, ao tomar o poder e negar as próprias contradições, passa a sê-lo.

6. A ideologia atua ainda como forma de violência sistêmica e simbólica. É "sistêmica" pois decorre do funcionamento regular dos sistemas econômico e político, e "simbólica" vez que encarnada na linguagem e se manifesta pela imposição de um certo universo de sentido, de modo que a vítima não consegue sequer forjar por si a percepção da violência que sofre, pois desconhece a própria relação de dominação.

7. Na primeira metade do século XX, inicialmente com o colóquio Walter Lippmann e, posteriormente, com a sociedade Mont Pelerin, surge a ideologia neoliberal ou pós-fordista como uma reação não somente ao liberalismo, mas ao keynesianismo e às propostas socialistas e comunistas. Depois, foi implementada em um primeiro momento no Chile durante o governo Pinochet e, em seguida, na Europa e nos Estados Unidos com Thatcher e Reagan.

8. O neoliberalismo não consiste e nunca consistiu em um "Estado mínimo" ou em um modelo de "não intervenção", mas em um modelo de intervenção seletiva do Estado, discutindo-se na realidade a forma e os limites desta intervenção. Ademais, altera-se o centro gravitacional para a figura da empresa, do homem enquanto empresário de si mesmo, o *homo economicus*. Trata-se, destarte, não de um modelo somente econômico, mas de formação de subjetividades pautado pelo desmonte das estruturas sociais.

9. A obtenção do consentimento para que a ideologia neoliberal prospere se faz por meio dos mais variegados aparelhos, tais

como meios de comunicação em massa, ambientes corporativos, escolas, igrejas e entidades da sociedade civil. Na medida em que as políticas neoliberais atendiam aos anseios da elite capitalista seria consequência natural que tais ideias se tornassem dominantes. Obviamente, por se tratar de ideologia, as contradições inerentes a tal modelo têm sua significação bloqueada.

10. A tradição bacharelista brasileira, a envolver a formação da elite brasileira no ambiente jurídico, aliada ao tecnicismo sob influxo da racionalidade neoliberal, enseja o fenômeno que neste livro se denomina "neobacharelismo". Referida soma de fatores reforça o caráter ideológico da educação jurídica de forma a ocultar no ensino e na aplicação do Direito a materialidade das relações sociais do Brasil. Cria-se uma formação profissionalizante e alienada a pretexto de se manter uma análise "neutra" e "técnica".

11. Ademais, a ingerência do capital especulativo e da economia financeirizada (oriundos da guinada neoliberal) por meio de grandes grupos educacionais desvirtua por completo um ensino jurídico com escopo emancipatório e crítico. O ensino passa a seguir exclusivamente as "leis do mercado" e mesmo o simples ideal de educação enquanto direito social se perde completamente.

12. Os autores que estudam a temática da economia política da pena e traçam um paralelo entre as relações materiais do sistema punitivo e a guinada neoliberal partem, em regra, de países centrais, como Estados Unidos e Europa Ocidental, nos quais chegou a haver um Estado de Bem-Estar Social que fora desestruturado. Contudo, pelas peculiaridades brasileiras, o diagnóstico não pode ser transportado acriticamente para o cenário do Brasil, o que não significa que o neoliberalismo em nada interferiu para o cenário punitivo, mas somente que há complexidades no país que precisam ser levadas em consideração.

13. Verifica-se, em seguida, a partir de uma análise não exaustiva, como a ideologia neoliberal interfere no sistema punitivo. Inicialmente, o discurso tecnicista performa uma dimensão

que, de modo dialético, é racional e irracional. Cada uma das funções é necessária para a manutenção e retroalimenta a outra. A irracionalidade que se revelado confronto com a realidade histórica precisa da racionalidade discursiva para se manter e esta se mostra necessária justamente para propiciar as condições de realização da primeira.

14. Atua a ideologia neoliberal como um elemento docilizador de corpos em uma sociedade primordialmente de controle que, embora não substitua, passa a preponderar sobre o padrão de sociedade disciplinar, mormente como sintoma da política criminal atuarial altamente relacionada à racionalidade neoliberal.

15. Assim, no âmbito da psicologia a ideologia neoliberal cria as condições para a ampliação do ressentimento. O indivíduo não consegue, *a priori*, compreender o engodo do discurso neoliberal, eis que se trata da compreensão hegemônica. Por outro lado, não aceita a consequência perversa da premissa neoliberal, caracterizada pelo fato de que se não alcançou um determinado posto foi por não ter se esforçado o suficiente.

16. O ressentimento, enquanto forma de transferência de responsabilidade, aliado ao discurso meritocrático e à ideologia que ofusca a materialidade das relações, faz com que o sujeito esteja altamente sugestionável a transferir a "culpa" por seus fracassos a bodes expiatórios e a grupos já marginalizados. Forma-se, destarte, um cenário repleto de afetos e com um forte elemento facilitador para uma "fascistização" da sociedade.

REFERÊNCIAS BIBLIOGRÁFICAS

ABRAMOVAY, Pedro Vieira; BATISTA, Vera Malaguti. *Depois do grande encarceramento*. Rio de Janeiro: Revan, 2010.

ADORNO, Sérgio. *Os aprendizes do Poder*: o bacharelismo liberal na política brasileira. 2ª ed. São Paulo: Editora da Universidade de São Paulo, 2019.

ADORNO, Theodor W. *Introdução à sociologia*. São Paulo: Editora UNESP, 2008.

AGAMÊMNON; COÉFORAS; EUMÊNIDES. *Oréstia*. Trad. Mário da Gama Kury. Rio de Janeiro: Jorge Zahar, 1964.

ALTHUSSER, Louis. *Ideologia e aparelhos ideológicos do Estado*. 3ª ed. Lisboa: Editorial Presença/Martins Fontes, 1980.

ANDRADE, Vera Regina Pereira de. *A ilusão de segurança jurídica*: do controle da violência à violência do controle penal. 3ª ed. Porto Alegre: Livraria do Advogado, 2015.

ANITUA, Gabriel Ignacio. *Histórias dos pensamentos criminológicos*. Instituto Carioca de Criminologia. Rio de Janeiro: Revan, 2008.

ANIYAR DE CASTRO, Lola. *Criminologia da libertação*. vol. 10. Rio de Janeiro: Revan, 2005. (Coleção Pensamento Criminológico).

ANTUNES, Ricardo. *Uberização, trabalho digital e indústria 4.0*. São Paulo: Boitempo, 2020.

ARISTÓTELES. *Política*. Trad. Vinicius Chicurra. Rio de Janeiro: Vozes, 2022.

ARROYO ZAPATERO, Luis. *As três paixões das ciências penais*. São Paulo: LiberArs, 2021.

ASÚA, Luis Jiménez de. *Tratado de Derecho Penal*. Tomo II. Buenos Aires: Losada, 1992.

AZEVEDO, Paulo Faraco de. *Crítica à Dogmática e Hermenêutica Jurídica*. Porto Alegre: Sergio Antonio Fabris Editor, 1989.

______. *Neoliberalismo*: desmonte do Estado social. 1ª ed. Porto Alegre: Libretos, 2020.

BARATTA, Alessandro. *Criminologia crítica e crítica do Direito Penal*. 3ª ed. Rio de Janeiro: Revan, 2002.

BARRETO, Tobias. *Estudos de Filosofia*. Rio de Janeiro: Record, 1990.

BASTOS, Aurélio Wander. *O ensino jurídico no Brasil*. Rio de Janeiro: Lumen Juris, 1998.

BATISTA, Nilo. *Introdução crítica ao Direito Penal brasileiro*. 11ª ed. Rio de Janeiro: Revan, 2011.

BATISTA, Paulo Nogueira. *O consenso de Washington*: a visão neoliberal dos problemas latino-americanos. 1994. Disponível em: http://professor.pucgoias.edu.br/sitedocente/admin/arquivosUpload/17973/material/Consenso%20de%20Washington.pdf. Acessado em: 21.09.2022.

BATISTA, Vera Malaguti. *Loic Wacquant e a questão penal no capitalismo neoliberal*. Rio de Janeiro: Revan, 2012.

BECK, Ulrich. *Liberdade ou capitalismo*: Ulrich Beck conversa com Johannes Willms. Trad. Luiz Antônio de Oliveira Araújo. São Paulo: Editora Unesp, 2003.

BENJAMIN, Walter. *Escritos sobre mito e linguagem*. São Paulo: Duas Cidades & Editora 34, 2013.

BEVILAQUA, Clovis. *Criminologia e Direito*. Rio de Janeiro: Revan, 2019.

BOBBIO, Norberto. *Thomas Hobbes*. Rio de Janeiro: Campus, 1991.

______. *Nem com Marx, nem contra Marx*. São Paulo: Unesp, 2004.

______. *O positivismo jurídico*: lições de Filosofia do Direito. São Paulo: Ícone, 1995.

______. *Liberalismo e Democracia*. São Paulo: Edipro, 2017.

BOLDT, Raphael. *Processo Penal e catástrofe*: entre as ilusões da razão punitiva e as imagens utópicas abolicionistas. 2ª ed. Rio de Janeiro: Lumen Juris Direito, 2022.

BOURDIEU, Pierre. *Escritos de educação*. 16ª ed. Petrópolis: Vozes, 2015.

______. *As regras da arte*. Trad. Maria Lúcia Machado. São Paulo: Companhia das Letras, 1996.

______. *O poder simbólico*. Rio de Janeiro: Bertrand Brasil, 1989.

BOSI, Alfredo. *Ideologia e contraideologia*. São Paulo: Companhia das Letras, 2010.

BRANCO, Thayara Castelo. *A (des)legitimação das medidas de segurança no Brasil*. Porto Alegre: Livraria do Advogado, 2018.

BRANDÃO, Cláudio; SALDANHA, Nelson; FREITAS, Ricardo. *História do Direito e do Pensamento Jurídico em Perspectiva*. São Paulo: Atlas, 2012.

BROWN, Wendy. *Nas ruínas do neoliberalismo*: a ascensão da política antidemocrática no ocidente. São Paulo: Politeia, 2019.

BUNNIN, Nicholas; TSUI-JAMES, E. P. *Compêndio de Filosofia*. 4ª ed. São Paulo: Loyola, 2013.

CACICEDO, Patrick. "O Princípio da *Less Eligibility*, a Legalidade na Execução Penal e os Tribunais Superiores". *R. EMERJ*, Rio de Janeiro, vol. 18, nº 67, jan.-fev. 2015. Disponível em: https://www.emerj.tjrj.jus.br/revistaemerj_online/edicoes/revista67/revista67_306.pdf. Acessado em: 11.04.2022.

______. *Ideologia e Direito Penal*. Rio de Janeiro: Revan, 2022.

CANOTILHO, J. J. Gomes. *Direito Constitucional e Teoria da Constituição*. 7ª ed. Coimbra: Almedina, 2003.

CARVALHO, Salo de. *Manual de Anticriminologia*. 5ª ed. São Paulo: Saraiva, 2013.

CARVALHO, Salo de; DUARTE, Evandro Piza. *Criminologia do Preconceito*: racismo e homofobia nas Ciências Criminais. São Paulo: Saraiva, 2017.

CÁSSIO, Fernando. *Educação contra a barbárie*: por escolas democráticas e pela liberdade de ensinar. São Paulo: Boitempo, 2019.

CASTELLS, Manuel. *A era da informação*: economia, sociedade e cultura. vol. I. Trad. Roneide Venâncio Majer e Colab. Klauss Brandini Gerhardt. Rio de Janeiro: Paz e Terra, 2003.

CHOMSKY, Noam. *O lucro ou as pessoas? Neoliberalismo e ordem global.* 8ª ed. Rio de Janeiro: Bertrand Brasil, 2018.

COMTE, Augusto. *Discursos sobre o espírito positivo*. Recife: Montecristo Editora, 2022.

CORAZZA, Gentil. "As contradições da proposta neoliberal". *Indicadores Econômicos*, vol. 20, nº 2, 1992. Disponível em: https://revistas.planejamento.rs.gov.br/index.php/indicadores/article/view/690. Acessado em: 27.02.2023.

CUNHA, Euclides da. *Os sertões*. Rio de Janeiro: Centro Edelstein de Pesquisas Sociais, 2010.

DANTAS, Rodrigo D'ório. *A imparcialidade no divã*: por que árbitros e juízes são naturalmente parciais? São Paulo: Thomson Reuters, 2021.

DARDOT, Pierre; LAVAL, Christian. *A nova razão do mundo*: ensaio sobre a sociedade neoliberal. São Paulo: Boitempo, 2016.

DE GIORGI, Alessandro. "Neoliberalismo e controle penal na Europa e nos Estados Unidos: a caminho de uma democracia punitiva?" *Veredas do Direito*, 2004. Disponível em: https://www.google.com/url?sa=t&rct=j&q=&esrc=s&source=web&cd=&cad=rja&uact=8&ved=2ahUKEwjO8pfP16D-AhXDILkGHWKWD2wQFnoECAgQAQ&url=http%3A%2F%2Frevista.domhelder.edu.br%2Findex.php%2Fveredas%2Farticle%2Fview%2F128%2F109&usg=AOvVaw2QKryFOM-hQELigh0sO3c4. Acessado em: 10.04.2023.

______. *A miséria governada através do sistema penal.* Rio de Janeiro: Revan, 2013.

______. "Estruturas Sociais e Reformas Penais: críticas marxistas à punição no capitalismo tardio". *RDU*, Porto Alegre, vol. 16, nº 89, 2019, set.-out. 2019. Disponível em: https://www.portaldeperiodicos.idp.edu.br/direitopublico/article/view/3645/pdf. Acessado em: 10.04.2023.

______. "Five Theses on Mass Incarceration". *Social Justice*, vol. 42, nº 02, Special Issue: Beyond Mass Incarceration: Crisis and Critique in North American penal Systems, 2015.

DELEUZE, Gilles. *Conversações*. Trad. Peter Pál Pelbart. São Paulo: Editora 34, 2021.

DIETER, Maurício Stegemann. *Política Criminal Atuarial*: a criminologia do fim da história. Paraná: Universidade Federal do Paraná, 2012. (Tese de Doutorado). Disponível em: https://acervodigital.ufpr.br/bitstream/handle/1884/28416/R%20-%20T%20-%20MAURICIO%20STEGEMANN%20DIETER.pdf?sequence=1. Acessado em: 29.04.2023.

DIMOULIS, Dimitri. *Positivismo jurídico*: introdução a uma teoria do Direito e defesa do pragmatismo jurídico-político. São Paulo: Método, 2006.

DOMINGUES, José Maurício. *Do Ocidente à Modernidade*: intelectuais e mudança social. Rio de Janeiro: Civilização Brasileira, 2003.

DOWBOR, Ladislau. *A era do capital improdutivo*: a nova arquitetura do poder, sob dominação financeira, sequestro da democracia e destruição do planeta. São Paulo: Autonomia Literária, 2018.

DURKHEIM, Émile. *As regras do método sociológico*. São Paulo: Martin Claret, 2008.

EAGLETON, Terry. *Ideologia*: uma introdução. São Paulo: Boitempo, 2019.

FARIA, José Eduardo; CAMPILONGO, Celso Fernandes. *A sociologia jurídica no Brasil*. Porto Alegre: Sergio Antonio Fabris Editor, 1991.

FAUSTO, Ruy. *Marx, Lógica & Política*. Tomo I. São Paulo: Brasiliense, 1983.

______. *Marx, Lógica & Política*: investigações para uma reconstituição do sentido da dialética. Tomo II. São Paulo: Brasiliense, 1987.

______. "Revolução conservadora e neoliberalismo". *Revista Rosa*, parte 1. Disponível em: https://revistarosa.com/2/revolucao-conservadora-e-neoliberalismo-1. Acessado em: 14.09.2022.

FERRAJOLI, Luigi. *Direito e razão*: Teoria do Garantismo Penal. 3ª ed. São Paulo: Editora RT, 2010.

FERRAZ JÚNIOR, Tércio Sampaio. *Função social da dogmática jurídica*. São Paulo: Atlas, 2015.

______. *Introdução ao Estudo do Direito*. 8ª ed. São Paulo: Atlas, 2015.

FERRI, Enrico. *Sociologia Criminale*. 4ª ed. Torino: Fratelli Bocca Editori, 1900.

FIGUEIREDO, Carlos Eduardo. *A gestão dos supérfluos*: neoliberalismo e prisão-depósito. Rio de Janeiro: Mórula Editorial, 2021.

FILHO, Alfredo Saad. *A era das crises*: neoliberalismo, o colapso da democracia e a pandemia. São Paulo: Contracorrente, 2023.

FILHO, Willis Santiago Guerra. *Teoria da Ciência Jurídica*. 2ª ed. São Paulo: Saraiva, 2009.

FISCHER, Mark. *Realismo capitalista*: é mais fácil imaginar o fim do mundo do que o fim do capitalismo. São Paulo: Autonomia Literária, 2009.

FOUCAULT, Michel. *Vigiar e punir*. 32ª ed. Petrópolis: Vozes, 2006.

______. *A sociedade punitiva*. São Paulo: Martins Fontes, 2018.

______. *Microfísica do poder*. 11ª ed. São Paulo: Paz e Terra, 2021.

______. *Nascimento da Biopolítica*. Lisboa: Edições 70, 2004.

______. *Em defesa da sociedade*. 2ª ed. São Paulo: WMF Martins Fontes, 2010.

FREUD, Sigmund. *Totem e Tabu, contribuição à história do movimento psicanalítico e outros textos* (1912-1914). São Paulo: Companhia das Letras, 2012.

______. *Cinco lições de psicanálise, Leonardo da Vinci e outros trabalhos* (1910). Volume XI. Editora Imago, 1970. Disponível em: https://conexoesclinicas.com.br/wp-content/uploads/2015/01/freud-sigmund-obras-completas-imago-vol-11-1910.pdf. Acessado em: 08.03.2022.

FURNO, Juliane. *Imperialismo*: uma introdução econômica. Rio de Janeiro: Da Vinci, 2022.

GARLAND, David. *A Cultura do Controle*: crime e ordem social na sociedade contemporânea. Rio de Janeiro: Revan, 2008.

______. "Penalidad y Estado Penal". *Delito y Sociedad*, vol. 25, nº 42, 2016.

GAROFALO, Rafael. *Criminologia*: estudo sobre o delicto e a repressão penal. São Paulo: Teixeira e Irmão, 1895.

GARZILLO, Rômulo Monteiro. *Elementos autoritários em Carl Schmitt*. São Paulo: Contracorrente, 2022.

GIAMBERARDINO, André; ROIG, Rodrigo Duque Estrada; CARVALHO, Salo de. *Cárcere sem fábrica*: escritos em homenagem a Massimo Pavarini. Rio de Janeiro: Revan, 2019.

GLOECKNER, Ricardo Jacobsen. *Neoliberalismo, a contrarrevolução permanente*: um Estado forte para uma economia livre. São Paulo: Tirant le Blanch, 2023.

GÓES, Luciano. *A "tradução" de Lombroso na obra de Nina Rodrigues*. Rio de Janeiro: Revan, 2016.

GRAMSCI, A. *Selections from the Prison Notebooks*. Londres: Lawrence & Wishart, 1971.

HARVEY, David. *O neoliberalismo*: história e implicações. 5ª ed. São Paulo: Loyola, 2014.

______. *A loucura da razão econômica*: Marx e o capital no século XXI. São Paulo: Boitempo, 2018.

HAYEK, F. A. *O caminho da servidão*. 1ª ed. São Paulo: LVM Editora, 2010.

HEGEL, Georg Wilhelm Friedrich. *Princípios da Filosofia do Direito*. São Paulo: Martins Fontes, 1997.

HESSEN, Johannes. *Teoria do conhecimento*. São Paulo: Martins Fontes, 2018.

HOLANDA, Cristina Buarque de. *Modos de representação política*. Rio de Janeiro: IUPERJ, 2009.

HOLANDA, Sérgio Buarque de. *Raízes do Brasil*. Edição crítica. São Paulo: Companhia das Letras, 2016.

JAPPE, Anselm. *A sociedade autofágica*: capitalismo, desmesura e autodestruição. Lisboa: Antígona, 2019.

JIMÉNEZ DE ASUA, Luis. *Tratado de Derecho Penal*. Tomo II. Filosofía y lei penal. Buenos Aires: Losada, 1950.

KEHL, Maria Rita. *Ressentimento*. 3ª ed. São Paulo: Boitempo, 2020.

______. *Curso O Ressentimento*. Junho de 2023. Disponível em: www.cultloja.com.br/produto/ressentimento.

KELSEN, Hans. *Teoria Pura do Direito*. Trad. João Baptista Machado. São Paulo: Martins Fontes, 2003.

KONDER, Leandro. *A questão da ideologia*. 1ª ed. São Paulo: Expressão Popular, 2020.

KURZ, Robert. *Razão sangrenta*: ensaios sobre a crítica emancipatória da modernidade capitalista e de seus valores ocidentais. São Paulo: Hedra, 2010.

LAPYDA, Ilan. *Introdução à financeirização*: David Harvey, François Chesnais e o capitalismo contemporâneo. Osasco: CEFA Editorial, 2023.

LARRAÍN, Jorge. *El concepto de ideologia*. vol. 1. Santiago: LOM Ediciones, 2007.

LAVAL, Christian. *A escola não é uma empresa*: o neoliberalismo em ataque ao ensino público. São Paulo: Boitempo, 2018.

LÉVI-STRAUSS, Claude. *Tristes trópicos*. Barcelona: Liberaloslibros, 1988.

LIMA, Jean Carlos Ribeiro de; XAVIER, Glauber Lopes. "A questão da ideologia em Karl Marx e Louis Althusser". *Revista Espacios*, vol. 38, nº 23, 2017. Disponível em: http://www.revistaespacios.com/a17v38n23/a17v38n23p10.pdf. Acessado em: 06.01.2022.

LISZT, Franz Von. *Tratado de Direito Penal*. Tomo I. Campinas: Russel, 2003.

LOSURDO, Domenico. *Contra-história do Liberalismo*. São Paulo: Ideias & Letras, 2006.

LÖWY, Michael. *Ideologias e Ciência Social*: elementos para uma análise marxista. 20ª ed. São Paulo: Cortez, 2015.

LYRA, Roberto. *Comentários ao Código Penal*. Volume II. Arts. 28 a 74. Rio de Janeiro: Revista Forense, 1942.

______. *Escolas Penaes*. Rio de Janeiro: Est. Graph Canton & Reile, 1936.

MAGALHÃES, Juliana Paula. *Crítica à subjetividade jurídica*: reflexões a partir de Michel Villey. São Paulo: Contracorrente, 2022.

MARANHÃO, Juliano. *Positivismo jurídico lógico-inclusivo*. Madrid: Marcial Pons, 2012.

MARAT, Jean-Paul. *Plan de Législation criminelle*. Introdução e posfácio Daniel Hamiche. Paris: Aubier Montaigne, 1974.

MARINGONI, Gilberto (Coord.). *O negócio da educação*. São Paulo: Olho D'água, 2017.

______. *A volta do Estado planejador*: neoliberalismo em xeque. São Paulo: Contracorrente, 2021.

MARIUTTI, Eduardo Barros. *O Colóquio Walter Lippmann e a gênese do neoliberalismo*: apontamentos. Campinas: Instituto de Economia-Unicamp, agosto de 2021. Disponível em: https://www.eco.unicamp.br/images/arquivos/artigos/TD/TD415.pdf. Acessado em: 17.08.2022.

MARX, Karl. *Teses sobre Feuerbach*. São Paulo: Centauro, 2012.

______. *Crítica da Filosofia do Direito de Hegel*. 3ª ed. São Paulo: Boitempo, 2013.

______. *O capital*: crítica da economia política. Livro 1: o processo de produção do capital. São Paulo: Editorial, 2015.

MARX, Karl; ENGELS, Friedrich. *A ideologia alemã*. São Paulo: Boitempo, 2007.

MASCARO, Alysson Leandro. *Filosofia do Direito*. 8ª ed. São Paulo: Atlas, 2020.

______. *Crítica da legalidade e do Direito brasileiro*. 3ª ed. São Paulo: Quartier Latin, 2019.

______. *Crítica do fascismo*. São Paulo: Boitempo, 2022.

______. *Estado e forma política*. São Paulo: Boitempo, 2013.

MELOSSI, Dario; PAVARINI, Massimo. *Cárcere e fábrica*: as origens do sistema penitenciário (séculos XVI-XIX). 2ª ed. Rio de Janeiro: Revan, 2014.

MENDES, Francilda Alcantara. *Da tradição coimbrã ao bacharelismo liberal*: como os bacharéis em Direito inventaram a nação no Brasil. Jundiaí: Paco, 2021.

MENDES, Renat Nureyev; REIS, Jair Teixeira. "Entre a formação humanista e a tecnicista: perspectivas do ensino jurídico e do bacharelismo no Brasil: do auge ao declínio". *Revista da Faculdade de Direito-RFD-UERJ*, Rio de Janeiro, nº 30, 2016. Disponível em: https://www.e-publicacoes.uerj.br/index.php/rfduerj/article/view/16711. Acessado em: 08.03.2023.

MENDONÇA, Jacy de Souza. *Curso de Filosofia do Direito*: o homem e o Direito. São Paulo: Quartier Latin, 2006.

MÉSZÁROS, István. *O Poder da ideologia*. São Paulo: Boitempo, 2004.

______. *O poder da ideologia*. Trad. Magda Lopes. São Paulo: Ensaio, 1996.

______. *Para além do Leviatã*. São Paulo: Boitempo, 2021.

MERTON, Robert K. *Sociologia*: Teoria e estrutura. São Paulo: Mestre Jou, 1970.

METZGER, Jean-Luc; MAUGERI, Salvatore; BENEDETTO MAYER, Marie. "Predomínio da gestão e violência simbólica". *Revista Brasileira de Saúde Ocupacional*, São Paulo, 37 (126), 2012. Disponível em: https://www.scielo.br/j/rbso/a/YjSWgMXmwrThtRhb35hLS7D/?format=pdf&lang=pt. Acessado em: 16.02.2023.

MISES, Ludwig von. *Liberalismo*. 2ª ed. São Paulo: Instituto Ludwig von Mises Brasil, 2010.

______. *A mentalidade anticapitalista*. 3ª ed. São Paulo: LVM Editora, 2017.

______. *Liberalism*: the classical tradition. Indianapolis: Liberty Fund, 2005.

NAVARRO CORDÓN, Juan Manuel; CALVO MARTÍNEZ, Tomás. *História da Filosofia*: dos pré-socráticos à filosofia contemporânea. Lisboa: Edições 70, 2019.

NIETZSCHE, Friedrich. *Gaia ciência*. Trad. Paulo César de Souza. São Paulo: Companhia das Letras, 2012.

______. *Genealogia da moral*. Trad. Paulo César de Souza. São Paulo: Companhia das Letras, 2009.

OLIVEIRA, Marcos Barbosa de. *A mercantilização da ciência*: funções, disfunções e alternativas. São Paulo: Scientiae Studiae, 2023.

PACHUKANIS, Euvguiéni. *Teoria Geral do Direito e marxismo*. São Paulo: Boitempo, 2017.

PARSONS, Talcott. *A estrutura da ação social*. vol. I. São Paulo: Vozes, 2010.

______. *A estrutura da ação social*. vol. II. São Paulo: Vozes, 2010.

PASCHOAL, Edmilson. *Nietzsche e o Ressentimento*. São Paulo: Humanitas, 2015.

PAWLIK, Michael. *Teoria da ciência do Direito Penal, filosofia e terrorismo*. São Paulo: LiberArs, 2012.

PEREIRA, Frederico Valdez. *Delação premiada*: legitimidade e procedimento. 3ª ed. Curitiba: Juruá, 2016.

PIRES, Álvaro. "A racionalidade penal moderna, o público e os direitos humanos". *Revista Novos Estudos*, nº 68, mar. 2004.

POCHMANN, Marcio. *Nova Classe média?* O trabalho na base da pirâmide social brasileira. São Paulo: Boitempo, 2012.

POCHMANN, Marcio. "O que acontece com um empregado de empresa estatal que é privatizada?" *Instituto de Economia*. Disponível em: https://www.eco.unicamp.br/midia/o-que-acontece-com-um-empregado-de-empresa-estatal-que-e-privatizad. Acessado em: 27.03.2024.

PUGLIESI, Márcio. *Filosofia e Direito*. vol. I. São Paulo: Aquariana, 2022.

PREUSSLER, Gustavo de Souza; CORDAZZO, Karine. "A sociedade excludente: exclusão social, criminalidade e diferença na modernidade recente". Resenha. *Revista Direito e Práxis*, vol. 9, nº 1, 2018. Disponível em: https://www.scielo.br/j/rdp/a/9kPh7HkHs9Gx4QtM8gFKpBL/?format=pdf&lang=pt. Acessado em: 29.04.2023.

RADEMACHER, Claudia. *Dossiê Pierre Bourdieu*. Belo Horizonte: Editora UFMG, 2017.

REALE, Miguel. *Teoria tridimensional do Direito*. 5ª ed. São Paulo: Saraiva, 1994.

REICH, Wilhelm. *Psicologia de massas e fascismo*. 3ª ed. São Paulo: Martins Fontes, 2001.

RUSCHE, Georg; KIRCHHEIMER, Otto. *Punição e estrutura social*. 2ª ed. Rio de Janeiro: Revan, 2004.

ROBLES PLANAS, Ricardo. *Estudos de dogmática jurídico-penal*: fundamentos, teoria do delito e Direito Penal econômico. 2ª ed. Belo Horizonte: D'Plácido, 2016.

ROCCO, Arturo. *El problema y el método de la Ciencia del Derecho Penal*. Bogotá: Temis, 2009.

RODRIGUES, Carlos Henrique Lopes; JURGENFELD, Vanessa Follmann. "Desnacionalização e financeirização: um estudo sobre as privatizações brasileiras (de Collor ao primeiro governo FHC)". *Revista Economia e Sociedade*, Campinas, vol. 28, nº 02, 2019. Disponível em:http://old.scielo.br/scielo.php?pid=S010406182019000200393&script=sci_arttext. Acessado em: 10.05.2022.

RODRIGUES, Raymundo Nina. *Os africanos no Brasil*. Rio de Janeiro: Centro Edelstein de Pesquisas Sociais, 2010.

______. *Mestiçagem, degenerescência e crime*. Disponível em: https://www.scielo.br/j/hcsm/a/mxYFjnPKvMdtpvnr4q7v6kL/?format=pdf&lang=pt. Acessado em: 10.02.2023.

ROUSSEAU, Jean Jacques. *Do contrato social*. São Paulo: Nova Cultural, 1996.

______. *Do contrato social*: discurso sobre a economia política. 7ª ed. Trad. Márcio Pugliesi e Norberto de Paula Lima. São Paulo: Hemus, 1977.

ROXIN, Claus. *Derecho Penal*. Parte General. Tomo I. Thomson Civitas, 2006.

SALLA, Fernando; GAUTO, Maitê; ALVAREZ, Marcos César. "A contribuição de David Garland: a sociologia da punição". *Tempo Social, Revista de Sociologia da USP*, vol. 18, 2006.

SANTO, Luiz Phelipe Dal. "Cumprindo pena no Brasil: encarceramento em massa, prisão-depósito e os limites das teorias sobre giro punitivo na realidade periférica". *Revista Brasileira de Ciências Criminais*, vol. 151/2019, jan. 2019.

______. "Reconsiderando a tese da penalidade neoliberal: inclusão social e encarceramento em massa no Brasil". *Revista Faculdade de Direito*, vol. 44, 2020.

______. "Mass incarceration in times of economic growth and inclusion? Three steps to understand contemporary imprisonment in Brazil". *Theoretical Criminology*, 2023.

SANTOS, Boaventura de Sousa. *Um discurso sobre as ciências*. São Paulo: Cortez, 2018.

SANTOS, Juarez Cirino dos. *A criminologia da repressão*: uma crítica ao positivismo em criminologia. Belo Horizonte: Forense, 1979.

______. *Direito Penal*. Parte Geral. 3ª ed. Curitiba: Lumen Juris, 2008.

______. *Criminologia*: contribuição para crítica da economia da punição. São Paulo: Tirant le Blanch, 2021.

SCHMITT, Carl. *Teología política*. 8ª ed. Madrid: Trotta, 2009.

SCHUNEMANN, Bernd. *Direito Penal, racionalidade e dogmática*. São Paulo: Marcial Pons, 2018.

SEMER, Marcelo. *Sentenciando tráfico*: o papel dos juízes no grande encarceramento. 2ª ed. São Paulo: Tirant le Blanch, 2020.

SEVERINO, Antônio Joaquim. *Metodologia do trabalho científico*. 23ª ed. São Paulo: Cortez, 2007.

SILVA SÁNCHEZ, Jesús María. *Aproximación al Derecho Penal contemporáneo*. Barcelona: J.M. Bosch Editor, 2002.

______. *A expansão do Direito Penal*. 3ª ed. São Paulo: Revista dos Tribunais, 2013.

______. *Malum passionais, mitigar el dolor del Derecho Penal*. Barcelona: Atelier, 2018.

SINGER, Paul. *O que é economia?* 7ª ed. 2ª reimpressão. São Paulo: Contexto, 2014.

SPAREMBERGER, Cristian. "O ressentimento na filosofia de Nietzsche". *Cadernos de Ética e Filosofia Política*, nº 38 (1), 1º semestre de 2021. Disponível em: https://www.revistas.usp.br/cefp/article/view/168645/174425. Acessado em: 19.06.2023.

TAVARES, Juarez. *Teorías del delito*. Buenos Aires: Hammurabi, 1980.

______. *Bien jurídico y función en Derecho Penal*. Buenos Aires: Hammurabi, 2004.

______. *Fundamentos de teoria do delito*. Florianópolis: Tirant te Blanch, 2018.

______. "Os objetos simbólicos da proibição: o que se desvenda a partir da presunção de evidência". *In*: ______. *Racionalidad y derecho penal*. Lima: Idemsa, 2014.

TAVARES, Osvaldo Hamilton. *A escola Positiva e sua influência na legislação brasileira*. Disponível em: http://www.revistajustitia.com.br/revistas/994a24.pdf. Acessado em: 14.04.2021.

TUMA, Eduardo. *Tributação, mercado e mínimo existencial*: leitura da obra lei, legislação e liberdade de Friedrich August von Hayek. São Paulo: Max Limonad, 2021.

VALADÃO, Rodrigo Borges. *Positivismo jurídico e nazismo*. São Paulo: Contracorrente, 2022.

VÁSQUEZ, Juan Saavedra; OLAVARRÍA, Fernando Farías. "Construcción neoliberal de la política social chilena en el discurso de Pinochet". *Revista Katálysis*, jun. 2014. Disponível em: https://www.scielo.br/j/rk/a/8vzjBv4W88Gkrgs4Lh4ZXpx/abstract/?lang=es. Acessado em: 14.09.2022.

VERBICARO, Loiane Prado. "Reflexões Acerca das Contradições entre Democracia e Neoliberalismo". *RDP*, Brasília, vol. 18, nº 97, 2021. Disponível em: https://www.portaldeperiodicos.idp.edu.br/direitopublico/article/view/5115/2739. Acessado em: 27.02.2023.

VERGARA, Pilar. "Rupturas e continuidades na política social chilena". *Revista Lua Nova*, abr. 1994. Disponível em: https://www.scielo.br/j/ln/a/m9WRVrNjXJ5VP8pyprnKtvn/?lang=pt#. Acessado em: 14.09.2022.

VIEIRA, Renato Gomes; MARQUES, José Elias Domingos Costa. "Pierre Bourdieu e o neoliberalismo". *Revista Plurais*, vol. 8, nº 02, 2018.

VILLEY, Michel. *Filosofia do Direito*: definições e fins do Direito: os meios do Direito. São Paulo: Martins Fontes, 2020.

WACQUANT, Loïc. *Os condenados da cidade*. Rio de Janeiro: Revan, 2001.

______. *As prisões da miséria*. 2ª ed. Rio de Janeiro: Zahar, 2011.

______. *Punir os pobres*: a nova gestão da miséria nos Estados Unidos. 3ª ed. Rio de Janeiro: Revan, 2019.

WEBER, Max. *A "objetividade" do conhecimento nas ciências sociais*. São Paulo: Ática, 2006.

YOUNG, Jock. *A sociedade excludente*: exclusão social, criminalidade e diferença na modernidade recente. Rio de Janeiro: Revan, 2015.

ZAFFARONI, E. Raúl; NILO, Batista. *Direito Penal brasileiro* I. Rio de Janeiro: Revan, 2015.

______. *Direito Penal brasileiro* II. Rio de Janeiro: Revan, 2016.

______. *Direito Penal brasileiro* III. Rio de Janeiro: Revan, 2017.

______. *A questão criminal*. Rio de Janeiro: Revan, 2017.

ZAFFARONI, E. Raúl; NILO, Batista; SANTOS, Ílison Dias dos. *A nova crítica criminológica*: criminologia em tempos de totalitarismo financeiro. São Paulo: Tirant le Blanch, 2020.

______. *Colonização punitiva e totalitarismo financeiro*: a criminologia do ser-aqui. Rio de Janeiro: Da Vinci Livros, 2021.

ZANON JUNIOR, Orlando Luiz. *Curso de Filosofia Jurídica*. São Paulo: Tirant Le Blanch, 2019.

ZIZEK, Slavoj. *Violência*: seis reflexões laterais. São Paulo: Boitempo, 2014.

NOTAS

A Editora Contracorrente se preocupa com todos os detalhes de suas obras! Aos curiosos, informamos que este livro foi impresso no mês de junho de 2024, em papel Pólen Natural 80 g/m².